Ein Garten der Düfte

Helga Urban

Ein Garten der Düfte

Gestalten mit Duftpflanzen
Die attraktivsten Arten
im Portrait

BLV

Ein Garten der Düfte

Harmonien hör ich klingen,
Töne süßer Himmelsruh,
und die leichten Winde bringen
mir der Düfte Balsam zu.

Schiller
aus »Sehnsucht«

Vorwort

Von den fünf Sinnen – Sehen, Hören, Fühlen, Schmecken, Riechen – hat sich in der Entwicklungsgeschichte des Menschen das Riechen als am wenigsten wichtig für das Überleben herausgestellt – ganz im Gegensatz zur Pflanzen- und Tierwelt, in der Düfte eine wichtige, oft entscheidende Rolle für das Erhalten der Art spielen. Dabei lassen sich Düfte in unserer Kulturgeschichte bis in die Anfänge nachweisen und hatten damals offenbar eine größere Bedeutung. Im Vergleich dazu ist unser Duftempfinden heute recht unterentwickelt. Kein Wunder: Duft läßt sich nicht hören und nicht sehen; in einer in vielem durch das Fernsehen geprägten Gesellschaft ist für Duft anscheinend kein Platz.

Wirklich nicht? Wer staunend an unserem Gartenzaun stehen bleibt, um, je nach Jahreszeit, die Fülle der Kamelien-, Päonien- oder Rosenblüten zu bewundern, versäumt selten, auch daran zu schnuppern. Eine Blüte, die hübsch aussieht, muß doch auch duften! Sie tut es aber oft nicht! Selbst unter den Rosen sind duftende Sorten eher die Ausnahme. Dabei war das früher einmal anders. Der Anteil duftender Sorten ist bei den Alten Rosen deutlich größer als bei den Modernen Rosen. In ihrem Bestreben, neue Sorten auf den Markt zu bringen, haben die Züchter sehr verschiedene Ziele verfolgt: besonders große Blüten, ausgefallene Farben, Haltbarkeit als Schnittblumen und gesunde Pflanzen. Der Duft ging bei dieser Entwicklung leider oft verloren. Erst in den letzten Jahren ist wieder ein Trend in Richtung auf duftende Pflanzen zu erkennen.

Leider ebenso zurückentwickelt hat sich die Fähigkeit des Menschen, Düfte wahrzunehmen und zu unterscheiden. Hinzu kommt, daß Duft etwas sehr Subjektives ist.

Für mich hat Duft seit meiner Kindheit und während meines ganzen Berufslebens eine große Rolle gespielt. Das hat sich auch auf mein Verhältnis zu Pflanzen ausgewirkt. Pflanzen, und wenn sie noch so schön sind, fehlt etwas Wesentliches, wenn sie nicht duften: die Seele. Ich habe deshalb bei der Gestaltung unseres Gartens immer nach Möglichkeit auch darauf geachtet, daß die Pflanzen duften. Dabei konnte ich zu meiner Freude feststellen, daß die Zahl duftender Pflanzen viel größer ist, als allgemein bekannt, und daß es von vielen Pflanzengattungen, die nicht gerade als Duftpflanzen gelten, auch duftende Arten oder Sorten gibt.

Bedanken möchte ich mich insbesondere bei Herrn Bernd Himmel vom Weingut Schwan in Zellertal/Pfalz, der mich in die Geheimnisse des Duftes der Weinblüten einweihte; bei Frau Gabriele Krätschmer, Wiesbaden, für ihre Auskunft über die natürlichen Inhaltsstoffe exquisiter Parfums; bei Herrn Prof. Dr. S. Vogel vom Botanischen Institut der Universität Wien für seine kritische Durchsicht des botanischen Teils über den Blütenduft, und bei meinem Mann für seine Fotos und seine Unterstützung mit dem Computer. Nicht zuletzt danke ich Herrn Dr. Thomas Hagen, meinem Lektor, für sein großes Verständnis für meine Wünsche und für die angenehme Zusammenarbeit.

Mit diesem Buch möchte ich dazu anregen, dem Duft der Pflanzen im Garten mehr Aufmerksamkeit zu widmen. Ich wünsche Ihnen bei der Lektüre des Buches viel Freude und bei der Umsetzung der Anregungen in Ihrem Garten viel Erfolg.

Helga Urban

Was wäre ein Garten ohne Duft?

Als erste Rose hielt 'Frau Karl Druschki' in unserem kleinen Garten Einzug, eine Remontantrose mit wunderschönen, edlen, reinweißen Blüten. Sie hat in anderen Ländern solch klangvolle Namen wie 'Reine des Neiges', 'White American Beauty' oder 'Snow Queen'. Ohne Zweifel eine Königin, und viele Jahre lang die beliebteste weiße Rose – und dennoch fehlt ihr etwas Wesentliches: der Duft. Eine makellose Schönheit ohne Seele.

Man sieht sie, man bewundert sie, aber sie berührt nicht unser Herz. Die geheimen Türen unserer Seelen bleiben verschlossen. Wie schade, denn der Duft hätte es vermocht, sie zu öffnen. Könnte sie nicht wenigstens ein bißchen duften? War bei so viel Schönheit einfach kein Raum mehr für Duft? Ist es bei dieser herrlichen Rose ähnlich wie bei einem Apfelbaum, der entweder viele kleinere, wohlschmeckende Äpfel hervorbringt oder wenige große, dekorativ aussehende? Pflanzen scheinen ein gewisses Potential zu haben, es kommt darauf an, was die Natur oder der Züchter daraus machen.

Letztes Jahr habe ich bei meiner 'Frau Karl Druschki' an den Blüten eines Zweiges einen ganz, ganz leichten Duft wahrgenommen, er war auch nicht immer da, er kam und ging, gerade wie es ihm beliebte, äußerst launisch. Sollte sie vielleicht doch etwas Duft von ihren Eltern geerbt haben, und ausgerechnet bei mir im Garten einen zart duftenden Sport hervorgebracht haben? Wie schön das wäre! Um wie vieles mehr würde ich sie lieben, auch wenn dadurch etwas von ihrer Perfektheit verlorenginge.

Was wäre ein Garten ohne Duft? Dieses Stückchen Paradies, das wir uns da nach ganz eigenen Vorstellungen schaffen, und sei es noch so klein, ist ohne Duft einfach nicht denkbar. Er ist nicht greifbar, aber vorhanden, schwer zu fassen und noch schwerer einzuordnen. Aber er kann unsere Stimmung deutlich heben, den Tag oder auch den Abend zu einem schöneren Erlebnis werden lassen. Und wie viele schöne Erinnerungen sind mit Düften verbunden! Selbst ein Garten ohne spezielle Duftpflanzen verwandelt sich in ein Geruchserlebnis nach einem leichten, warmen Regen, wenn die Erde so herrlich lebendig riecht. Es riecht nach Frühling. Ja, ich rieche ihn, bevor ich ihn sehe. Wenn sich dann dieses Sehen mit den Blütendüften mischt, ist der Duftgarten geboren.

Es gibt kein uneingeschränktes und endloses Glück und Gedeihen im Garten, es gibt auch Trauer, Abschied und ein Ende. Doch so eröffnen sich auch neue Möglichkeiten. Jede Pflanze, die bei mir den Weg in den Blumenhimmel antritt, ob aus Altersgründen oder auch leider immer

Für Schmetterlinge unwiderstehlich: die buddleja-ähnlichen Blüten dieser Minze.

Das Tor zum Paradies: durch üppig blühenden und süß duftenden Oleander.

'Fantin Latour' mit dem typischen Duft Alter Rosen und einer Farbe, so ganz nach dem Geschmack der Bienen.

wieder durch meine Fehler, wird unverzüglich ersetzt: durch eine duftende. Und so steigt die Anzahl der Arten und Sorten mit duftenden Blüten und aromatischem Laub. Selbst bei meiner Beschränkung auf weißblühende Pflanzen ist die Palette der Düfte unglaublich groß. Um wieviel größer sind die Möglichkeiten für all diejenigen, die mit Farben spielen.

LOCKMITTEL DUFT

Aber all die verführerischen Düfte, die unser Herz erfüllen, werden von den Pflanzen nicht für uns Menschen hervorgebracht. Sie sind sozusagen Selbstzweck, vor allem, um die Art zu erhalten, indem durch sie Bestäuber angelockt werden. Bienen, Schmetterlinge, Nachtfalter, Vögel und Ameisen spielen eine wichtige Rolle bei der Befruchtung der Pflanzen – im Garten wie in der Natur –, und sie bringen einen zusätzlichen Aspekt an Leben, Fröhlichkeit und Farbe.

Bienen haben einen ähnlichen Geschmack wie wir Menschen, jedenfalls was den Duft anbelangt. Aber er kommt für sie erst an zweiter Stelle, Farben spielen eine größere Rolle. Es sind nicht die aromatischen Blätter von Melisse, Minze oder Salbei, sondern die Blüten, die sie anlocken. Gelb, Blaugrün, Mauve, Purpur und ein Rot mit Blauanteil sind die bevorzugten Farben. Die Lieblingspflanzen der Bienen sollten an einem warmen, geschützten Platz in größeren Gruppen arrangiert werden, denn die fleißigen Bienen möchten in kurzer Zeit so viel Nektar wie möglich sammeln und halten sich niemals lange bei einer Blüte auf. Gleiches gilt auch für die Hummeln. Eine Gestaltung mit Goldlack, Monarde, *Reseda* und Kräutern ist farbenprächtig, ein duftender Genuß und zweckmäßig zugleich. Hier kommen Duft und Farbe zusammen, ein Eldorado für Bienen.

Schmetterlinge und Nachtfalter dagegen reagieren in erster Linie auf den Duft. Sie bevorzugen schwere, süße Gerüche und können den Düften von Flieder, Geißblatt, Jasmin, Narzissen oder Buddleja nicht widerstehen.

So ergeben sich, will man den Garten allein für Insekten begehrlich machen, Düfte von unterschiedlichster Intensität. »Denn wo das Strenge mit dem Zarten, wo Starkes sich und Mildes paarten, da gibt es einen guten Klang«. Friedrich von Schiller meinte in seinem »Lied von der Glocke« damit zwar etwas anderes, ich finde aber, diese Gedanken lassen

sich gut auf die Gestaltung des Gartens und ganz besonders auf das Zusammenspiel der Düfte übertragen.

DUFT UND MUSIK

Klang, Zusammenspiel, Harmonie, Potpourri oder Komposition sind alles Begriffe aus der Musik und passen doch auch so wunderbar für die Welt der Düfte. Ich werde den Vergleich immer wieder machen, denn Musik und Duft haben so vieles gemeinsam. Beide sind in der Lage, uns in ganz besondere Stimmungen zu versetzen, uns aus dem Alltag herauszuheben. Je nach Temperament, Vorlieben und Abneigungen gibt es die unterschiedlichsten Möglichkeiten:

Eine **harmonische Klangfolge**, die angenehme Übereinstimmung einzelner Düfte zu einem gesamten Dufterlebnis, wird sicherlich von den meisten Menschen instinktiv bevorzugt. Rosen – besonders solche mit dem typischen Duft der Alten Rosen, wie die zart rosafarbene 'Fantin Latour' oder die weiße 'Blanc Double de Coubert' –, Lavendel und Jasmin harmonieren z. B. gut miteinander.

Wem das schon zu gewagt ist, findet vielleicht eher Gefallen daran, sich **nur** auf **eine Duftrichtung** zu konzentrieren. Der Veilchenduft kann man auch in *Lonicera* x *purpusii* 'Winter Beauty', in *Daphne mezereum* und in *Malus*

Rhododendron 'Davies i', eine gelungene Komposition: der wunderbare Honigduft und die Transparenz der Blüten.

Ein Rosengarten – Harmonien hör´ich klingen, Töne süßer Himmelsruh´... – hier mit Nachtviolen.

coronaria finden, manchmal sogar – wie bei *Lonicera* – intensiver als bei den Veilchen selbst. Auch mit dem Duft der Nelken läßt sich ein **Gleichklang** erzielen. Levkojen, die Nachtviolen (*Hesperis matronalis)* und *Gladiolus tristis* haben den gleichen, süßwürzigen Duft.

Eine **weiche, sanfte Melodie** könnte ich mir mit dem Vanilleduft der Glyzinen, dem Honigduft der *Hydrangea paniculata*, dem sehr feinen und süßen Duft des laubabwerfenden *Rhododendron* 'Daviesii' und den Traubenhyazinthen vorstellen. Vanille und Honig wären beide als **duftendes Leitmotiv** geeignet.

Kräftige, starke und gewaltige Töne lassen sich mit solch dominanten Düften wie Flieder, Nelken und Hyazinthen setzen.

Ein bißchen Mut gehört zu **Gegensätzen**, aber warum soll man nicht einmal bewußt mit ihnen spielen. Maiglöckchen, Veilchen und die ersten Rosen: Jeder Duft für sich ist eigenständig, intensiv und so ganz verschieden im Charakter – warum sie nicht einmal auf engstem Raum zusammenbringen? Wer nicht wagt, der nicht gewinnt.

Hätte Beethoven sich dem Garten statt der Musik verschrieben, wäre dieser wahrscheinlich genauso dramatisch gestaltet worden, wie es seine Musik ist. Und ein Beethoven in uns würde

mit dem Ambraduft der Passionsblume, mit Lilien, Hyazinthen und dem schweren, mächtigen Duft der Tuberose *(Polianthes tuberosa)* Akzente setzen. Beethoven hat jedoch auch Sinfonien geschrieben, die von ganz anderer Gemütslage zeugen. Die heitere Vierte stelle ich mir mit dem Duft der *Citrus*-Blüten vor. Nur eine kleine Blüte enthält die ganze Wärme, Beschwingtheit und Heiterkeit des Südens. *Choisya ternata*, die Orangenblume mit ihrem fruchtigen Duft, *Magnolia grandiflora* mit ihrer zitronigen Hauptnote und *Hemerocallis* in ihrer Vielfalt von Düften würden das Spiel abrunden. Bei der idyllischen Sechsten denke ich an eine Duftkomposition aus Lavendel, Thymian, Goldlack und *Lobularia maritima*, dem Duftsteinrich. Verspielt, wie seine achte Sinfonie, ist der wunderbare Duft der älteren Duftwicken-Sorten; Buddleja, der Sommerflieder, würde gut dazu passen, und auch 'Janet B. Wood', eine weißblühende Ramblerrose, deren Duft mich immer an einen spritzigen Riesling erinnert.

Ruhiger, langsamer, mehr verweilend, immer wiederkehrend, nicht schnellebig und flüchtig müßte das Verhalten eines Duftes sein, wollte man etwa das Adagio aus Max Bruchs Violinkonzert in g-Moll in Duft verwandeln. Das Süßpfeffrige der zartfarbenen Phloxblüter, der bittersüße Mandelduft der Blutpflaume, ein Hauch nur, aber immer wiederkehrend, *Iris* und *Acidanthera bicolor*, die Sterngladiole, die mit ihren Düften den Garten erfüllen, der zarte, nostalgische Duft der Heckenrosen oder auch das nach Äpfeln duftende Laub der *Rosa rubiginosa* könnten mich in diese Stimmung versetzen.

Eine Spielerei nur, aber auch bei Farben setzt man Akzente, gestaltet harmonisch oder mit gewollten Gegensätzen. Warum nicht einmal auf dem Klavier der Düfte spielen und Saiten in unserem Inneren zum Klingen bringen? Wenn ein Notenblatt gut aussieht, klingt auch die Musik gut, sagt man unter Musikern. Auch einer Blüte sieht man es meist an, ob sie duftet. Sie strahlt dann nicht das Unnahbare, Distanzierte aus, sondern das Lebendige, das Weiche.

DUFT IM WANDEL DER ZEIT

Auf jeden Fall ist der Wunsch nach Wohlgerüchen sehr alt. Bereits in **Mesopotamien**, dem Land zwischen Euphrat und Tigris, legten die Bewohner Duftgärten an. Sogar Parfumflakons sind aus dieser Zeit bekannt. **Ägypten** importierte schon vor der Zeit der Pharaonen aromatische Pflanzen und deren Öle. Besonders beliebt waren Lilien, Bitterorangen und Minze. Im **antiken Griechenland** profitierte man von den Duftkenntnissen der Ägypter. Es entwickelte sich ein florierender Handel mit Duftölen. Diese Essenzen hatten sowohl bei religiösen Feiern und Zeremonien als auch im Alltag eine große Bedeutung. Und im **alten Rom** schwelgte man förmlich in Düften. Parfümiert wurde fast alles: vom Hausziegel bis zum Lieblingspferd.

Jede Zeit hat ihre Neigungen, und seien sie noch so wunderlich, und sie hat ihr Parfum, ihre Vorliebe für eine bestimmte Richtung. So wurden in der Romantik feine, zarte Düfte bevorzugt, die den Hang zum Träumerischen erkennen lassen. In der ersten Hälfte des 19. Jahrhunderts wurde den blumig süßen Düften der Vorzug gegeben, später den schweren, sinnlichen. Und heute? Wir sprechen von Innovation und von Power, wir geben uns cool und emanzipiert. Sollte in dieser schnellebigen Zeit der Garten nicht eine Oase sein, ein romantisches Fleckchen, und sei es noch so klein, wo wir für eine Weile die Hektik vergessen und uns ganz unseren Sinnen hingeben können? Ohne so etwas Wunderbares wie den Duft wäre das nicht denkbar.

Was ist überhaupt Duft?

Man sieht ihn nicht, man hört ihn nicht, man kann ihn nicht berühren und auch nicht in den Arm nehmen. Aber er ist da, bereit, uns zu umarmen. Wie kommt so etwas Magisches zustande?

Düfte entstehen, wenn winzigste Teilchen sich von der Materie lösen und, durch die Bewegung der Luft, auf die Riechschleimhaut in der oberen Nasenmuschel treffen, mit der die Düfte wahrgenommen werden.

DUFT STEHT FÜR ERINNERUNG UND GEFÜHL

Der Geruchssinn ist der direkteste unserer Sinne, der einzige, bei dem das Zentralnervensystem offenliegt und in unmittelbarem Kontakt mit der Umwelt steht. Biologisch ist das Riechzentrum des Menschen eng mit einem Teil des Zwischenhirns verbunden und mit dem Limbischen System im Gehirn verknüpft. Hier werden die Duftinformationen weiterverarbeitet, in Zusammenhang mit anderen Sinneseindrücken gebracht, hier werden unsere Gefühle gesteuert, die wir nicht kontrollieren können. Hier entsteht das »Geruchsbild«.

Mit Gerüchen sind Gefühle verbunden, mit dem Duft die Erinnerung. Ob wir einen Duft mögen oder nicht, hängt oft damit zusammen, welche Erinnerung er in uns wachruft. Denn Erinnern heißt auch Empfinden. Ich mag die nostalgischen Düfte von Maiglöckchen und Lavendel sehr gerne und versuche immer, einen davon das ganze Jahr über genießen zu können. Wenn schon nicht im Garten, dann doch wenigstens als getrocknete Lavendelblüten in einer hübschen Schale, oder als frische Maiglöckchen mitten im Winter in einem Blumentopf, vorgezogen aus Eiskeimen. Meine Großmutter, eine sehr warmherzige Frau, war stets von diesen Düften umgeben, und Maiglöckchen liebte sie über alles. Und ich liebte sie über alles. Ist es da verwunderlich, daß diese Düfte die Saiten meiner Seele zum Klingen bringen, mich aber auch mit ihrem Atem einer längst vergangenen Zeit etwas wehmütig stimmen?

Das Empfinden von Düften setzt eine gewisse seelische Bereitschaft voraus. Man schätzt das, was uns persönlich und momentan Besinnlichkeit bietet. Bei dem musikalischen Genuß eines Adagio von Brahms kann man den Duft von wilden Heckenrosen oder auch von Veilchen empfinden. Bei einem wild dahinstürmenden Beethoven dagegen verfliegt das Zarte, und der schwere, dominierende Duft von Hyazinthen bemächtigt sich der Sinne. Der eine begeistert sich für Brahms, der andere für Beethoven, aber neben individuellen Vorlieben im Reich der Düfte kommt es auch auf das richtige Gefühl für die verschiedenen Nuancen an. Es bleibt der eigenen Sensibilität überlassen, das Richtige für den richtigen Platz, ja das einzig Wahre aus dem überreichen Angebot der Düfte auszuwählen. Nur die eigene Erfahrung wird uns lehren, ob wir erfolgreich waren oder nicht. Aber es ist schließlich noch kein Meister vom Himmel gefallen.

Englische Rosen und Taglilien harmonieren hier nicht nur in der Farbe – sondern auch in ihren romantischen Düften.

***Lilium longiflorum* 'White Queen' – ihr herrlicher Jasminduft wird noch lange in Erinnerung bleiben.**

DIE BIOLOGISCHE FUNKTION DER DÜFTE

Die Tatsache, daß Düfte uns selten unberührt lassen und je nach Persönlichkeit und Erfahrung positive oder negative Gefühle in uns wecken, läßt uns fragen: Warum gibt es überhaupt etwas so Schönes wie den Duft? Er bereichert unser Leben aufs Angenehmste, scheint aber für uns Menschen keine praktische Funktion zu haben. Ist er also überflüssig?

Die Lust am Duft hat tiefe biologische Wurzeln. Durch Düfte werden Lebewesen auf natürliche Art und Weise dorthin geleitet, wo ihre Überlebenschancen am größten und die Möglichkeiten ihrer Fortpflanzung optimal sind. Wir Menschen brauchen ihn heute zum Überleben nicht mehr. Aber die Pflanzen duften ja auch nicht für uns. Sie produzieren Duftstoffe aus ganz anderen Gründen. Er ist für sie Energiespeicher, Informationsträger, Krankheitsschutz und Temperaturregler. Er lockt Insekten an, um die Fortpflanzung zu sichern, schreckt aber auch Tiere ab, die zur Gefahr werden können. Die leichtflüchtigen ätherischen Öle schaffen ein ideales Mikroklima rund um die beblätterten Pflanzenteile und schützen sie dadurch vor Hitze und Kälte.

Aber was sind überhaupt Duftstoffe? In der Regel sind es flüchtige Ausscheidungsprodukte, die ätherischen Öle, die bei Pflanzen für den Duft verantwortlich sind. Sie werden freigesetzt, wenn sie sich mit dem Sauerstoff der Luft verbinden. Ätherisch heißt flüchtig, aber auch himmlisch. Und himmlisch sind sie wirklich, diese duftenden Kostbarkeiten. Diese stark aromatischen Öle sind keine fetten Öle, wie Mandelöl, Jojobaöl oder Olivenöl, die nie ohne Rückstand verdunsten; es sind flüchtige Öle, die sich wie Schmetterlinge in die Luft erheben. Man nennt sie auch Essenzen, denn sie sind das Essentielle, die Seele der Pflanze. Diese ätherischen Öle, die Träger des Duftes, sitzen in winzigen Öltröpfchen in oder auf dem Pflanzengewebe und werden von speziellen Drüsenzellen produziert. Bei einigen Pflanzen kann man die Öldrüsen sogar mit bloßem Auge erkennen, etwa in den Schalen der Orangen oder in dem dünnen Blatt des Johanniskrauts, wenn man es gegen das Licht hält.

VIELFALT DER PFLANZENDÜFTE

In erster Linie konzentrieren Pflanzen die Duftstoffe in ihren **Blüten**, um Insekten, Vögel und sogar Fledermäuse anzulocken und dadurch für ihre Fortpflanzung zu sorgen. Und da Hummeln, Bienen und Schmetterlinge Düfte bevorzugen, die auch wir als angenehm empfinden, sind wir sozusagen die Nutznießer. Manche Düfte wirken auf Insekten erregend und lösen dadurch den Anflug zu den Blüten und somit die Bestäubung aus. Die meisten Insekten sind kurzsichtig und können Blüten nur aus der Nähe sehen. Der Duft dagegen kann aus viel größerer Entfernung wahrgenommen werden.

Pflanzen mit **duftendem Laub** dagegen dient das ätherische Öl in

der Regel als Schutz vor Krankheiten durch Bakterien oder Pilze, aber auch vor allzu hungrigen Tierchen, ja selbst vor größeren Räubern. So haben Pflanzen mit stark duftendem Laub selten Dornen oder Stacheln. Sie brauchen sie nicht zu ihrem Schutz. *Rosa rubiginosa* mit ihren nach Äpfeln duftenden Blättern bildet hier eine Ausnahme. Viele Pflanzen mit duftendem Laub, wie Lorbeer, Lavendel oder auch Rosmarin, stammen aus dem Mittelmeergebiet. Das ätherische Öl in den Blättern schützt sie vor dem Austrocknen durch die hohe Verdunstung. Als zusätzlichen Verdunstungsschutz haben viele Pflanzen außerdem eine samtige, dicht behaarte Oberfläche, etwa viele Duftpelargonien, z. B. *Pelargonium* 'Joy Lucille' mit intensiv nach Pfefferminze duftenden Blättern.

Zwar sind es meist die Blüten oder Blätter, die bei Pflanzen den Duft verströmen, es können jedoch auch andere Pflanzenteile duftende Stoffe enthalten.

Viele **Früchte** duften verführerisch und appetitlich, diesmal nicht, um abzuwehren, sondern genau das Gegenteil wird damit bezweckt. Sie sollen von den Tieren verspeist werden, die auf diese Art und Weise dann die Samen verbreiten. Wie unwiderstehlich duften Pfirsiche, Weintrauben oder Lorbeeren, und ist es nicht

Duftende Kostbarkeiten – eine Schale getrockneter Blüten.

auch für uns ein Genuß, eine Zitrusfrucht in der Hand zu halten, allein des herrlichen Aromas ihrer äußeren Fruchtschale wegen?

Aber auch **Wurzeln** und **Rhizome** duften, teilweise sogar sehr intensiv – sicherlich auch, um potentielle Freßfeinde vom Verzehr abzuhalten. Nur: Was haben wir in einem Duftgarten davon? Zum Glück duften bei der *Iris germanica* auch die Blüten, aber der typische Veilchenduft der Rhizome ist es, der hier den Reiz ausmacht. Kleingeschnitten können sie ein nicht zu verachtender Bestandteil eines Duft-Potpourris sein. Eine doppelte Freude also. Oder auch der Ingwer. Auch hier duften die Blüten leicht, das Intensive jedoch reservieren die Rhizome für sich. Sie sind inzwischen auf jedem Wochenmarkt zu kaufen, ich empfinde es jedoch als besonderen Genuß, Ingwer selbst zu ernten. Bei Ingwer gibt es nur zwei Möglichkeiten: entweder man mag sein Aroma überhaupt nicht, oder man ist der prickelnden, atemberaubenden und doch süßen Schärfe so hoffnungslos verfallen wie ich.

Das Holz der Zedern duftet weich und harmonisch, bei Zimt ist es die Rinde, die das herrliche stets an Weihnachten erinnernde Gewürz liefert.

Jasminblüten aus Grasse enthalten in ihrem Duft die Sonne und die Wärme des Südens.

WEIHRAUCH UND MYRRHE

Außer den ätherischen Ölen verströmen auch **Harze** und **Balsame** angenehme Düfte. Harze, Ausscheidungsprodukte des pflanzlichen Stoffwechsels, haben besonders bei den Nadelhölzern einen charakteristischen, würzigen Duft. Ich sage bewußt Duft, denn er ist fein und angenehm. Weihrauch, wissenschaftlich »Olibanum« genannt, ist wohl eines der bekanntesten Harze. Bäume der Gattung *Boswellia* aus Nordafrika und Vorderindien sind der Lieferant dieses bitteren, erst bei Erwärmung angenehm balsamisch duftenden Harzes. Der Harzgehalt der Myrrhe ist wesentlich geringer, der Anteil an ätherischem Öl dafür höher. Ein solch natürliches Gemisch nennt man Balsam. Als balsamisch empfindet man stets einen angenehmen, warmen, süßen Duft, eine Wohltat (Balsam) für unsere Seele.

Da die Natur Stoffe nicht unnötig verschwendet, haben die Pflanzen in der Regel entweder duftende Blüten oder duftende Blätter. Aber es gibt Ausnahmen. Bei der Winterblüte *(Chimonanthus)* und bei der Winterrinde, *(Drimys winteri)* duften Blüten und Blätter. Der Duft ist identisch, bei den Blättern aber weniger konzentriert. Bei dem Gewürzstrauch *(Calycanthus)* haben Blätter, Rinde und Holz einen kampferähnlichen Duft, während der Duft der Blüten eher an einen frischen Obstsalat denken läßt. Das Laub von *Rosa rubiginosa* duftet intensiv nach Äpfeln, ihre Blüten haben einen zarten, lieblichen Duft.

Ein romantisches Potpourri, bei dem der Rosenduft die erste Geige spielt

VOM PFLANZENDUFT ZUM PARFUM

Aufgrund seines ausgesprochen günstigen Klimas und auch seiner reichlichen Wasservorkommen ist in Grasse im Südosten Frankreichs der Anbau von Rosen, Jasmin, Orangen und Tuberosen das ganze Jahr über auch ohne Gewächshäuser möglich.

Rose und Jasmin werden als Düfte seit Jahrhunderten geschätzt und bilden die Basis für viele Duftkompositionen. Ihre ätherischen Öle reifen im Lauf der Jahre wie ein guter Wein. Wenn man bedenkt, daß man für 1 kg reines ätherisches Orangenblütenöl 1 000 kg der kleinen, weißen, intensiv duftenden Blüten braucht, wird verständlich, daß dieses Konzentrat seinen Preis haben muß.

Auch die ätherischen Öle von Jasmin und Tuberose sind Kostbarkeiten. Diese Blüten vertragen sehr schlecht die Hitzeeinwirkung bei der Destillation, der gebräuchlichsten Methode der Ölgewinnung. Eines der ältesten und aufwendigsten Verfahren, die **Enfleurage**, wird hier noch angewandt. Dabei werden die Blüten auf einem mit tierischem Fett bestrichenen Brett ausgebreitet, der Blütenduft wird

Die Enfleurage. Der Duft der Jasminblüten wird vollständig vom Fett aufgenommen

von dem Fett vollständig aufgenommen. Eine neue Lage Blüten wird darüber gestreut, bei Jasmin alle 24 Stunden, bei der Tuberose alle 72 Stunden. Ist 1 kg Fett von 2 bis 3 kg Blüten gesättigt, ist der Vorgang beendet. In der Regel dauert das bis zu 4 Wochen. Aus dieser Pomade werden die Duftstoffe anschließend mit Alkohol herausgelöst.

Den berauschenden Duft der Tuberose können wir auch in dem Parfum »Chloë« von Lagerfeld oder in »Poison« von Dior genießen, den Duft der Narzissen finden wir in »Narcisse Noir« von Caron. Einige Blütendüfte dagegen konnte man wegen ihrer Empfindlichkeit nie aus den Blüten selbst gewinnen, sie werden daher synthetisch hergestellt. Dazu gehören Gardenie in »Gardenia« von Chanel oder Maiglöckchen in »Diorissimo« von Dior.

IST DUFT ZAUBER?

Ein duftender Garten kann einem Traum entsprechen, wie ein erfolgreiches Parfum. Zu einem großen Duft gehören Zartheit, Kraft, Dauer, Vielfalt und unwiderstehliche Schönheit. Das Bild der äußeren Erscheinung wird uns durch das Sehen vermittelt, das Riechen aber bringt uns etwas von dem innersten Wesen näher. Eine Blume duftet nur dann, wenn sie etwas von sich selbst an die Luft preisgibt. Goethe läßt Faust so trefflich sagen: »Wenn ihr´s nicht fühlt, ihr werdet´s nicht erjagen...«.

Im Islam spielten Blumen in der Gefühlswelt eine sehr große Rolle, wie in keiner anderen Kultur sonst. Die Narzisse mit ihrem weißen Auge lehrt, nicht blind zu sein gegenüber aller Herrlichkeit auf dieser Welt. Das Veilchen beugt sich wie ein Gläubiger in der Moschee, und die Rose würde mit ihrem Duft »Allah, Allah« hauchen. Und von dem noch heute hochgeschätzten Dichter Hafiz (1327-1390) aus Schiraz wird erzählt, er konnte an allen Brotläden im Bazar vorbeigehen und seinen letzten Groschen für eine Hyazinthe ausgeben, um seine Seele mit dem Duft zu nähren. Zu wissen, daß auch andere so fühlten und handelten, selbst vor Hunderten von Jahren, ist äußerst beruhigend für mich. Es müssen nicht unbedingt Hyazinthen sein, aber eine duftende Pflanze oder das noch so kleine Veilchensträußchen lassen mich völlig vergessen, daß eigentlich etwas ganz anderes auf meinem Einkaufszettel stand.

Aber es scheint nicht nur mir so zu gehen. Inzwischen ist erwiesen, daß ganz bestimmte Düfte auch ganz bestimmte Einflüsse auf uns ausüben können. Wie gut schmeckt ein Stück Schokolade, aber die Vanille ist es, die sie uns so begehrenswert macht. Und mich lassen offensichtlich alle Düfte des Gartens den Rest der Welt völlig vergessen. Ist das Zauber? Düfte berühren unser Herz, schließen geheime Türen unserer Seelen auf. Und plötzlich ist alles wie verzaubert durch die unbändige Macht des Duftes. Die Intensität des Augenblicks, die im Dufterlebnis spürbar ist, kann aber auch umschlagen in das Empfinden von Vergänglichkeit, des nicht ewig Währenden. Auch ein Zauber verfliegt irgendwann. Doch wie viele schöne Erinnerungen und Stimmungen sind mit Düften verbunden. Wie glücklich kann jemand sein, der sich diesen Traum in einen Garten holen kann, und sei er noch so klein.

Jede sprossende
Pflanze,
die mit Düften sich füllt,
trägt im Kelche
das ganze
Weltgeheimnis
verhüllt.
(EMANUEL GEIBEL, 1815-1884)

»Diorissimo« – eine edle Präsentation des Maiglöckchendufts in einem Flakon aus dem Jahr 1956

Die Palette der Düfte

Die Duftwahrnehmung ist etwas sehr Subjektives. Ein gutes Beispiel dafür ist der Duft der herbstblühenden Kamelien, der Sasanquas. Sie haben einen sehr eigenständigen, orientalisch anmutenden Duft, der an Moschus und feuchte Erde erinnert. Er ist süß und herb zugleich. Manche meiner Freunde und Bekannten empfinden ihn eher als unangenehm, mich dagegen erinnert er an ein Märchen aus 1001 Nacht.

Die Zahl der riechbaren Substanzen ist so riesig – sie wird auf über 1 Million geschätzt – daß eine sichere Unterscheidung selbst dann nicht möglich wäre, wenn alle Menschen einen gleich gut ausgebildeten Geruchssinn hätten. Ein guter Parfumeur kann bis zu 4 000 verschiedene Düfte auseinanderhalten und sogar benennen. Das allerdings setzt eine gewisse Begabung ebenso voraus wie jahrelange Schulung und Erfahrung. Wir weniger Begünstigten empfinden einen Duft nicht in derselben Intensität, aber wohl niemand ist der Meinung, daß eine Rose nach Maiglöckchen duftet oder ein Maiglöckchen nach einer Rose.

Aber auch die Gewöhnung spielt eine nicht zu unterschätzende Rolle. Um etwa ein ständig getragenes, geliebtes Parfum in gleicher Weise selbst wahrzunehmen, bedarf es mit der Zeit einer immer größeren Menge – für die Mitmenschen dann oft unerträglich. Im Garten ist die Gefahr längst nicht so groß, aber auch vorhanden. Fliederbüsche, als Gruppe gepflanzt, selbst zwei Sträucher von *Sarcococca humilis*, Schalen mit Hyazinthen auf der Terrasse oder gar im Zimmer können für manche Besucher, für die der Duft neu ist, sogar zur Qual werden.

Beim Auftragen eines Parfums entfaltet sich der Duft in drei Phasen. Genauso nehmen wir bei etwas Übung den Pflanzenduft wahr, denn er ist längst nicht immer gleich. Die **Kopfnote** spielt eine entscheidende Rolle beim ersten Eindruck, wenn wir uns der Blüte nähern. Sie weckt das Interesse und macht uns auf den Duft aufmerksam. Das Thema, der charakteristische Duft, wird von der **Herznote** gebildet, geprägt von blumigen, würzigen oder auch holzigen Komponenten. Der letzte Teil des Ablaufs der Duftwahrnehmung wird von der **Basisnote** bestimmt. Lang haftende Bestandteile sorgen für ein verlangsamtes Vergehen. In einem sehr süßen, ausgesprochen exotischen Duft wie dem der Tuberose wird diese Note so stark betont, daß sie bereits in der Kopfnote deutlich bemerkbar ist.

Aber damit nicht genug, auch andere Kriterien sind bei der Entwicklung und Entfaltung eines Duftes im Garten von großer Bedeutung.

ÄUSSERE EINFLÜSSE

Die **Bodenverhältnisse** nehmen mehr Einfluß auf die Art des Duftes als man denkt. Eine Rose, auf einem lockeren Sandboden gepflanzt, kann einen anderen Duft entwickeln als die gleiche Rose auf einem schweren Lehmboden. Bei veredelten Pflanzen, gerade bei Rosen der Fall, spielt auch die Wahl der **Unterlage** eine Rolle. Der **Standort**, ob sonnig oder schattig, ist genauso wichtig wie das **Wetter** und die **Tageszeit**. Ich habe schon öfter festgestellt, daß dieselbe Blüte frühmorgens anders duftete als abends und nach einem warmen Sommerregen

Die Glyzinen mit ihrem Vanilleduft lassen diese Tür sehr nostalgisch wirken.

intensiver als sonst. Gerade dann, wenn die Erde noch dampft, in hoher Luftfeuchtigkeit, ist jeder duftende Garten faszinierender denn je. Aber selbst bei bedecktem Himmel, wenn kein Lüftchen weht, empfinde ich den Duft deutlicher als bei strahlendem Sonnenschein.

So vieles ist mit im Spiel, und das sind allein die äußeren Einflüsse. Bedenkt man dann noch unsere Gefühlslage, die Erinnerung, die Gewöhnung und den persönlichen Geschmack, ist es kein Wunder, daß es so schwierig ist, einen Duft zu »fassen« und ihn verbindlich für alle festzulegen. Etwas Chemie und Botanik sind dabei hilfreich.

CHEMIE

Zunächst die Chemie. Daß der Duft im allgemeinen von den flüchtigen **ätherischen Ölen** kommt, habe ich schon erwähnt. Ätherische Öle sind komplexe chemische Verbindungen. Die bekanntesten Geruchsträger sind die **Ester**, die aus einer Säure und einem Alkohol unter Austritt von Wasser gebildet werden. In der Magnolienblüte hat sich z. B. Essigsäure mit Äthylalkohol zu Äther aceticus verbunden, einem süßen Duft mit einer zitronigen Komponente, natürlich viel angenehmer als die Essigsäure selbst. Auch die **Alkohole** der ätherischen Öle haben großen Einfluß auf die Duftrichtung. Ihr Name endet jeweils auf »ol«. So ist Geraniol verantwortlich für den Rosenduft, aber auch im Storchschnabel *(Geranium)* zu finden. Menthol ist in der Minze enthalten, und Indol bestimmt den charakteristischen Duft der Jasminblüten und der Jonquillen-Narzissen.

Den charakteristischen süßen Duft hat *Narcissus jonquilla* 'Suzy' dem Alkohol Indol zu verdanken.

Aldehyde dagegen sind am Zitronenduft vieler Verbenen beteiligt, und den wunderbaren Veilchenduft haben wir einem Keton, einer organischen Verbindung, zu verdanken. Dieses **Keton**, Jonon genannt, trübt unsere Duftwahrnehmung in sehr kurzer Zeit, so ist es nicht die Blüte, die ihren Duft einbüßt, sondern unsere Fähigkeit, ihn aufzunehmen, geht kurzfristig verloren. Beugt man sich nach einigen Minuten erneut über die Blüte, kehrt der Duft zurück, um wieder zu verschwinden, wenn er unseren Geruchssinn ermüdet hat. Nicht zuletzt dieses Phänomen hat den schwer faßbaren Veilchenduft so beliebt gemacht; ein Zuviel davon ist unmöglich. Iron, ein anderes Keton, ist dagegen Geruchsträger des Öls aus dem Rhizom der *Iris germanica* mit seinem intensiven, veilchenartigen Duft. Beide Duftstoffe lassen sich auch chemisch herstellen, um das kostbare Naturprodukt zu ersetzen.

Bei Pflanzen mit duftendem Laub befindet sich das ätherische Öl in den Zellen, oft als durchsichtige Punkte deutlich zu erkennen. Viele duftende Blätter enthalten Substanzen, die bei Blütendüften nicht vorkommen, und sie sind es, die würzige, frische Düfte hervorrufen. So ist z. B. Bornylacetat ein wesentlicher Bestandteil des Fichtennadelöls, und er macht den Duft vieler Koniferen aus, aber auch den des Rosmarins. Mit zunehmendem Alter der Blätter verdunstet die Feuchtigkeit in den

Zellen, übrig bleibt das ätherische Öl in konzentrierter Form. Es wird oft erst frei, wenn die Blätter zerdrückt werden oder man an ihnen vorbeistreift.

Die ätherischen Öle der **Terpentin-Gruppe** enthalten Bornylacetat, beispielsweise beim Rosmarin. Durch Oxydation wird **Kampfer** gewonnen. In einer anderen Gruppe sind Kampfer und Eucalyptol entscheidend, sie sind tonangebend in Salbei, Kamille, Katzenminze, Thymian, Lavendel und Myrte. Im Lorbeerbaum *(Laurus nobilis)* kommt dieser Duft in einer Mischung mit Rose und der aromatischen Würze der Nelken vor. Menthol ist in allen Minze-Arten enthalten, aber auch in den Blättern vieler Duftpelargonien.

BOTANIK

Nun noch etwas Botanik. Bei den Blüten sind die Duftstoffe in Zellen an der Oberfläche der Blütenblätter eingelagert. In der Knospe liegen die Blütenblätter so eng beieinander, daß der Duft auch auf der Rückseite wahrzunehmen ist. Hier liegt der Reiz des Erblühens in der Entfaltung des Duftes, denn die Knospe duftet noch nicht. Bei manchen Pflanzen hört der Duft sogar mit der Bestäubung der Blüte vorzeitig auf. Er hat dann seine Aufgabe für die Pflanze erfüllt, verliert an Frische und wird nicht mehr produziert. Bei anderen wiederum ändert sich die Duftnote im Verlauf des Blühens merkbar. Jedoch sind die chemischen Grundlagen dafür noch wenig erforscht. Sicher dagegen ist, daß Blüten von Zierpflanzen, die nie Samen ansetzen, länger blühen und auch länger duften. Sie sind in einer Warteposition, bereit für etwas, das nie kommt. Die Blüten sind zu bedauern, wir Menschen sind die Nutznießer.

Eine Blüte mit hohem Anteil an ätherischen Ölen gibt, auch nachdem sie gepflückt wurde,

Was überwiegt hier? Der Genuß für Augen, Gaumen oder Nase? Schwer zu sagen, der Duft jedenfalls aktiviert alle Sinne.

Flieder – der unvergleichliche Duft des Frühsommers.

diesen Duftstoff weiterhin ab. Nicht auszudenken, wenn es anders wäre – auf duftende Blumensträuße müßten wir dann verzichten. Intensiv duftende Blüten, wie die von Maiglöckchen, Flieder, Tuberosen, Hyazinthen, *Citrus* oder Magnolien, haben dicke Blütenblätter, die ihr Parfum halten. Sie verhindern, daß sich der größte Teil der ätherischen Öle vor dem Verwelken der Blüte verflüchtigt.

Der Duft innerhalb einer Pflanzenfamilie ist in der Regel gleich, zumindest aber ähnlich. So haben die Blüten der Familie der Schmetterlingsblütler *(Leguminosae)* einen an Vanille erinnernden Duft, mit einem leichten, aber deutlichen Unterton aus Zitrone; Beispiele sind Duftwicken, Lupinen, Glyzinen oder Goldregen. Schneeball *(Viburnum)*, Geißblatt oder Holunder aus der Familie der Geißblattgewächse duften dagegen meist süß wie Honig.

DER DUFTCHARAKTER: UNANGENEHM BIS HONIGARTIG

Betrachtet man gerade die üblichen Pflanzenbeschreibungen, ist das für den Duftcharakter verwendete Vokabular erstaunlich begrenzt, entweder unbestimmt, z. B. »duftend«, oder nichtssagend, z. B. »herrlich«, »köstlich«, »himmlisch«. Doch um wie vieles größer ist die wirkliche Palette der Düfte! Mir ist durchaus bewußt, daß es schwierig ist, etwas so Subjektives, schwer Faßbares und Flüchtiges, außerordentlich Faszinierendes wie den Duft näher zu definieren. Ich möchte es trotzdem versuchen. So vielfältig, unterschiedlich und schwer einzuordnen die Düfte sind, sie lassen sich doch in Gruppen zusammenfassen.

UNANGENEHME DÜFTE

Leider muß ich mit den weniger angenehmen Düften beginnen. Ob sie allerdings überhaupt als unangenehm empfunden werden, ist oft eine Frage der Konzentration. Ich werde auf diese Gruppe nur kurz eingehen, da man sie des Duftes wegen wohl kaum im Garten verwenden wird.

Unangenehme Düfte sind oft in cremefarbenen Blüten zu finden. Der ammoniakähnliche Geruch der meist kleinen, in dichten Büscheln erscheinenden Blüten

zieht in erster Linie Fliegen an, die sich an seinem leicht zugänglichen Nektar gütlich tun. Der Geruch ist stark, aus der Nähe oft unangenehm und erinnert an verdorbenen Fisch, wie bei Eberesche, Feuerdorn, Felsenbirne oder *Cotoneaster*. Sie gehören alle zu der Familie der Rosengewächse (Rosaceae), zu der auch die Rosen gehören, und wachsen baum- oder strauchartig.

Blüten mit einem bräunlichem Farbton riechen durch den hohen Anteil an Indol oft sehr unangenehm, wie beispielsweise eine Dreiblatt-Art *(Trillium erectum)*, auch verschiedene Schachbrettblumen *(Fritillaria)*, Aronstabgewächse und *Stapelia*, die bezeichnenderweise Aasblume heißt.

SCHWERE DÜFTE

Schwere Düfte sind oft etwas stechend, aber doch süß und alles andere als unangenehm, höchstens in sehr hoher Konzentration. Auch hier sind weiße und cremefarbene Blüten überdurchschnittlich stark vertreten. Flieder, Madonnenlilien, Jasmin, Tuberosen, Falscher Jasmin *(Philadelphus)*, Schneeball *(Viburnum)*, Duftblüte *(Osmanthus)* und Taglilie *(Hemerocallis)* gehören dazu. Der leicht unangenehme Unterton verschwindet völlig, wenn der Duft aus einiger Entfernung wahrgenommen wird.

Viele dieser Pflanzen kommen aus den Subtropen und werden von Nachtfaltern bestäubt, und sie alle duften am Abend besonders intensiv. Zu einem gewissen Grad gehören auch Maiglöckchen, Seidelbast und Geißblatt *(Lonicera)* in diese Kategorie.

AROMATISCHE DÜFTE

Aromatische Düfte werden von den meisten Menschen als die angenehmsten überhaupt empfunden. Der würzige **Nelkenduft** ist auch für die Nachtviole charakteristisch, ebenso für *Gladiolus tristis*, den duften den Schneeball *Viburnum carlesii*, *Cyclamen creticum* und einige Pfingstrosen. Vielen Magnolienblüten, Schlüsselblumen und der Winterrinde *(Drimys winteri)* ist der **Anisduft** eigen. Einen **balsamischen Duft** findet man bei Hyazinthen *(Hyacinthus orientalis)* und dem englischen Bluebell *(Hyacinthoides non-scripta)*.

An einem **Vanilleduft** mit einer zitronigen oder würzigen Note können wir uns berauschen, wenn die Glyzinen in voller Blüte stehen, aber auch bei der Zaubernuß *(Hamamelis mollis)*, bei Duftwicken, Lupinen und einigen *Clematis*-Arten. Es ist ein sehr zärtlicher Duft, süß, aber nicht

In den violettfarbenen Blüten des Heliotrop ist der bittersüße Mandelduft deutlich wahrnehmbar, aber auch Vanille und Honig sind mit im Spiel.

Viola odorata, das Duftveilchen, könnte ruhig im Verborgenen blühen – der Duft allein würde uns verweilen lassen.

aufdringlich, weithin wahrnehmbar und ein Genuß von Nahem.

Der bittersüße **Mandelduft** ist deutlich in den violettfarbenen Blüten des Heliotrop und der *Buddleja* wahrzunehmen, aber auch die rosa Blütenpracht einer Blutpflaume hüllt den Garten in diesen Duft. Viele Blüten mit aromatischen Düften sind rosa bis lilafarben und werden gerne von Schmetterlingen besucht.

Veilchendüfte

Der unvergleichliche Duft des Veilchens ist so bekannt, daß ich ihn hier nicht näher zu beschreiben brauche. Daß er etwas launisch ist, habe ich bereits erwähnt (siehe Seite 20). Der typische Veilchenduft kennzeichnet auch die Duftresede *(Reseda odorata)*, die Hakenlilie *(Crinum* x *powellii)*, die Blüte des Weins, den Märzbecher und ganz intensiv *Lonicera* x *purpusii* 'Winter Beauty'. Diesem Geißblatt jedoch scheint es Freude zu machen, mich zum Narren zu halten. Sein Duft ist nämlich alles andere als beständig. Deutlicher Veilchenduft am Morgen, und dann plötzlich, intensiv nach Maiglöckchen. Oder ist dies etwa gar nicht das wankelmütige Geißblatt, sondern meine getrübte Nase?

Rosendüfte

Rosendüfte sind niemals schwer und überlagernd, sondern angenehm süß, oft mit einer fruchtigen Komponente. Der englische Pflanzensammler, Gärtner und Autor John Parkinson (1567-1650) beschrieb den Duft der Damascena-Rosen folgendermaßen: »... weder berauschend noch zu intensiv, weder schwül noch unangenehm süß.« Das haben wir dem schon erwähnten **Geraniol** zu verdanken. Der typische Rosenduft findet sich jedoch auch im Laub von der Duftpelargonie *Pelargonium graveolens* und beim Storchschnabel *(Geranium)*.

ZITRONIGE DÜFTE

Zitronige Düfte sind vorwiegend in Blättern zu finden, aber auch die Blüten der Seerose *Nymphaea odorata* haben diesen herrlich erfrischenden Duft, ebenso – mit einer süßen Note – die von *Magnolia* x *soulangeana*. Diese Düfte könnte man auch als eine Untergruppe der Rosendüfte ansehen. Ihr Hauptbestandteil, Citral, fällt als erstes Produkt bei der Oxydation von Geraniol an.

FRUCHTIGE DÜFTE

Zu dieser Gruppe zählt man alle fruchtigen, jedoch nicht die zitronigen Düfte. So duften Rambler-Rosen nach grünen Äpfeln (z.B. die Sorte 'Gardenia'), nach Orangen ('Wedding Day') oder nach jungem, spritzigem Wein ('Janet B. Wood'). *Iris graminea* riecht nach reifen Pflaumen, und *Choisya ternata* wird ihrem deutschen Namen Orangenblume mit ihrem Duft durchaus gerecht, allerdings mit einem leicht bitteren Mandelton.

MOSCHUS UND AMBRA

Düfte, die aus dem Tierreich stammen, sind in ihrer Konzentration oft unerträglich, aber in geringen Dosen wunderbar. Zu den angenehmen Düften dieser Gruppe zähle ich den Moschusduft der Moschusrose *(Rosa moschata)* und den Ambraduft der Passionsblume, etwas eigenständig, süß und herb zugleich, für viele bestimmt gewöhnungsbedürftig, für mich aber ein köstlicher, ausgesprochen warmer Duft. Diese Düfte treten selten allein auf, eine fruchtige Note ist meist mit im Spiel. Oft wird diese sogar zuerst wahrgenommen, um dann von der »tierischen« Note überlagert zu werden.

HONIGDÜFTE

Honigdüfte könnte man auch zu den »tierischen« Düften zählen. Ich möchte sie aber gesondert betrachten, sind sie doch so unendlich viel süßer und weicher. Nicht umsonst wird der *Buddleja*-Strauch von Schmetterlingen umschwärmt, und auch das Geißblatt *Lonicera caprifolium* duftet eindeutig nach Honig. Denke ich an diesen Duft, stelle ich mir unwillkürlich die kleinen, weißen Blüten der *Camellia lutchuensis* vor, himmlisch duftend, als hätte man ein Glas feinsten Honigs geöffnet; oder *Sarcococca humilis* und *S. ruscifolia,* deren winzige, unscheinbare Blüten im Spätwinter den ganzen Garten in einen umwerfenden Honigduft hüllen.

Der Duft von **Wurzeln, Rinde** und **Holz** wird in zwei Hauptgruppen eingeteilt: In die **aromatische Gruppe**, mit Rinden und Hölzern, die eine harzähnliche Substanz absondern, oft nach Anis, nach Zimt oder balsamisch duftend – hierzu gehören die Winterrinde *(Drimys winteri)* und viele Magnolien-Arten –, und in

Diese wenigen Blüten von *Sarcococca ruscifolia* geben einen intensiven Honigduft von sich.

Der junge Austrieb der Fichten duftet würzig und ein bißchen nach Weihnachten.

die **Terpentin-Gruppe**, zu der Nadelhölzer, wie Zypressen, Tannen und Fichten, gehören.

Einige Pflanzen lassen sich in keine dieser Kategorien einordnen, wie der Duftsteinrich, dessen Duft an frisches Heu erinnert, oder der Waldmeister, für dessen Geruch **Cumarin** verantwortlich ist. Für die meisten Blütendüfte jedoch kommt eine dieser neun Kategorien in Frage. Die Größe der Blüte spielt beim Duft keine Rolle. Gerade die kleinen, bescheidenen, oft kaum sichtbaren Blüten machen durch die Macht ihres Duftes auf sich aufmerksam. Trotz dieses Gegensatzes ist das Ergebnis ein harmonisches Ganzes. Der englische Schriftsteller Walter Pater (1839-1894) sagte sehr treffend: »Alle Künste streben nach dem Zustand der Musik. Inhalt und Form fließen zusammen«.

WEITERE FAKTOREN

Die Angabe des Duftcharakters reicht zur Beschreibung eines Duftes jedoch bei weitem nicht aus. Noch weitere Faktoren spielen eine Rolle – die Intensität, das Verhalten und das Wesen des Duftes sind für das »Duftbild« als Ganzes von großer Bedeutung.

DUFTINTENSITÄT

Zuerst ist die Intensität eines Duftes von Bedeutung. Ist der Duft stark und intensiv oder nur schwach ausgeprägt? Auf die Bezeichnung »leicht« möchte ich in diesem Zusammenhang bewußt verzichten, denn auch ein leichter Duft kann meiner Meinung nach intensiv sein, wie bei der Rambler-Rose 'Janet B. Wood'. Bei manchen Pflanzen gehört viel Phantasie dazu, überhaupt einen Duft festzustellen. Bei dem überall als duftend beschriebenen Schneeglöckchen 'S. Arnott' oder einem einzelnen Blütchen der Blutpflaume und auch bei einem Waldmeisterpflänzchen konnte ich nie auch nur den geringsten Duft ausmachen. Erst in großen Mengen hat man hier ein Dufterlebnis, was zumindest beim Waldmeister und einer in voller Blüte stehenden Blutpflaume sowieso immer gegeben ist. Bei dem duftenden Schneeglöckchen dagegen wäre eine Massenanpflanzung sehr kostspielig, und so vermehrungsfreudig ist es leider auch nicht; als Trost duftet es dafür im Zimmer ein kleines bißchen mehr.

DUFTVERHALTEN

Auch das Verhalten eines Duftes kann sehr unterschiedlich sein. Die Zuverlässigkeit läßt oft zu wünschen übrig, und nicht alle Blüten einer Pflanze duften gleich intensiv. Das können Rosen beispielsweise meisterhaft, was mich bei Versuchen einer Duftbeschreibung schon oft zur Verzweiflung gebracht hat.

DUFTVERHALTEN

Diese Bezeichnungen sind charakteristisch:

- flüchtig
- langanhaltend
- matt
- zaghaft
- konstant
- zurückhaltend
- müde
- spritzig
- verläßlich
- lebhaft
- launisch

DUFTRICHTUNG

Häufig wird bei der Duftbeschreibung auf andere Duftgebiete, die uns Genuß verschaffen, aber auch auf Pflanzendüfte und selbst auf artfremde Duftbezeichnungen zurückgegriffen:

Duft	Beschreibung
aromatisch	wohlriechend würzig, nicht bestimmt
fruchtig	aus der Natur bekannte Fruchtnoten
zitronig	etwas säuerlich, typisch Zitrone
würzig	wie ein Gewürz (Zimt, Nelken, Majoran usw.)
pfeffrig	scharf, aber nicht beißend
holzig	bitter, herb und aromatisch zugleich
harzig	charakteristisch, meist nach Kiefernwald
erdig	erinnert an Erde und Waldboden
modrig	dumpf und feucht

DUFTRICHTUNG

Konkrete Bezeichnungen sind solche, die mit »nach...« beginnen:

- Ananas
- Aprikose
- Banane
- Himbeere
- Melone
- Pflaumen
- Obst
- Nelken
- Flieder
- Maiglöckchen
- Veilchen
- Jasmin
- Jonquillen
- Teerosen
- Honig
- Bittermandeln
- Vanille
- Zimt
- Weihrauch
- Moschus
- Ambra
- Myrrhe
- Erbsen
- Riesling
- Limonade
- Himbeerbonbons
- Kampfer
- Minze
- Moos
- Heu
- Schokolade
- Tee

sogar nach:

- Katzen
- Nagellack
- Kaugummi

DAS WESEN EINES DUFTES

Während die Bezeichnungen der bisherigen drei Gruppen (Duftcharakter, Duftintensität, Duftverhalten) einigermaßen verbindlich und nachvollziehbar sind, ist das Vokabular für das Wesen eines Duftes sehr subjektiv. Es sagt eigentlich nichts Entscheidendes aus, sondern beschreibt lediglich, wie der Duft auf uns wirkt und mit welchen Vorstellungen wir ihn verbinden. Hier sind der Phantasie keine Grenzen gesetzt. Gerade diese Beschreibungen sind jedoch am häufigsten zu finden, man denke nur an die Werbeanzeigen für Parfums. Ob die Unwiderlegbarkeit der Grund dafür ist?

'Papa Meilland' mit ihrem samtigen Duft.

PHANTASIE-BEZEICHNUNGEN

zart	betäubend	betörend	romantisch
unwiderstehlich	elegant	faszinierend	nostalgisch
unvergleichlich	vornehm	unvergesslich	geheimnisvoll
lieblich	weich	dezent	verträumt
himmlisch	zärtlich	extravagant	temperamentvoll
göttlich	königlich	eigenständig	bezaubernd
herrlich	blumig	frisch	edel
köstlich	animalisch	ausgefallen	kostbar
aufregend	verführerisch	feminin	leicht
angenehm	apart	eigenwillig	
berauschend	klassisch	voll	
	spritzig	harmonisch	
	rassig		

Mit diesem Vokabular läßt sich hervorragend spielen, und je nach Temperament, Erfindungsgabe und Veranlagung zum Träumen entstehen die herrlichsten »Blüten«. Ich habe, sehr zu meinem Vergnügen, schon Beschreibungen gelesen wie:

»Bei dem Duft des Lavendels weht Ihnen die Verträumtheit eines alten Klostergartens entgegen.«

»Eine weiße Rose, wie die Zentifolie 'Vièrge de Cléry', duftet, als wenn man eine Schublade mit alten Erinnerungen aufzieht.«

»Ein wenig herber Duft, wie eine unausgereifte Frucht, unter der sich aber Zärtlichkeit verschleiert und verbirgt.«

Warum eigentlich nicht? Mit Nüchternheit, Sachlichkeit und logischem Denken hat eine Duftbeschreibung sowieso nichts zu tun. Das beste Beispiel hierfür ist eine reizende Anekdote des französischen Parfumeurs Houbigant: Sein bekanntes Parfum »Fougère Royal« hat den Namen des Königsfarns, einer seltenen und geschützten Farnart, deren Blätter nicht die geringste Spur

DUFTWESEN UND BEDEUTUNGEN

Ich möchte versuchen, wenigstens einige dieser »verschwommenen« Ausdrücke etwas genauer zu beschreiben, etwas »faßbarer« zu machen – und damit sicherlich auch angreifbarer.

orientalisch von exotischen Blüten, Gewürzen oder auch Harzen geprägt

pudrig ist der Eindruck, der durch langanhaltende, moosige und süße Inhaltsstoffe entsteht

schwer – hier dominieren Balsame, Moose und animalische Noten

süß wie Honig oder wie der Extrakt der Vanilleschote

warm sind Noten mit animalischem Duftcharakter, wobei der Übergang zu »blumig« gleitend ist

sinnlich ist ein Duft mit exotisch-stimulierender Wirkung

balsamisch ist ein Eindruck, der mit süß, weich und warm beschrieben wird

herb ist ein Dufteindruck, der durch Kräuter, Moose oder Hölzer entsteht

narkotisch werden schwüle Blütendüfte wie die von Tuberose, Jasmin oder Frangipani *(Plumeria)* genannt

bitter empfindet man einen Duft, der mit dem entsprechenden Geschmack identisch ist, wie z. B. von Wermut

grün ist ein Duft, der an Gräser, Blätter, Stengel usw. erinnert. Er verleiht der Kopfnote, dem ersten Dufteindruck, besondere Akzente

samtig hat genausowenig mit Duft zu tun wie bitter. Während das eine nur mit der Zunge bemerkbar ist, greift das andere auf den Tastsinn über – sozusagen ein »duftmalender« Ausdruck. Ich habe eine genaue Vorstellung von einer samtig duftenden, dunkelroten Rose: voll, weich und edel. Auf eine weiße *Citrus*-Blüte würde er sicherlich nicht passen.

'Vièrge de Cléry', eine wunderschöne weiße Zentifolie; sie duftet, als ob man eine Schublade mit voller alter Erinnerungen aufzieht...

von Duft haben. Ein Kunde, Sprachpedant oder Botaniker, hatte diese Bezeichnung deshalb beanstandet. Der geniale Parfumeur antwortete darauf: »Mein lieber Freund, wenn aber dieser Farn riechen könnte, dann würde er es genau so tun wie mein Fougère Royal.«

Ich glaube, hier wird mehr als deutlich, welche Rolle die schöpferische Kraft der Sprache auf dem Gebiet der Duftbezeichnungen spielt.

Duftempfinden

Bei der Beschreibung der von mir ausgewählten Pflanzen habe ich versucht, den Duft so klar zu definieren, wie es mir nur möglich ist. Aber auch ich habe meine Favoriten, bin abhängig von Stimmungen, neige zum Träumen und zum Schwärmen – bin nur ein Mensch, vielleicht mit einem etwas besser ausgeprägten und geschulten Geruchssinn.

Mit der Nase nehmen wir einen Duft nur auf. Wie er auf uns wirkt, entscheidet sich letztendlich im Gehirn. Düfte, Erfahrungen und Erinnerungen werden dort gemeinsam gespeichert. Das Duftempfinden ist nicht nur von Mensch zu Mensch verschieden, es kommt sogar beim einzelnen auf die jeweilige Stimmung an. Gruppierungen und Analysen sind wichtig – doch wie unendlich viel mehr liegt in einem Duft: Er berührt die Seele und geht ins Herz.

Duft und Farbe

Als mein Traum von einem weißen Garten anfing, Wirklichkeit zu werden, war mir nicht bewußt, daß ich mir gleichzeitig mit der Farbe Weiß einen »Duftgarten« anlegte. Oder war es sogar der Duft, der mich im Unterbewußtsein für die Farbe Weiß entscheiden ließ? Schließlich hat der Duft in meinem Leben schon immer eine große Rolle gespielt, vielleicht mehr als für die meisten anderen Menschen.

Die am intensivsten duftenden Blüten sind nun einmal unter den weißen zu finden, und das ist kein Zufall. Eine Studie, die Ende des 19. Jahrhunderts in Frankreich erstellt wurde, ergab, daß von rund 5 000 untersuchten Pflanzenarten nicht mehr als 10 % überhaupt einen angenehmen Duft hatten; von diesen allerdings blühten 60 % weiß oder hellgelb. Das hat tiefsitzende Gründe in der erstaunlichen Wirtschaftlichkeit der Natur. Blüten, die nicht durch ihre Farbe auffallen, unscheinbar oder winzig sind, im Schatten wachsen oder nur nachts blühen, sind oft mit einem betörenden Duft ausgestattet. Das Weiß mit seiner Leuchtkraft bringt hier noch einen zusätzlichen Aspekt, als »Wegweiser« für die Insekten. Es hätte biologisch wenig Sinn, wenn dunkel- oder mattfarbene Blüten ihren Duft in der Dunkelheit verströmten. Die armen, halbblinden Nachtfalter, durch den Duft angezogen, würden nur umherirren und die Blüte niemals finden. Orchideen, die nachts duften, sind in der Regel von einem glitzernden Weiß. Die Kombination von Duft, Farbe und Form der Blüte sorgt in der Regel dafür, daß die Insekten ihr Ziel finden und nicht unnötig Kraft und Zeit bei der Suche vergeuden.

Die meisten Insekten sind kurzsichtig und können die Blüten nur aus der Nähe erkennen (siehe Seite 14). Auf viel größere Entfernung, teilweise viele Kilometer, wird dagegen der Duft wahrgenommen, wie man z.B. von vielen Schmetterlingen weiß. Oft geht eine Pflanze auch auf Nummer sicher, indem sie Duft und Farbe kombiniert. Oder sie duftet klugerweise, wie *Lonicera periclymenum* 'Graham Thomas', bei Tag und bei Nacht. Dieses Geißblatt ist in kühleren Regionen beheimatet, in denen Nachtfalter nicht so zahlreich und bei schlechtem Wetter auch nicht so »fluglustig« sind. Außerdem ist der 2 cm lange Blütensporn sowohl für Bienen als auch für Falter erreichbar. Nachtfalter bevorzugen blasse Farben, Schmetterlinge jedoch Rosa. Deswegen hat sich dieses »intelligente« Geißblatt sowohl zartgelbe als auch rosafarbene Schattierungen zugelegt, um für beide Bestäuber attraktiv zu sein. Da alle guten Dinge drei sind, verfügt es außerdem noch über einen köstlichen Duft für die Bienen.

Weiße und zartgelbe Blüten mußten sich, um den Mangel an Farbe auszugleichen, einen mehr oder weniger intensiven Duft als Lockmittel zulegen. Was haben sie nicht alles aus diesem Mangel gemacht!

Ordnet man die Blütenfarben nach der Intensität des Duftes, kommen nach den weißen Blüten die Farben Blaßrosa, Lilarosa, Hellgelb, Gelb und Purpur. Dagegen haben blaue, orangefarbene, rote und besonders rotbraune Blüten meist wenig oder gar keinen Duft. Aber auch hier gibt es Ausnah-

'Bobbie James' und 'Veilchenblau' – eine Harmonie im Duft und ein traumhaft schöner Kontrast in der Farbe.

men, wie etwa Duftwicken oder Goldlack mit ihren kräftigen Farben und selbst die samtbraunen Blütenblätter von *Cosmos atrosanguineus* duften, und zwar eindeutig nach Schokolade. Deshalb sind Düfte im Herbst auch relativ selten, dafür leuchten die Farben dann um so mehr. Sonnenhut, Sonnenauge und Sonnenblume bringen mit ihren goldgelben und orangefarbenen Tönen Licht in den Garten, aber keinen Duft. Bei den meisten Blüten tritt der Duft an die Stelle der Farbe, sozusagen als »Ersatz«.

Je mehr bei der Züchtungsarbeit Wert auf eine besonders intensive Farbe gelegt wurde, desto mehr ging im allgemeinen der Duft verloren. So duftet der weiße

Diese Hyazinthe muß ganz einfach nach Himbeeren duften.

Duftsteinrich *(Lobularia maritima)* wunderbar nach frischem Heu, bei der purpurfarbenen Sorte 'Rosie c´Day' ist davon nicht viel übriggeblieben, eigentlich ungewöhnlich bei dieser Blütenfarbe. Auch bei den Maiglöckchen hat die rosafarbene Sorte zugunsten der Farbe etwas von ihrem herrlichen Duft opfern müssen. Und bei *Clematis montana*, deren weiße Sorte 'Alexander' noch intensiv duftet, ist bei der karmesinroten Form *C. montana* var. *rubens* der Duft nur sehr schwach.

Dieser Zusammenhang ist leichter zu verstehen, wenn man bedenkt, daß es sich bei den Blüten um umgewandelte Blätter handelt – umgewandelt, damit sie eine neue Funktion erfüllen können: das Anlocken ihrer Bestäuber. Diese Aufgabe kann durch die Farbe (Pigmente) oder den Duft (ätherische Öle) unterstützt werden. Pigmente und ätherische Öle sind das Ergebnis einer Umwandlung des Chlorophylls. Deshalb haben grüne Blüten – beispielsweise die der Rose 'Viridiflora' – keinen Duft, weiße dagegen oft einen besonders intensiven. Obwohl es natürlich auch hier Ausnahmen gibt. Die schon erwähnte weiße Rose 'Frau Karl Druschki' hat leider keinen Duft, während der tropische Strauch *Deherainia smaragdina* mit seiner ganz ungewöhnlichen, jadegrünen Blütenfarbe einen intensiven »Duft« verbreitet; aber hier sollte man eigentlich von Geruch sprechen, das Muffige daran soll auch nur den Fliegen gefallen und sie anlocken.

FARBE, DUFT UND PSYCHE

Für viele Menschen duften alle Blüten einer Farbe gleich, ganz besonders die weißen. Eine bestimmte Blüte dieser Farbe, z. B. eine Lilie, ist vielleicht in Erinnerung geblieben, ob es nun eine Stunde der Freude oder der Trauer war. Der Duft aber wird im Unterbewußtsein mit der Farbe Weiß in Verbindung gebracht. Ist man nicht auch geneigt, in einer himbeerfarbenen Blüte unwillkürlich auch den Duft und Geschmack dieser leckeren Frucht zu spüren? Ich habe eine Hyazinthe in diesem herrlichen Farbton, und sie riecht nach Himbeeren, während die blauvioletten Formen nach Heliotrop und die weißen wie Lilien duften. Auch die pflaumenfarbene *Iris graminea* duftet genau wie reife, saftige Pflaumen.

Ist das nun Einbildung, daß Farbe und Duft in einem gewissen Zusammenhang stehen? Die amerikanische Schriftstellerin Helen Keller (1880-1968) hat mit 19 Monaten ihr Augenlicht und Gehör verloren. Aber sie soll mit Hilfe des Geruchssinns in der Lage gewesen

ROT

Erwartet: dynamisch, anregend, leidenschaftlich
Wirklich: Duft der Alten Rosen

ORANGE

Erwartet: belebend, stimulierend, leicht aufdringlich
Wirklich: nach Orangen

GELB

Erwartet: warm, strahlend
Wirklich: leicht

VIOLETT

Erwartet: geheimnisvoll, tiefgründig, extravagant
Wirklich: geheimnisvoll

PINK

Erwartet: floral, gewagt, orientalisch
Wirklich: balsamisch

ROSÉ

Erwartet: harmonisch, süß, zärtlich, feminin
Wirklich: süß und pfeffrig

WEISS

Erwartet: leicht, frisch, edel
Wirklich: nach Moschus

DUFT UND FARBE

Durch die Farbe haben wir eine Erwartungshaltung an den Duft. Oft wird sie erfüllt, aber nicht immer spielt die Natur mit. Der Duft der gelben Narzisse ist eher leicht, bei dem rosafarbenen Phlox würde ich nicht an einen pfeffrigen Duft denken, und bei dem herrlichen 'Rambling Rector' läßt die Farbe Weiß auch nicht auf den orientalischen Moschusduft schließen.

sein, die Farbe der Blumen zu »erkennen«! Wir haben oft eine Vorstellung, wie eine bestimmte Farbe zu duften hat, haben sozusagen eine Erwartungshaltung an die Farbe. Bei keiner roten Rose würden wir mit einem frischen Duft rechnen, und wir wären höchst überrascht, wenn der Duft eines sattgelben Goldlacks auf uns müde wirken würde. Unser Duftbild käme arg ins Wanken. Im Tableau Beispiele, wie Duft und Farbe miteinander in Verbindung gebracht werden.

Nur die Wirklichkeit, die Natur, spielt hier längst nicht immer mit. Sie scheint nicht viel von den Vorstellungen und Gefühlen der Menschen zu halten und sich schon gar nicht ihnen unterordnen zu wollen. Gerade bei den weißen Blüten gibt es berauschende, überwältigende Düfte, edel vielleicht, aber auf keinen Fall leicht oder frisch.

Duft oder Farbe? Zum Glück brauchen wir uns diese Frage nicht allzu häufig zu stellen. Wie viele bunte Blumen duften! Und muß doch einmal eine Entscheidung getroffen werden, für mich hätte der Duft eindeutig Priorität. Bei meiner Vorliebe für Weiß wäre dies jedoch ohnehin keine echte Entscheidung.

Gestalten mit duftenden Pflanzen

Bei der Planung eines Gartens wird an den Duft wahrscheinlich zu allerletzt gedacht. Wir planen Wege, Beete, auch Höhen, Kontraste, vielleicht sogar ein Wasserbecken, eben optische Effekte – aber einen Duft?

Man sollte ihn gleich bei der Gestaltung mitberücksichtigen. Wählt man ihn geschickt und findet für die Pflanzen den richtigen Platz im Garten, kann die Wirkung noch gesteigert werden, und die Duftentfaltung wird zu einem sinnlichen Erlebnis. Ist es nicht ähnlich wie bei der Musik, die auch eine höhere Form der Wahrnehmung erlaubt? Wenn bei der Planung nicht an den Duft gedacht wurde, ist es zwar schade, aber keineswegs eine Katastrophe. Auch noch nachträglich läßt sich dem Garten mit einem geliebten Duft eine besondere Note verleihen. Dafür ist eine gewisse Kenntnis der Duftgruppen wichtig, als stabiles und verläßliches Gerüst. Der Erfolg hängt allerdings zum großen Teil vom Zufall ab. Wie sich ein Duft zu einem bestimmten Zeitpunkt entwickelt, und wie dann gerade unsere Stimmung sein wird und die entsprechende Reaktion darauf, läßt sich nicht immer voraussagen. Das Kleinklima eines Gartens, die Wahl eines Sitzplatzes, die Plazierung der Pflanzen, die Blühzeiten und das Aufeinanderabstimmen von Farb- und Duftkombinationen – all das muß berücksichtigt werden.

Auf der Suche nach geeigneten Plätzen ist auch zu bedenken, ob es sich um schattenliebende Pflanzen oder um Sonnenkinder handelt. Nur am richtigen Standort entwickelt sich ein Duft typgerecht und kommt so voll zur Geltung. Auch wie und wann sich ein Duft entfaltet, ist in die Überlegungen mit einzubeziehen. In einer ruhigen Luft, wo höchstens eine leichte Brise die Düfte zu uns herantragen kann, haben wir den höchsten Duftgenuß. Aus diesem Grund ist für einen Duftgarten ein Windschutz unbedingt erforderlich. Am besten eignen sich Hecken mit einer gewissen Durchlässigkeit. Ideal ist eine Kombination von Hecken und Mauern – die ja sowieso meist durch die Wände vom Haus gegeben sind, Wärme speichern und diese reflektieren, denn hier ist auch die nötige Wärme zur Entfaltung eines Duftes gegeben.

Ceanothus mit seinem weichen Duft ist ein wahres Sonnenkind und fühlt sich nur an einer warmen Mauer wohl.

Ein romantischer Sitzplatz, umrankt von 'Constance Spry' mit ihrem weichen, warmen Rosenduft, der aber auch die herben Akzente der Myrrhe in sich hat.

Hier kann man den Rosenduft auf der Bank, aber auch vom Fenster aus genießen.

Wünschenswert ist ein Duft »in Nasenhöhe«, und das noch in gut erreichbarer Nähe. Was nützt ein Duft im entferntesten Winkel des Gartens oder eine duftende Seerose mitten im großen Teich?

WELCHE DUFTPFLANZE PASST WOHIN?

Winterblüher gehören in die Nähe des Hauses, da man sich in dieser Jahreszeit weniger im Garten aufhält. Für **kleine Duftpflanzen** bieten sich Hochbeete geradezu an, **Kletterpflanzen** können ihren Duft besser an speziellen Gerüsten, Lauben oder Pergolen als an Hauswänden entfalten, und die **»Duftköniginnen der Nächte«** sind besonders gut an oder unter einem Schlafzimmerfenster aufgehoben. So kann der Wohlgeruch von Levkojen, Nachtviolen oder Engelstrompeten abends durch das geöffnete Fenster ins Haus wehen. Bei Blütendüften ist es sinnvoll, die Blütezeiten zu kennen, aber auch Blätter duften oft nur zu bestimmten Jahreszeiten. Die meisten würzigen Blattdüfte, wie beispielsweise von Rosmarin, sind an heißen Sommertagen am intensivsten, das Laub von *Rosa rubiginosa* zeigt besonders nach einem leichten, warmen Regen, was in ihm steckt. Vor allem aber wird der Duft des Laubes durch die Berührung freigesetzt. Eine Bepflanzung an Wegrändern wird somit bei jedem Schritt zu einem Dufterlebnis führen, wenn man an den Blättern entlangstreift. Wie muß das erst früher schön gewesen sein, als man noch lange Röcke trug. Ich stelle mir das sehr romantisch vor?

KOMBINATION VON DÜFTEN

In einem gut angelegten Garten gibt es nicht nur eine Abfolge verschiedener optischer Eindrücke, sondern auch reizvoller und interessanter Duftmomente. Wie von einem Farbschema zum anderen, kann man sich auch von einer Duftgruppe zur nächsten bewegen. Sehr schwere Düfte sollten nur in Ausnahmefällen mit ganz zarten kombiniert werden. Ist die Luft schwer von Lilien oder Geißblatt, läßt sich der feine Duft der Reseden kaum noch feststellen. Auch zu krasse Übergänge sollte man vermeiden. Aber es macht Spaß, Düfte kreativ und risikofreudig zusammenzufügen, um ihre Wirkung gegenseitig zu steigern.

Wird eine Duftharmonie bevorzugt, sollte man in einer **Duftgruppe** bleiben, zum Beispiel der aromatischen oder fruchtigen (siehe Seite 22 ff.). Eine Auswahl von Blumen, die ähnlich und gleichzeitig duften, ist genauso möglich, wie den gleichen Duft über eine längere Zeitspanne zu erhalten. Mit dem **Honigduft** würde es mir beispielsweise nicht schwerfallen:

Angefangen mit den Schneeglöckchen 'S. Arnott' oder 'Brenda Troyle' und mit *Sarcococca humilis* und *Mahonia aquifolium* mitten im Winter, über *Erica arborea* und die Wildkamelie *Camellia lutchuensis* (oder eine ihrer Hybriden, wie 'Quintessence', die man in einem hübschen Tongefäß oder einem chinesischen Keramiktopf ins Freie stellen kann) im Frühling bis zu der im Sommer blühenden und duftenden Hortensie *Hydrangea paniculata* 'Kyushu', der Kletterpflanze *Decumaria barbara*, der Madonnenlilie *(Lilium candidum)* und auch den *Hemerocallis*-Sorten 'Gentle Shepard' und 'Shooting Star', ehe sich der Kreis mit den Herbstdüften von *Viburnum* x *bodnantense* 'Deben' oder 'Dawn' und *Sarcococca ruscifolia* schließt. Selbst im Zimmer braucht man auf den intensiven Honigduft während der Winter- oder Frühlingsmonate nicht zu verzichten, dank der Orchideen *Dendrobium kingianum* und *Miltoniopsis roezlii*.

Vielleicht ist Ihnen das zu gleichförmig. Doch wie der Musiker den Kontrapunkt setzt, hat der Gärtner ja auch die Möglichkeit, durch das Setzen einer Gegenstimme dieser »Honigmelodie« einen verblüffenden Höhepunkt zu verleihen. Wie wäre es mit dem würzigen Duft der Nachtviolen?

Das satte Gelb der Rose 'Graham Thomas' und der Taglilien harmoniert gut mit ihrem kräftigen Teerosenduft.

DUFT UND FARBE

Mit verschiedenen Farbaufteilungen lassen sich verschiedene Stimmungen erzeugen, die noch intensiver wirken, wenn wir den passenden Duft dazu nehmen. Gewiß, eine Spielerei, aber mit welchem Ergebnis!

Bei folgenden Farben würde ich als Düfte wählen:

WEISS

Pfefferminze und *Pelargonium tomentosum*, deren Blätter den gleichen frischen und leichten Duft haben, oder ganz anders die Lilien, die einen schweren, süßen Akzent setzen und das Göttliche verkörpern.

ORANGE

Was könnte diese Farbe besser hervorheben als der Orangenduft, der nicht nur von den Blüten eines Orangenbäumchens ausgeht, sondern auch von der immergrünen und in geschützten Lagen winterharten Orangenblume *(Choisya ternata)* und den Blättern von

Pelargonium 'Prince of Orange'. Die Tulpe 'Generaal de Wet' duftet nicht nur nach Orangen, sie hat auch noch diese Farbe. Und die Blütenzweige der Rambler-Rose 'The Garland' könnten anmutig aus einem Baum herabfallen und das darunter liegende Beet mit seinem Orangenduft einhüllen.

PURPUR

Unwillkürlich verbinde ich diese Farbe mit dem Duft der Brombeeren. Sie selbst kommen wohl als »Duftspender« in einer Rabatte weniger in Frage, eher für einen naturnahen Garten, ihr Duft ist aber auch in den Blättern von *Salvia discolor* enthalten. Auch die nach Pflaumen duftende *Iris graminea* könnte – im Spätfrühling und Frühsommer – das Duftthema in einem purpurfarbenen Beet übernehmen. Zumal ihre violette Farbe wunderschön dazu paßt und die gesamte Kreation Ton-in-Ton wäre.

RABATTEN

Rabatten kann man nicht nur mit Farben, Formen und Strukturen bestücken, sondern auch mit Düften. Ein- und zweijährige Pflanzen, Stauden, Sträucher sowie hier und da eine Überraschung lassen keine Langeweile aufkommen. Sie sorgen das ganze Jahr über für eine Abfolge reizender Momente oder lassen eine Inszenierung gleichzeitiger Düfte zu.

Es hat wenig Sinn, kleinere Duftpflanzen in den Hintergrund breiter Rabatten zu setzen. Die Insekten können sich bestimmt an den versteckten Düften laben, aber wir? Einer **sonnigen Rabatte** verleihen Lavendel, Rosmarin und Thymian einen mediterranen Charakter. Als Krönung würde ich noch einen schönen Terrakottatopf mit einem Zitronenbäumchen dazwischenstellen. Die Sorte 'Quattro Stagioni' scheint nie mit dem Blühen aufhören zu wollen und trägt unermüdlich Früchte. Bei uns in Frankfurt stehen die Töpfe von Anfang März bis Mitte

Eine duftende Sommerrabatte mit *Lobularia maritima*, die nach frischem Heu duftet, sowie blau blühendem Salbei, geschützt von einer dichten Hecke.

November im Freien. Ist man glücklicher Besitzer mehrerer Sonnenfleckchen, kann man auch unterschiedliche Duftthemen wählen. Rosen und Lilien – Rosen, Lavendel und Kräuter – oder *Phlox*, Veilchen, Nachtviolen und Ziertabak – es gibt so viele Möglichkeiten, je nach Lust und Laune. Doch auch eine **schattige Rabatte** kann sehr reizvoll sein und zu einem ungeahnten Dufterlebnis werden. Schneeglöckchen und *Scilla*, Narzissen, Azaleen und eine *Hosta* mit duftenden Blüten wie 'Summer Fragrance' fühlen sich an einem solchen Standort wohl, ebenso der etwas höhere *Rhododendron* 'Daviesii' oder die Kamelie 'Winter´s Star' in ihrem herrlichen Lavendelrosa. Ein gelungenes Zwischenspiel in Duft und Farbe. Auch **Wege** zwischen oder entlang von Rabatten lassen sich durch duftende Pflanzen aufwerten. An einem sonnigen Platz kann man etwa mit Lavendel, Kamille, Thymian und Minze als Einfassung eine kleine **Duftstraße** gestalten. Liegt der Weg dagegen im Schatten, eignen sich eher Waldmeister und Maiglöckchen, die allerdings von Zeit zu Zeit in ihre Schranken gewiesen werden müssen.

Falls man eine Rabatte nur in einer Farbe gestalten möchte, hat man mit **Weiß** die größte Auswahl an Düften. Aber auch **gelbe** oder **rosa/mauve Töne** stehen dem Weiß nicht viel nach. Bevorzugt man mehr das Kräftige, ist die Palette etwas kleiner. Mit Rosen, Veilchen, Goldlack und Azaleen hat man duftende Blüten in lebhaften Farben. Monarde, Lavendel und Ysop tragen mit ihren Blüten zur Farbe bei, während die Blätter für den Duft sorgen. Vielleicht hat man bei einer leuchtend **roten Rabatte** das Gefühl, daß der Duft zu kurz kommt. Hier würde ich Pflanzen, die sich mit roten Blüten schmücken, aber nicht duften – wie Tulpen, Dahlien, *Hibiscus* oder Mohn – mit solchen Pflanzen verbinden, die durch ihren Duft auffallen. Das können sowohl die Blätter der Duftpelargonien als auch unscheinbare, duftende Blüten sein. Eine üppige rote Rabatte wird man ohnehin nur für den Sommer gestalten können. Ein Beet mit roten Rosen ist weit davon entfernt, eine Rabatte zu sein. Eine **Rabatte ganz in Blau** ist ohnehin schwierig zu gestalten, erst recht, wenn sie auch noch duften soll.

EINGANGSBEREICH

Ein duftender Eingang, ist das nicht der schönste Willkommensgruß? Unwillkürlich fühlt man sich angezogen, hineingezogen. Mit besonders intensiven Düften wird man auch in abgelegene Teile des Gartens gelockt, neugierig auf

Hier wird man vom Duft empfangen: Kletterrosen, Geißblatt und ein Lorbeer-Hochstamm mit seinem duftenden Laub

das, was noch kommen mag – auch wenn dies mit der Macht des Duftes am Eingang nicht mehr konkurrieren kann. Wer ließe sich nicht gerne von dem Duft einer Mahonie zu einer Gruppe frühlingsblühender Zwiebelpflanzen führen, oder von einem Jasmin zu besonders erlesenen Päonien?

Unser Eingang ist mitten im Februar eine einzige Duftwolke. Ein kleiner Strauch von *Sarcococca humilis* hüllt den gesamten Vorgarten in seinen verführerischen Honigduft. Das Geißblatt *Lonicera* x *purpusii* 'Winter Beauty', wahrlich eine Winterschönheit, die sich bei mir nicht entscheiden kann, ob sie lieber nach Maiglöckchen oder nach Veilchen duftet, kann da durchaus mithalten. Wenn sie ihren Höhepunkt überschritten hat, ist *Clematis armandii* mit cremeweißen Blütensternen von apartem Mandelduft zur Stelle – bei unserer geschützten weißen Südwand durchaus möglich. Gerade Pflanzen, die im Winter duften, sind für den Eingangsbereich ideal. Hier kommen sie zur Geltung, hier können sie bewundert werden, und hier kann man sie in vollen Zügen genießen.

Mein Traum war immer ein Garten, ganz umschlossen von Ziegelsteinmauern, wie man sie in England häufig zur Schaffung von Gartenräumen findet. Sie könnten den Duft so richtig einfangen und bewahren. Nun, ich bin froh und dankbar, überhaupt einen kleinen Garten zu haben, wenn auch die einzigen Mauern die Hauswände sind. Und die werden bei uns ausgiebig genutzt. Die Haustür liegt an der Westseite, die völlig mit Glyzinen bewachsen ist. Deren Vanilleduft dominiert den Monat Mai und füllt sogar das Haus. An der südlichen Ecke duftet *Dregea sinensis* im Sommer köstlich süß nach Hopfen. Diese Schlingpflanze ist ein Duftgenuß ohne gleichen und fühlt sich an der geschützten, sonnigen Wand sichtlich wohl. Sie gilt allgemein als nicht winterhart, hat bei uns jedoch sogar den extremen Winter 1996/97 bestens überstanden. Auch wenn ich sie jedes Jahr neu pflanzen müßte, ihr Duft wäre es mir wert und würde mich reichlich entschädigen.

Ein einzelnes *Lantana*-Hochstämmchen mit seinem köstlichen, weichen Duft macht diesen schlichten Eingang um vieles einladender.

Bei uns schmückt jede Treppenstufe und jeden Treppenabsatz ein Tontopf mit duftendem Inhalt. Man hat die Wahl zwischen Kräutern mit duftenden Blättern, wunderschön auch zu mehreren kombiniert, Zwiebelpflanzen (wie Traubenhyazinthen, Narzissen oder Lilien), Kamelien-Wildarten mit duftenden, kleinen Blüten, einer Myrte oder, bei genügend Platz, einem duftenden Oleander oder einer Engelstrompete. Selbst ein einzelnes *Lantana*-Hochstämmchen in einem einfachen Tontopf kann einen noch so schlichten Hauseingang aufwerten und einladender machen, auch liebenswerter – und oft wohnen besonders nette Menschen dahinter.

Bei Rosen wäre ich vorsichtig, denn die stacheligen Vertreter sind eindeutig in der Überzahl.

Wer sich einen Eingang ohne Rosen nicht vorstellen kann, auf das nostalgische Ambiente nicht verzichten möchte und die Möglichkeit hat, einen Rosenbogen über der Gartentür anzubringen, findet wunderschöne Sorten in allen Formen und fast allen Farben. Wenn meine duftenden Schätze gerade ihre »Hochzeit« haben, werden sie immer in den Eingangsbereich gestellt – zur Freude aller Passanten und Besucher. Natürlich findet immer einmal jemand Gefallen an einer besonders schönen Blüte oder einer verlockenden Zitrone und kann »Mein« und »Dein« nicht unterscheiden. Ich finde das schon ärgerlich, denn man könnte auch klingeln und darum bitten – aber soll ich deswegen nun auf diese »Ouvertüre« verzichten??

Der alte Stuhl vom Trödelmarkt bringt mir die Düfte meiner Winzlinge näher.

HOCHBEET

Es ist nicht immer schön, zur allgemeinen Belustigung der Nachbarn flach auf dem Boden zu liegen. Nicht etwa, weil ich im Garten gymnastische Übungen mache, nein, ich möchte nur dem Duft meiner Winzlinge auf die Spur kommen. Die wenigsten Pflanzen sind so rücksichtsvoll, ihren Duft auf der Nasenhöhe des Menschen zu präsentieren. Ein Hochbeet kann da sehr nützlich sein und ist zugleich eine Wohltat für den Rücken. In vielen Gartenbüchern gibt es Anleitungen für den Bau und die Gestaltung solcher Beete. Verschiedene Höhen und geometrische Formen, als Treppen, in Rundungen zu einem Kegel geformt oder als Spirale – alles ist möglich. In unserem Garten waren Hochbeete sogar erforderlich, um die Höhenunterschiede zu den Nachbargrundstücken auszugleichen. In einem erhöhten Beet erfreuen uns mit ihrem Duft die Traubenhyazinthe *Muscari macrocarpum* – nicht in Blau, sondern in einem Cremeton aus purpurfarbenen Knospen –, herrlich balsamisch duftend; andere kleine Zwiebelpflanzen, wie Scilla und Schneeglanz *(Chionodoxa)* sowie *Crocus chrysanthus* mit seinem Honigduft; *Iris reticulata*; der kleine, süß duftende, pinkfarbene Seidelbast *Daphne cneorum*; oder niedriger *Phlox* mit betäubend süßem Duft. Auch die kleinen Alpenveilchen

Was gibt es Schöneres als ein Mußestündchen auf einer Bank, eingehüllt von dem fruchtigen Duft der Rose 'New Dawn'?

(Cyclamen cilicium, C. creticum und C. purpurascens) kommen in einem Hochbeet bestens zur Geltung; bei geschickter Auswahl lassen sich mit ihnen lange Zeit, ausgenommen die Sommermonate, hübsche Effekte erzielen.

Wie bei den Rabatten sollten auch bei einem Hochbeet die höheren Pflanzen ihren Platz in dem hinteren Bereich finden, um ihren Duft über das ganze Beet zu verströmen. Sehr hübsch wirkt ein improvisiertes »Beet« aus übereinander angeordneten Töpfen. Mit unterschiedlichen Duftpflanzen, besonders auch in herabhängenden Formen, kann ein solches Beet immer wieder neu arrangiert werden und stets einen anderen Eindruck erwecken – sowohl im Aussehen, als auch im Duft.

SITZPLATZ

Die wenigsten von uns haben ummauerte Gärten. Ein kleines ummauertes Sonnenplätzchen, das die Wärme bis zum Abend speichert, um sie dann wohlig abzugeben, läßt sich dagegen schon eher einrichten. Solch ein Sitzplatz sollte in keinem Garten fehlen, und die Phantasie darf hier ruhig etwas gefordert werden. Ein ruhiger, blickgeschützter, etwas abgeschiedener Platz, wo man ein Mußestündchen verbringen, seinen Träumen nachhängen und mit sich allein sein kann – wo man aber auch Sämlinge pikieren, Kirschen entsteinen oder mit Freunden einen netten Plausch halten kann.

Als Windschutz eignen sich Hecken und durchlässige Zäune, die ein leichtes Lüftchen am Sitzplatz ermöglichen. Ein zu starker Wind weht die herrlichen Düfte fort, bei absoluter Windstille erreichen sie uns nicht. Und warm sollte die kleine Oase sein –, das brauchen die Düfte, um sich richtig zu entfalten, und wir zum Entspannen.

In unserem Garten haben wir in eine kleine Nische unter einem Balkon eine Bank gestellt und dieses Fleckchen zum Sitzplatz erkoren. Wenn man eine Möglichkeit sucht, wird man sie auch finden. Obwohl reine Nordseite und so gut wie ohne Sonne, ist es schön warm, kuschelig und geschützt vor Regen. Vor allen Dingen bin ich hier nicht so schnell zu finden. Nach einem leichten Sommerregen, wenn die Erde warm ist und dampft, ziehen die wunderbarsten Duftschwaden zu mir herüber. Pflanzen mit meinen Lieblingsdüften, wie Ambra, Vanille und Honig, wachsen hier. Ein duftendes Geißblatt schlingt sich durch eine Kletterhortensie, eine Hortensie mit duftenden Blütenrispen steht davor, selbst eine Rose und die sonst so sonnenhungrige *Dregea sinensis* fühlen sich in dieser Abgeschiedenheit wohl. Ist es die atemlose Stille, in der sich ein Duft so richtig offenbaren kann, oder können wir, wenn uns nichts ablenkt, einen Duft erst in seiner ganzen Größe und Vollkommenheit wahrnehmen?

Auch unter einem alten, knorrigen Obstbaum läßt sich ein verträumtes Stündchen verbringen. Mit einem duftenden Geißblatt berankt oder mit Rambler-Rosen bewachsen, die ihre Blütenkaskaden anmutig herabrieseln lassen, wird er zur duftenden Laube. Eine Bank rund um den Stamm ist zweckmäßig und dekorativ zugleich. Als Laube kann auch eine Glyzine dienen. Freistehend, als Hochstamm gezogen, mit ausladender Krone lädt sie unter ihren herrlich duftenden Blütentrauben zum Verweilen ein. Wenn sie ihre

Eine kleine Oase, umschlossen von Wohlgerüchen.

Abschiedsvorstellung gibt, Höhepunkt und Ausklang zugleich ist, dann könnte eine dazugepflanzte *Clematis* die Solistenrolle übernehmen. *Clematis flammula* wäre gut geeignet; sie blüht vom Sommer bis zum Herbst, während *Clematis armandii* aufgrund der frühen Blütezeit hier fehl am Platze wäre; wann verbringt man schon im Februar oder März ein Mußestündchen im Garten?

Hier wurde ein einfacher Holzstuhl durch ein duftendes Sitzkissen aus Kräutern aufgewertet.

Ich habe jahrelang höchstens abends Gelegenheit gehabt, den Garten zu genießen. Zum Glück gibt es Pflanzen, die um diese Zeit duften. Auch hier kam mir wieder meine Vorliebe für Weiß entgegen. Sehr viele nachts duftende Pflanzen haben weiße Blüten, außerdem leuchten sie in der Dunkelheit und sind selbst in der Schwärze der Nacht noch sichtbar. Eine ideale Farbe für »Spätheimkehrer« also. Einen nächtlichen Sitzplatz könnten z. B. Nachtviolen, Levkojen, Ziertabak, Verbenen, Engelstrompeten, *Gladiolus tristis* und Nachtkerzen mit ihrem zauberhaften Duft einhüllen, außerdem das Geißblatt *Lonicera periclymenum* 'Graham Thomas'. Als Verfechter von Duftpflanzen in schönen Tongefäßen bringe ich auch mit einer Tuberose *(Polianthes tuberosa)* oder einem *Jasminum sambac* immer wieder Höhepunkte in ein Arrangement.

Wenn man es ganz wörtlich nimmt, könnte auch der Sitzplatz selbst aus Duftpflanzen bestehen. Ein Trog, ein kleines erhöhtes Beet oder eine Steinbank lassen sich in einen duftenden Sitz verwandeln. Niedrige Thymian-Arten, kriechende Minzen (wie *Mentha pulegium* ssp. *repens* oder *Mentha requienii)* und die nichtblühende Kamille 'Treneague' sind zum »Besitzen« gut geeignet.

Der schönste Sitzplatz wäre für mich eine Schaukel – er wird jedoch aus Platzmangel ein Traum bleiben. Nicht, daß ich unbedingt abheben möchte, aber mich sanft in die Lüfte schwingen zu können, um den Blumendüften der Bäume und Kletterpflanzen näher zu sein, hätte schon etwas Reizvolles für mich.

MEIN BLÜHENDES PARFUM

Sobald wir anfangen, Düfte verschiedener Gruppen zu kombinieren, mit ihnen zu spielen, kreativ zu sein und unserer Nase eine Höchstleistung abzufordern, sind wir eigentlich schon Parfumeure. Mit der Zeit wird man ein Gefühl dafür entwickeln, welche Kombinationen passen und welche nicht. Bei Düften aus der gleichen Gruppe kann man nicht viel falsch machen, aber Mischungen aus Düften unterschiedlicher Gruppen sind zweifellos interessanter.

Einige **Duftgruppen** harmonieren wie selbstverständlich miteinander:

- **Fruchtige Düfte** (z. B. *Choisya ternata, Rosa rubiginosa)* **und Honigdüfte** (z. B. *Lilium candidum, Hosta plantaginea* 'Royal Standard').
- **Zitronige Düfte** (z. B. *Thymus* x *citriodorus, Melissa officinalis)* **und Honigdüfte** (z. B. *Hydrangea quercifolia* 'Snow Flake').

- **Aromatische Düfte** (z. B. Lavendel und *Heliotrop*) **und Rosendüfte** (Rosen)
- Aber auch **Vanille** (z. B. Duftwicken) und **Schokolade** *(Cosmos atrosanguineus)*, in gewisser Weise ähnlich, aber doch so verschieden.

Eine **Kombination** aus drei verschiedenen Duftrichtungen wirkt um einiges raffinierter. Wie wäre es mit:

- **Rose – Lavendel – Jasmin**
- **Rose – Vanille** (z. B. *Heliotrop*) – **Nelke** (z. B. *Lonicera* x *americana)*
- **Rose – Lilie – Honig** (z. B. *Decumaria)*
- **Ambra** (z. B. *Passiflora)* – **Gewürze** (z. B. Ysop) – **Lilie** (z. B. Engelstrompete).

Als **Frühlingsdreiklang** kann ich empfehlen:

- **Bittermandel** (z. B. *Clematis armandii*) – **Honig** (z.B. *Sarcococca humilis)* – **Veilchen**. Eine Kamelie 'Quintessence', in einem hübschen Topf, würde den Honigduft der *Sarcococca* aufgreifen und durch ihren anmutig hängenden Wuchs auch ein hübscher Blickfang sein.
- Oder: **Nelke** (z. B. *Viburnum* x *burkwoodii* 'Anne Russell') – **Balsam** (z. B. *Hyacinthoides non-scripta)* – **Fruchtig** (z. B. *Iris graminea)*.

Die Blütenpracht der weißen Glyzine schenkt uns die Basisnote: einen lange wahrnehmbaren Vanilleduft.

Aus den Früchten der Orchidee *Vanilla planifolia* wird das Gewürz mit dem »echten« Duft der Vanille gewonnen.

Blüten der Rosen und des Falschen Jasmins hüllen uns in eine süße und fruchtige Duftwolke.

Sie können auch wohlbekannte Bouquets nachkreieren, wie »Jasmin – Orangenblüten – Rose« oder »Rose – Nelke – Jasmin«. Welche Duftgruppe von welchen Pflanzen vertreten wird – dazu finden Sie Angaben im ausführlichen Porträtteil (siehe Seite 48ff.) Weitere Klassiker sind: »Nelke – Jasmin – Veilchen« und »Gardenie – Lavendel – Nelken«. Nimmt man diese Kombinationen als Grundlagen, kann man immer feinere Akzente setzen und verblüffende Nuancen finden – und das ist das Wesentliche bei der Kreation eines Parfums.

Rose und Jasmin sind die beiden wichtigsten Blütendüfte bei der Parfumherstellung. Das macht es uns leicht, selbst zum Parfumeur zu werden, denn beide können bei uns im Freien wachsen. In die Nähe einer Balkontür oder zu beiden Seiten des Schlafzimmerfensters gepflanzt, wird von Juni bis zum Herbst der Duft der Blüten in warmen Nächten hereinwehen – unser erstes blühendes Parfum.

Ambra ist Bestandteil von einigen der luxuriösesten Parfums. Der Duft ist eigenständig, dezent, weich und angenehm warm. Die Passionsblume *Passiflora caerulea* 'Constance Elliott' verkörpert ihn in höchster Vollendung. Dieser Duft, eingeschlossen von dem der Moosrosen, ist mein persönliches Sommerparfum.

Bei der »Parfumherstellung« im Garten ist es sehr hilfreich, sich die Bedeutung des Duftablaufs noch einmal genau vorzustellen und zu verinnerlichen:

- Die **Kopfnote** wirkt sehr kurz, z. B. Zitrone, Orange, Minze.
- Die **Herznote** macht ein Viertel des Vorhandenseins des Duftes aus, z. B. Rose, Jasmin, Tuberose, Lavendel.

- **Die Basisnote** liefert drei Viertel des Vorhandenseins des Duftes, z. B. Nelke, Vanille.

So wird beispielsweise bei einer Kreation aus Minze, Rose und Vanille der Duft der Minze neugierig machen und zur Rose führen, der Vanilleduft aber wird uns am längsten im Gedächtnis bleiben.

■ EIN PARFUM NACHGESTALTEN

Haben Sie schon einmal versucht, den Duft eines besonders geliebten Parfums im Garten durch Duftpflanzen nachzuempfinden? Hier wird nichts Neues geschaffen, die Idee hatte ein anderer. Man ist nicht Komponist, sondern der Dirigent, der einzelne Instrumente gekonnt hervorhebt. Wenn man Glück hat, findet man die Zusammensetzung »seines« Parfums heraus und muß nun überlegen, ob und wie es sich umsetzen läßt. Das Schwierigste sind die unterschiedlichen Blühzeiten, und da hilft oftmals nur, auf eine Pflanze der gleichen Duftrichtung zurückzugreifen. Bei Herrendüften ist diese Spielerei schwer zu realisieren, da die holzigen Komponenten wie Sandel- oder Zedernholz, aber auch Vetiver, Farne oder Eichenmoos kaum für den Garten in Frage kommen.

Das Parfum »Jardin Blanc« von Jean Laporte beispielsweise, ein Duft für gesellige Frauen, ist ein Bouquet aus weißem Flieder, Narzissen, Jasmin und Tuberose. Da es kaum gelingen wird, einer Tuberose ihren Duft zu den Blühzeiten der anderen Beteiligten zu entlocken, könnte ein *Osmanthus* diese Rolle übernehmen.

Der frische, blumige Duft mit dem beschwingten Namen »Le temps d´une fête«, kreiert von Patricia de Nicolai, einem Mitglied der Guerlain-Familie, besteht aus Jasmin und Damascena-Rosen mit einem Spritzer Limone. Eine solche Kombination ist relativ einfach nachzuvollziehen.

Dies kann ich von meinem derzeitigen Lieblingsduft wirklich nicht behaupten. Es ist »White Datura« von Maître Parfumeur et Gantier aus Paris, eine für mich wunderschöne Komposition aus Lilien, Heliotrop, Jasmin, Iris, Orangenblüten, Vanille, Geißblatt, Goldlack, Limone und Sandelholz. Die Blühzeiten aufeinander abzustimmen, ist kein Problem, für den Vanilleduft etwa ist die Auswahl anderer Pflanzen riesig. Limonen wachsen in Töpfen, aber mit einem Sandelholzbaum kann ich nicht dienen. Den warmen, samtigen Duft zu ersetzen fällt mir nicht leicht, am ähnlichsten in diese Richtung kommt noch *Hebe cupressoides*, mit seinem aromatisch duftenden Laub und Holz ein hübscher Strauch für einen geschützten Standort. Aber auch Pflanzen mit würzigem Nelkenduft könnten diese Lücke füllen. Hier sind Phantasie und Kreativität gefordert, man muß spielen und experimentieren.

Es hat mir viel Freude bereitet, diese Düfte aufeinander abzustimmen, und das Ergebnis ist ein Fleckchen in meinem Garten, das dem Duft meines Lieblingsparfums doch sehr nahe kommt, jedenfalls bei einiger Phantasie. Aber vielleicht ist es Ihnen lieber, den Garten an sich als »Fantasie des fleurs« auf sich wirken zu lassen. Ob blühendes Lieblingsparfum im Garten, selbst kreiertes Duftbouquet, ob Eldorado für Bienen, Farb-Duft-Schema oder Der-Natur-freien-Lauf-lassen, so daß sich Düfte nach Lust, Laune und Vermögen entfalten können – das Ziel eines **Duftgartens** ist es, uns das ganze Jahr über und zu jeder Zeit mit angenehmen Düften zu verwöhnen. Denn Duftpflanzen gibt es für jede Jahreszeit in reicher Auswahl.

Der französische Dichter Paul Valéry schrieb zu Beginn des 20. Jahrhunderts: »Ein Parfum ist geeignet, den simplen Vorgang des Atmens in einen Rausch zu verwandeln.« Wie sehr gilt das auch für die bezaubernden Düfte des Gartens!

Lexikon
der Düfte

Bei den Pflanzenbeschreibungen im Lexikonteil habe ich jeweils unterschieden, ob es sich um eine typische oder eine seltene Duftpflanze handelt oder um eine duftende Art oder Sorte einer Pflanzengattung, die normalerweise nicht duftet.

Die Buchstaben T, S und A stehen für:

T Typische Duftpflanze, bei der man automatisch an einen Duft denkt, wie bei Rosen, Flieder, Maiglöckchen, Veilchen oder Lilien.

S Seltene Duftpflanze wie die Passionsblume, *Michelia figo, Dregea sinensis*, das englische Bluebell oder auch *Vitis*, der Wein, bei dem die wenigsten wissen, wie himmlisch die kleinen Blüten duften.

A Ausnahmsweise duftende Arten oder Sorten von Gattungen ohne Duft. Dazu gehören beispielsweise *Erica arborea, Hydrangea paniculata* 'Kyushu', *Rhododendron* 'Daviesii', *Clematis flammula* oder *Camellia* 'Quintessence'. Weder Heidekräuter noch Hortensien, Rhododendren, Clematis oder gar Kamelien haben üblicherweise einen Duft. – Für die vielen Liebhaber eines duftenden Gartens habe ich besonderen Wert darauf gelegt, gerade diese ausnahmsweise duftenden Arten oder Sorten, die oft schwer zu finden sind, aufzunehmen. Es ist immer wieder überraschend, festzustellen, daß es auch bei Gattungen, bei denen man es nicht erwartet, duftende Arten oder Sorten gibt.

Duftintensität

Ich habe mich für folgende Abstufung der Intensität entschieden:

d	schwach duftend
D	Duft deutlich wahrnehmbar
DD	Duft intensiv
DDD	Duft außergewöhnlich intensiv

Eine Gartenidylle, die von der Rambler-Rose 'François Juranville' mit ihrem frischen, fruchtigen Duft bestimmt wird.

Bäume und Sträucher

Lebet wohl, geliebte Bäume!
Wachset in die Himmelsluft.
Tausend liebevolle Träume
schlingen sich durch euren Duft.
Doch was steh´ ich und verweile?
Wie so schwer, so bang ist´s mir?
Ja, ich gehe! Ja, ich eile!
Aber ach! mein Herz bleibt hier.
GOETHE

Zum Glück brauchen wir ja nicht von unseren Bäumen Abschied zu nehmen, jedenfalls nicht für lange Zeit und ganz selten für immer. Bisher mußte ich mich in meinem Garten nur von einem einzigen Baum trennen, der sein Leben aus Altersgründen aushauchte, doch ich fürchte, ein zweiter wird ihm demnächst folgen. Das einzige, das mich über diesen schmerzlichen Verlust hinwegtröstet, ist, daß ich dann die Gelegenheit habe, einen duftenden Baum zu pflanzen.

Es gibt Bäume mit herrlichen Düften, die sich aus den Blüten, dem Laub oder erst aus den herabfallenden Blättern entfalten. Leider kann man in den meist kleinen Gärten viel zu wenige davon unterbringen, doch jeder, der Platz für einen »Duftbaum« (oder auch zwei) hat, sollte sich glücklich schätzen und ihn mit Bedacht auswählen. Ich könnte nur die Stunde des Verlustes nutzen, obwohl ich nicht darauf warte und schon gar nicht darauf hoffe. Aber wenn, dann wäre die *Magnolia sieboldii* ssp. *sinensis* mit ihren weißen, nach Zitrone duftenden Blüten mein Favorit.

Mit ihrer Form, ihrer Höhe und Breite und ihrem Charakter sind Bäume ein strukturgebendes Element des Gartens und sollten nicht nur des Duftes wegen ausgewählt werden. Hat man sich nicht gerade für eine Konifere entschieden, deren Laub das ganze Jahr über duftet, sondern für einen Baum, dessen Blüten den Zauber ausmachen, ist es sowieso nur ein kurzes Glück. Bäume stehen als Solitärpflanzen im Mittelpunkt, sie bieten Schutz vor kalten Winden aber auch vor allzu neugierigen Blicken und verschaffen uns ein Stückchen Privatsphäre.

Ob die Wahl auf einen laubabwerfenden Baum fällt oder auf einen immergrünen, hängt vom Klima und vom Standort ab, aber auch vom persönlichen Geschmack. Der zuckrig-süße Duft einer Linde ist im Sommer kaum zu übertreffen. Selbst wenn für einen so großen Baum genügend Platz vorhanden ist, sollte man bedenken, daß der herabtropfende Honigtau, der bei Befall durch Blattläuse entsteht, zur Plage werden kann. Und das ist leider zu oft der Fall. Dann sollte man sich für *Tilia* x *euchlora* entscheiden, die wunderbar duftet, aber diesen Nachteil nicht hat. Außerdem wächst sie »nur« 6 m in 20 Jahren.

Das nach Vanille duftende Gelbholz *(Cladrastis)*, Goldregen *(Laburnum)* und

Robinie mit dem gleichen Duft, Japanische Kirschen (wie die intensiv nach Bittermandeln duftende *Prunus* 'Jo-nioi'), der Schneeglöckchenbaum *(Halesia)* mit seinem zart-süßen Duft, sowie in milden Gegenden die immergrüne *Magnolia grandiflora*, eine Kostbarkeit mit herrlich duftenden Blüten, sind ein Blickfang als Solitär.

STRÄUCHER

In kleineren Gärten gibt es für Sträucher mit duftenden Blüten viel größere Möglichkeiten: die nach Gewürznelken duftenden Schneebälle (wie *Viburnum* x *burkwoodii* 'Anne Russell' oder 'Fulbrook'); Seidelbast-Arten *(Daphne)*, ebenfalls mit dem süßen Duft der Gewürznelken; Flieder; *Philadelphus*, der Falsche Jasmin, mit seinen überwältigenden fruchtigen Düften; und, nicht zu vergessen, die Rhododendren mit ihrem breiten Spektrum an Formen, Farben und besonders den Düften. Von würzig über süß, fruchtig, aromatisch, nach Lilien und selbst nach Fruchtcocktail ist hier fast alles zu finden. In erster Linie sind es jedoch laubabwerfende Azaleen und weiß- oder gelbblühende Arten, die mit ihrem intensiven Duft die Frühlingsluft füllen, berauschende Düfte für schattige Bereiche mit saurem Boden hervorbringen.

Wer einmal das Tal voller herrlichster Rhododendren der Familie Loder in Leonardslee in Südengland gesehen hat, wird fasziniert sein und kann sicher dem Angebot der dazugehörenden Gärtnerei nicht widerstehen. Ich konnte es jedenfalls nicht und verliebte mich in einen Rhododendron 'Loderi King George': weiße, große Blüten mit herrlich würzigem und zugleich fruchtigem Duft. Nur, meine Liebe wurde nicht erwidert. Er wurde gehätschelt, stand im sündhaft teuren Tontopf und wurde bei Frost hereingeholt – und war trotzdem ein Fall für den Rhododendronhimmel. Aber vielleicht haben andere mehr Glück und Erfolg.

Styrax japonica ist mit seinen zart, aber exquisit duftenden, weißen Blüten ein eleganter kleiner Baum. *St. obassia* duftet süßer, ist jedoch schwieriger zu finden.

VERWENDUNG

Viele duftende Sträucher eignen sich hervorragend als Hecke, oder auch, um einer eintönigen, immergrünen und nur grünen Hecke den nötigen Pfiff zu geben und sie durch ein blühendes, duftendes Gehölz aufzuwerten. Die Engländer sind wahre Genies auf diesem Gebiet. Aber warum sollten wir es nicht auch lernen? Besonders Eiben- und Buchshecken können solch eine Auflockerung vertragen. Obwohl überall zu lesen ist, daß Buchs duftet – bei mir denken weder die winzigen

Buddleja davidii 'Black Knight' ist durch ihren herrlichen Honigduft nicht nur ein Eldorado für Bienen, sondern auch ein Hochgenuß für uns.

Blüten noch die Blättchen daran. Buchs sieht, als Kugeln geschnitten, dekorativ und kostbar aus – aber duften? Hier habe ich mit Duftblüte *(Osmanthus)*, *Philadelphus*, Schneeball *(Viburnum)* und Seidelbast *(Daphne)* Abhilfe geschaffen.

Mein kleiner Stadtgarten bietet wenig Raum für große, duftende Gehölze, doch wie froh und dankbar bin ich, daß ich dieses Fleckchen Erde habe, um es mit meinen Lieblingsdüften zu füllen. Doch auch in größeren Gärten, sogar in Parks und Alleen wird der Wunsch nach Duftpflanzen gegenwärtig sein. Ein Veilchen würde hier leicht übersehen und könnte wohl nur im Verborgenen blühen und duften. Große Bäume brauchen viel Platz, um voll zur Wirkung, zu kommen, dafür fallen die kleinen, duftenden Kostbarkeiten in einem winzigen Garten viel mehr auf.

T *Buddleja davidii* 'Black Knight'

SCHMETTERLINGSSTRAUCH

Dieser Schmetterlingsstrauch mit seinen dichten, dunkel purpurfarbenen Blütenrispen sorgt dafür, daß der Garten vom Sommer bis zum Herbst herrlich nach Honig duftet. Er wächst stark, aber elegant, blüht am einjährigen Holz und ist im Frühjahr für einen kräftigen Rückschnitt dankbar. Größe: 3 x 5 m. D

T *Daphne cneorum* 'Eximia'

ROSMARIN-SEIDELBAST

Der süße Duft nach Gewürznelken macht den Rosmarin-Seidelbast so unwiderstehlich. Ein Gewinn für jeden Steingarten: Mit seinen rosaroten Blüten im Spätfrühling ein reizender Anblick, aber auch durch sein weiches, immergrünes Laub während des ganzen Jahres. Die Sorte 'Eximia' ist besonders starkwüchsig und erhält ein schönes, buschiges Aussehen, wenn die jungen Triebe am Sommerende eingekürzt werden. Größe: 20 cm x 2 m. D

S *Fothergilla major*

FEDERBUSCHSTRAUCH

Der weiche, süße Honigduft des Federbuschstrauchs stammt von den reinweißen Blütenständen, die mich immer an eine Flaschenbürste erinnern: Sie haben keine Blütenblätter, nur auffällig lange Staubgefäße und erscheinen im Frühjahr vor oder mit dem Laub. Die großen, dunkelgrünen Blätter mit ihrem frisch-aromatischen Duft nehmen eine wunderschöne Herbstfärbung an: erst rot, dann orange, um schließlich in sattem Gelb selbst an einem düsteren Novembertag zu leuchten. Im Winter ist dieser aufrecht wachsende Strauch kahl. Ein Platz zwischen immergrünen Rhododendren wäre ideal. Größe: 2,50 x 2 m. D

S *Heptacodium jasminoides*

Der Jasminduft der kleinen, weißen Blüten dieses Geißblattgewächses füllt im Spätsommer und Herbst den Garten. Die Blütenkelche vergrößern sich bei günstiger Witterung und werden nach der Blüte leuchtend rot. Ein starkwüchsiger und sehr winterharter, laubabwerfender Strauch von aufrechtem Wuchs und sich abschälender Rinde. Die auffälligen, dreiadrigen Blätter sind schmal und lang und sehen sehr dekorativ aus. Sie fallen erst im Frühwinter ab. Eine seltene, ganz besondere Pflanze. Größe: 3 x 3 m. D

A ***Hydrangea paniculata* 'Kyushu'**

RISPEN-HORTENSIE

Der süße, feine Honigduft der großen, kegelförmigen Rispen paßt so gut zu einem warmen, stillen Sommertag. Sie steht in unserem Garten in einem Topf unter einer großen Blutpflaume. Sie in die Erde zu pflanzen, wäre an dieser Stelle unmöglich gewesen. Durch ihren offenen, lockeren Wuchs mit den großen, ovalen, dunkelgrünen Blättern ist von dem Tontopf nichts mehr zu sehen. Im Frühling wird *Hydrangea paniculata* stark zurückgeschnitten, sie dankt es mit größeren Blütenrispen.

Eine Hortensie, die duftet, ist eher eine Überraschung. Aber auch die Eichenblättrige Hortensie *(Hydrangea quercifolia* 'Snow Flake') mit ihren gefüllten weißen Blüten hat diesen herrlichen Honigduft. Ich finde ihn so attraktiv, daß ich sie trotz chronischen Platzmangels gleich an zwei Stellen gepflanzt habe. Größe: 2 x 2 m. D

A ***Magnolia grandiflora* 'Exmouth'**

MAGNOLIE

Zitronig, manchmal auch wie Lilien und Maiglöckchen, dann wiederum wie Veilchen und Aprikosen, oder wie ein Bouquet aus all diesen Noten – die großen, schalenförmigen, cremeweißen Blüten dieser immergrünen **Magnolie** verströmen ihren hinreißenden Duft vom Spätsommer bis zum Herbst. Ich finde ihre wunderschönen, edlen Blüten eigentlich noch schöner, wenn sie langsam vergehen, wenn die Blütenblätter allmählich ermatten und sie mit ihrem durchscheinenden Glanz von einer anderen Welt zu kommen scheinen. Warum wird *Magnolia grandiflora* eigentlich nicht öfter gepflanzt? Weil sie ein empfindlicher Exot ist? Aber sie ist es nicht! Im Schutz einer Mauer, um ihren größten Feind, den Wind, abzuhalten, ist sie widerstandsfähiger, als man im allgemeinen glaubt. In dem extrem kalten Winter 1996/97 hat sie im Botanischen Garten in Frankfurt und bei Freunden im Vordertaunus standhaft durchgehalten. Zugegeben, das Laub sah recht mitgenommen aus, sie hat sich jedoch nach der Frostperiode, die immerhin vier Wochen dauerte und uns Temperaturen von -20 °C bescherte, bestens erholt.

Oder weil sie so langsam wächst? 50 bis 70 cm glänzenden, üppigen Neuaustrieb kann man eigentlich nicht als langsam bezeichnen. Die Sorte 'Goliath' hat besonders große Blüten, sollte aber nur in sehr geschützten Gärten gepflanzt werden. Dafür blüht sie schon in ganz jungen Jahren. Größe: 6–15 m x 15 m. D D

Philadelphus 'Manteau d'Hermine' mit nach Orange duftenden Blüten von reinstem Weiß: ein wahrlich treffender Name.

Magnolia sieboldii ssp. *sinensis*: eine Schönheit aus dem Fernen Asien.

A ***Magnolia sieboldii* ssp. *sinensis***

MAGNOLIE

Der köstlich fruchtige Duft, bei dem das Aroma der Zitrone eindeutig dominiert, macht diese Magnolie zu meinem Favoriten. So exotisch wie der Duft wirken auch ihre schneeweißen Blüten mit den karmesinroten Staubbeuteln. Sie erscheinen vom Spätfrühling bis weit in den Sommer hinein in anmutig nickender Form. Diese Magnolie ist laubabwerfend und winterhart. Größe: 8 m x 12 m. D D

T ***Osmanthus* x *burkwoodii***

DUFTBLÜTE

In eine Wolke aus Honig und Vanille hüllt die Duftblüte wochenlang im Frühling unseren Vorgarten. Sie trägt ihren Namen zu Recht. Der Duft ist so überwältigend, daß es sogar eilig Vorübergehende plötzlich gar nicht mehr so eilig haben. Dieser winterharte, immergrüne Strauch hat kleine, dunkelgrüne Blätter und fühlt sich bei uns in einem großen Tontopf sehr wohl.

Sehr ähnlich, aber nicht so winterhart, ist *O. delavayi*. Größe: bis 3 m x bis 3 m. D D

A ***Paeonia suffruticosa* 'Souvenir de Maxime Cornu'**

STRAUCHPÄONIE, STRAUCHPFINGSTROSE

Der intensive, süße Duft der großen, gefüllten, goldgelben Blüten hat eine zitronige Note und ist für eine Strauchpäonie etwas ganz Besonderes.

Die zartgetönten Blüten des *Rhododendron decorum* 'Franchet' haben einen fruchtigen Duft. Die Sorte ist relativ winterhart (bis -15 °C) und kann auch bei uns zu einem Baum von 6 m Höhe heranwachsen.

Ich habe einige weiße Sorten mit riesigen, aristokratischen Blüten, ein Traum im Mai, aber von Duft kann ich guten Gewissens bei ihnen wirklich nicht sprechen. 'Souvenir de Maxime Cornu' dagegen hat nicht nur den außergewöhnlichen Duft, sondern auch sehr interessante, gewellte Blütenblätter mit rötlichem Rand. Sie ist eigentlich eine Hybride mit Namen *P.* x *lemoinei*, eine Kreuzung aus *P. suffruticosa* und *P. lutea*, von der sie den Duft geerbt hat. *P. lutea* selbst hat zwar einen sehr angenehmen, zitronigen Duft, eignet sich aber nur bedingt für den Garten.

Die Strauchpäonien werden in vielen Ländern auch Baumpäonien genannt. Bäume werden sie aber nie, realistisch ist eine Höhe von 2 m. Das Holz ist nicht sehr hart, und von Zeit zu Zeit sterben alte Triebe ab. Das ist völlig normal und keine Krankheit. Strauchpäonien müssen, im Gegensatz zu den Staudenpäonien (Pfingstrosen), tief gepflanzt werden. Sie sind alle auf eine Unterlage veredelt, die mit der Zeit abstirbt, wenn die Päonie ihr eigenes Wurzelsystem gebildet hat. Durch das tiefe Pflanzen soll verhindert werden, daß die Unterlage kräftig wächst und das »Original« zugrundegeht.

Es ist eigentlich kaum zu verstehen, daß diese exquisiten Schönheiten bei uns so wenig bekannt sind. Man hat überhaupt keine Arbeit mit ihnen. Gut, die Blütezeit ist relativ kurz. Karl Foerster, der bekannte Staudengärtner, sagte einmal sehr treffend: »Auch ein Konzert dauert nicht ewig.« Größe: 2 m x 1,50 m. D D

***Staphylea colchica* mit ihrem feinen Amberduft ist im Garten viel zu selten zu sehen.**

T *Philadelphus* 'Manteau d´Hermine'

FALSCHER JASMIN, PFEIFENSTRAUCH

Sein betäubender, orangenähnlicher Duft gehört zu den Höhepunkten des Sommers. In England wird er auch »Mock Orange«, genannt, denn kaum eine andere Blüte kommt dem Orangenblütenduft so nahe. Diese wunderschöne Sorte hat reinweiße, gefüllte Blüten und einen niedrigen, kompakten Wuchs. Größe: 0,75 x 1 m.

Alle *Philadelphus*-Arten sind laubabwerfend und haben unterschiedlich fruchtige Düfte, manche so intensiv, daß man den Strauch besser ein Stückchen weiter vom Haus entfernt plaziert. Größe: 3 m x 3 m. D D

A *Prunus* 'Jo-nioi'

JAPANISCHE ZIERKIRSCHE

Den wunderbarsten Bittermandelduft verströmt diese Japanische Zierkirsche. Wenn sich im Frühling ihre rosafarbenen Knospen zu reinweißen Blütenschalen öffnen, ist nicht nur der Anblick überwältigend. Unter all den köstlich duftenden Sorten ist sie die köstlichste. Ein ausgewachsener Baum mit seiner ausladenden Form wirkt als Solitär in einem großen Garten geradezu majestätisch. Größe: 10 m x 10 m. D D

A *Rhododendron* 'Daviesii'

LAUBABWERFENDE AZALEE

Wunderbar nach Honig duftende, cremeweiße Blüten mit einem dunkelgelben Fleck bringt diese laubabwerfende Azalee aus ihren bernsteinfarbenen Knospen hervor. Im Spätfrühling hüllt sie sich in eine wahre Blütenpracht, die man vorher an den lange recht kahl aussehenden Zweigen nicht vermutet hätte. Ich denke von Jahr zu Jahr aufs Neue, sie hat den Winter nicht überlebt, weil ich immer wieder vergesse, daß sie ein Spätentwickler ist. Wie wird das Warten jedoch belohnt! Größe: 1,50 m x 1,50 m. D

A *Rhododendron* 'Fragrantissimum'

ZIMMERGRÜNE AZALEE

Fruchtig, mit einem Hauch von Muskat – ein hinreißender Duft. Die wunderschönen, zarten, reinweißen Blüten sind eine Zierde für den Wintergarten oder ein Gewächshaus. Wie viele Rhododendren mit besonders intensiv duftenden Blüten ist diese zauberhafte Pflanze bei uns nicht winterhart und muß während der kalten Jahreszeit unbedingt ins Haus geholt werden. Sie ist immergrün und blüht von Mai bis Juni. Der Name klingt wie der einer Art, tatsächlich ist sie aber eine Hybride zwischen *R. edgeworthii* und *R. formosum*. Größe: 2 m x 2 m. D

A *Rhododendron* 'Inspiration'

LAUBABWERFENDE AZALEE

Ein feiner Honigduft zeichnet diese reinweißen, vergleichsweise großen Blüten aus. Der lockere Wuchs trägt mit zu dem exotischen Aussehen bei. Diese Sorte ist zwar winterhart, die Knospen vertragen aber, wenn sie dicker und dicker werden, keinen Frost mehr und fallen dann ab. Sie hat hübsches, hellgrünes Laub und ist eine entzückende Pflanze. Größe: 75 cm nach 8 Jahren. D D

A *Rhododendron luteum*

LAUBABWERFENDE AZALEE

Ein ganzer Cocktail aus Früchten ist in dem Duft der leuchtendgelben Blüten vereint. Die laubabwerfende Azalee der englischen naturnahen Gärten sorgt für ein unvergeßliches Dufterlebnis im Frühling. Es muß aber nicht ein ganzes Tal mit unzähligen Sträuchern sein (wie in Leonardslee in Südengland), auch eine einzelne Azalee in voller Blüte ist ein »Highlight« in jedem Frühlingsgarten – man wird gleichermaßen durch den Duft und die Farbe in ihren Bann gezogen. Die schmalen Blätter hüllen sich im Herbst in verschiedene Rottöne. Diese Azalee bevorzugt einen Platz in voller Sonne. Größe: 4 m x 4 m. D D

T *Sambucus nigra* 'Laciniata'

HOLUNDER

Ein süßer, warmer Moschusduft zeichnet diese Holundersorte aus. Es ist nicht der gewöhnliche, eher für naturbelassene Gärten geeignete Holunder, sondern eine sehr elegant wirkende Form mit tief eingeschnittenen Blättern. Auch die großen, flachen, cremeweißen Rispen im Frühsommer tragen zur Gesamtwirkung bei und erhöhen seinen Wert als Solitärpflanze. Größe: 3-6 m x 3-6 m. D D

S *Staphylea colchica*

KOLCHISCHE PIMPERNUẞ

Fein, leicht und amberartig würde ich den Duft der Kolchischen Pimpernuß beschreiben. Die aufrecht stehenden Rispen aus glockenförmigen, weißen Blüten im Frühling werden von 5 cm großen, blasenförmigen, grünlich-weißen Früchten abgelöst. Diese sehen sehr dekorativ aus und enthalten kleine Samen. Der laubabwerfende, aufrechte Strauch ist sehr winterhart, und es ist schade, daß er so selten zu finden ist. Größe: 3,50 m x 3,50 m. d

T *Syringa vulgaris* 'Andenken an Ludwig Späth'

FLIEDER

Wie könnte dieser Flieder mit seinen einfachen, weinroten Blüten anders duften als nach Flieder? Der charakteristische Duft ist bei dieser Sorte besonders intensiv. Es gibt beim Flieder aber auch lieblichere Nuancen, süße und schwere. Sicherlich ist für jeden Geschmack etwas dabei, ob es sich nun um einfache oder gefüllte Blüten in den Farben Weiß, den verschiedensten Rosa- und Lilatönen, Purpur oder sogar Gelb handelt. Ein Duftgarten ohne diese nostalgischen Vorboten des Sommers ist schwer vorstellbar. Und für wen der Fliederduft das »Nonplusultra« ist, der findet auch Sorten, die bis in den Herbst hinein blühen. Größe: 4-5 m x 4-5 m. D D

T *Viburnum* x *burkwoodii* 'Anne Russell'

SCHNEEBALL

Der süße Gewürznelkenduft der dicken, weißen Schneebälle tränkt die Luft des Frühlingsgartens. Aus pinkfarbenen Knospen entwickeln sich an den Triebenden kuppelförmige Dolden, deren Duft mich jedes Jahr erneut überrascht. Der ziemlich locker wachsende Strauch sieht bis zur Blüte nicht so aus, als könnte er sich in eine Duftwolke verwandeln. Er blüht jedoch schon in ganz jungen Jahren und kommt am besten im Hintergrund einer Rabatte zur Geltung. Größe: 2 m x 1,50 m. D D

T *Viburnum carlesii* 'Diana'

SCHNEEBALL

Dieser süße, ebenfalls an Gewürznelken erinnernde Duft ist vielleicht noch etwas feiner und weicher als der des ebengenannten Schneeballs. Schon von weitem wird man in seinen Bann gezogen. Der dichte, buschige, laubabwerfende Strauch hat bronzefarbene, junge Blätter und rote Knospen, die sich zu pinkfarbenen Blütenbällen öffnen und zu fast Weiß verblassen. Rote Früchte färben sich schwarz und sorgen mit dem leuchtenden Herbstlaub auch später für ein harmonisches Bild. Größe: 2 m x 2 m. D

'Madame Lemoine' trägt reinweiße, gefüllte Fliederblüten mit einem unvergleichlichen Duft.

Viburnum carlesii in voller Blüte kann uns in einen wahren Duftrausch versetzen.

Botanischer Name/Sorte	Deutscher Name	Blüten-farbe	Duft-pfl.[1]	Jahres-zeit[2]	Duft-int.	Duft-richtung
Abelia chinensis	Abelie	weiß	S	S	d	Vanille
Abelia triflora	Abelie	rosa	S	S	D	Vanille
Abelia x grandiflora	Abelie	weiß	S	S	d	leicht
Buddleja alternifolia	Schmetterlingsstrauch	lila	T	S	D	Honig
Buddleja davidii 'Black Knight'	Schmetterlingsstrauch	dunkles purpur	T	S	D	Honig
Buddleja davidii 'Empire Blue'	Schmetterlingsstrauch	blau-violett	T	S	D	Honig
Buddleja davidii 'Harlequin'	Schmetterlingsstrauch	purpur	T	S	D	Honig
Buddleja davidii 'Royal Red'	Schmetterlingsstrauch	purpur	T	S	D	Honig
Buddleja fallowiana var. *alba*	Schmetterlingsstrauch	weiß	T	S	D	Honig
Buddleja globosa	Schmetterlingsstrauch	orange	T	S	D	Honig
Cladrastis lutea	Gelbholz	weiß	S	S	D	Vanille
Clerodendrum bungei	Losbaum	rosa	S	S	D	wunderbar
Clethra alnifolia	Scheineller	weiß	S	S	D	Zimt
Corylopsis glabrescens	Scheinhasel	blaßgelb	T	F	D	süß
Daphne blagayana	Seidelbast	creme	T	F	D	süß
Daphne cneorum 'Eximia'	Rosmarin-Seidelbast	dunkelrosa	T	F	D	Nelke, süß
Daphne sericea	Seidelbast	purpurrosa	T	F/S	D	Nelke
Deutzia compacta	Deutzie	weiß	T	S	D	Bittermandel
Deutzia scabra	Deutzie	weiß/rosa	T	S	D	Honig
Deutzia x elegantissima 'Rosalind'	Deutzie	dunkelrosa	T	S	D	süß
Erica arborea	Heide, Baumheide	weiß	A	F	d	Honig
Fothergilla major (= monticola)	Federbuschstrauch	weiß	S	F	D	süß / Honig
Franklinia alatamaha		weiß	S	S/H	D	süß
Genista cinerea	Ginster	goldgelb	T	S	D	typisch
Halesia carolina	Schneeglöckchenbaum	weiß	S	F	d	süß
Heptacodium jasminoides		weiß	S	S/H	D	Jasmin
Hoheria glabrata		weiß	S	S	D	Honig
Hoheria lyallii		weiß	S	S	D	Honig
Hydrangea paniculata 'Kyushu'	Rispen-Hortensie	weiß	A	S	D	Honig
Hydrangea quercifolia 'Snow Flake'	Hortensie	weiß	A	S	D	Honig
Laburnum alpinum 'Pendulum'	Goldregen	gelb	T	S	D	Vanille
Lonicera syringantha	Geißblatt	violett	T	F	D	Hyazinthe
Lupinus arboreus 'Mauve Queen'	Baum-Lupine	lila	A	F/S	d	Erbsen
Lupinus arboreus 'Snow Queen'	Baum-Lupine	weiß	A	F/S	d	Erbsen
Magnolia denudata	Magnolie	reinweiß	A	F	D	süß
Magnolia grandiflora 'Exmouth'	Magnolie	weiß	A	S	DD	Zitrone
Magnolia grandiflora 'Goliath'	Magnolie	weiß	A	S	DD	Zitrone
Magnolia sieboldii ssp. *sinensis*	Magnolie	weiß	A	S	DD	Zitrone
Magnolia stellata	Stern-Magnolie	weiß	A	F	d	süß
Magnolia virginiana	Magnolie	weiß	A	S/H	DD	süß
Magnolia wilsonii	Magnolie	weiß	A	S	D	fruchtig
Magnolia x wieseneri (= x watsonii)	Magnolie	cremeweiß	A	S	D	tropische Früchte
Malus coronaria 'Charlottae'	Veilchenduft-Zierapfel	rosa	T	F	D	Veilchen

1) siehe Seite 49; 2) F= Frühling, S = Sommer, H = Herbst, W = Winter

Botanischer Name/Sorte	Deutscher Name	Blüten-farbe	Duft-pfl. 1)	Jahres-zeit 2)	Duft-int.	Duft-richtung
Malus hupehensis	Zierapfel	weiß	T	F	D	süß
Olearia ilicifolia	Baumaster	weiß	A	S	d	Moschus
Osmanthus delavayi	Duftblüte	weiß	T	F	DD	Honig/Vanille
Osmanthus x burkwoodii	Duftblüte	weiß	T	F	DD	Honig/Vanille
Paeonia suffruticosa 'Souvenir de Maxime Cornu'	Strauchpäonie	goldgelb	A	F/S	DD	süß/zitronig
Paulownia tomentosa	Paulownie	dunkellila	S	S	D	Honig
Philadelphus delavayi 'Dame Blanche'	Falscher Jasmin, Pfeifenstrauch	weiß	T	S	D	fruchtig
Philadelphus delavayi	Falscher Jasmin, Pfeifenstrauch	reinweiß	T	S	DD	fruchtig
Philadelphus 'Belle Etoile'	Falscher Jasmin, Pfeifenstrauch	weiß/ karmin getönt	T	S	D	fruchtig
Philadelphus 'Manteau d´Hermine'	Falscher Jasmin, Pfeifenstrauch	reinweiß	T	S	DD	Orange
Philadelphus 'Sybille'	Falscher Jasmin, Pfeifenstrauch	weiß/ karmin gefleckt	T	S	D	fruchtig
Philadelphus 'Virginal'	Falscher Jasmin, Pfeifenstrauch	weiß/gefüllt	T	S	D	fruchtig
Philadelphus 'Avalanche'	Falscher Jasmin, Pfeifenstrauch	weiß	T	S	D	fruchtig
Pieris formosa var. *forrestii* 'Jermyns'	Lavendelheide	weiß	A	F	d	süß
Pieris formosa var. *forrestii* 'Wakehurst'	Lavendelheide	weiß	A	F	D	süß
Pieris japonica 'Christmas Cheer'	Lavendelheide	weiß	A	W/F	d	süß
Prunus laurocerasus	Kirschlorbeer	weiß	T	F	d	Bittermandel
Prunus mume	Jap. Aprikose	weiß/d.-rosa	A	F	d	süß
Prunus 'Amanogawa'	Japanische Zierkirsche	hellrosa	A	F	D	Bittermandel
Prunus 'Jo-nioi'	Japanische Zierkirsche	weiß	A	F	DD	Bittermandel
Prunus 'Mount Fuji'	Japanische Zierkirsche	weiß	A	F	D	Bittermandel
Prunus 'Shirofugen'	Japanische Zierkirsche	weiß	A	F	D	Bittermandel
Rhododendron auriculatum 'Argosy'	Rhododendron	weiß	A	S	d	würzig/süß
Rhododendron decorum	Rhododendron	zartlila	A	F/S	D	fruchtig
Rhododendron edgeworthii	Rhododendron	weiß/hellrosa	A	F	D	süß
Rhododendron griffithianum	Rhododendron	weiß/hellrosa	A	F	D	weich
Rhododendron jasminiflorum	Rhododendron	weiß/hellrosa	A	S/W	D	süß
Rhododendron lindleyi	Rhododendron	weiß	A	F/S	DD	süß
Rhododendron luteum	Azalee	gelb	A	F/S	DD	Fruchtcocktail
Rhododendron maddenii	Rhododendron	weiß	A	F/S	DD	süß
Rhododendron mucronatum	Rhododendron	weiß	A	F	D	süß
Rhododendron-Occidentale-Hybride 'Irene Koster'	Azalee	gelb-rosa	A	F/S	d	süß
Rhododendron 'Angelo'	Rhododendron	hellrosa/weiß	A	F/S	d	süß
Rhododendron 'Azor'	Rhododendron	lachsrosa	A	S	d	süß

1) siehe Seite 49; 2) F= Frühling, S = Sommer, H = Herbst, W = Winter

Botanischer Name/Sorte	Deutscher Name	Blüten-farbe	Duft-pfl. 1)	Jahres-zeit 2)	Duft-int.	Duft-richtung
Rhododendron 'Beauty of Littleworth'	Rhododendron	weiß	A	F	d	süß
Rhododendron 'Coccineum Speciosum'	Rhododendron	orange-rot	A	S	d	süß
Rhododendron 'Daviesii'	Azalee	weiß-gelb	A	S	D	Geißblatt
Rhododendron 'Fragrantissimum'	Rhododendron	weiß/rosa	A	F	D	Muskat/fruchtig
Rhododendron 'Freya'	Azalee	lachsrosa	A	F/S	d	süß
Rhododendron 'Inspiration'	Rhododendron	weiß	A	F/S	D	süß
Rhododendron 'Irene Stead'	Rhododendron	rosa	A	F	d	süß
Rhododendron 'Lady Alice Fitzwilliam'	Rhododendron	rosa	A	F/S	D	Muskat/fruchtig
Rhododendron 'Lavender Girl'	Rhododendron	rosa/mauve	A	F/S	d	süß
Rhododendron 'Loderi King George'	Rhododendron	weiß	A	F/S	D	würzig/fruchtig
Rhododendron 'Loderi Venus'	Rhododendron	rosa	A	F/S	D	Lilien
Rhododendron 'Naomi'	Rhododendron	lavendelrosa	A	F	D	süß
Ribes odoratum	Zier-Johannisbeere	goldgelb	A	F	D	wunderb./Nelke
Robinia pseudoacacia	Falsche Akazie	weiß	T	S	D	Vanille
Sambucus nigra 'Laciniata'	Holunder	creme	T	F	D	Moschus
Skimmia japonica 'Fragrans'	Skimmie	weiß	A	F	D	süß
Staphylea colchica	Kolchische Pimpernuß	weiß	S	F	d	balsamisch
Styrax japonica	Storaxbaum	weiß	S	S	D	süß
Styrax obassia	Storaxbaum	weiß	S	S	D	süß
Syringa meyeri 'Palibin'	Flieder	rosa violett	T	S	D	süß
Syringa pubescens ssp. *microphylla* 'Superba'	Kleinblättriger Flieder	rosa	T	S/H	DD	intensiv süß
Syringa vulgaris 'Andenken an Ludwig Späth'	Gewöhnlicher Flieder	weinrot	T	F	DD	Flieder
Syringa vulgaris 'Charles Joly'	Gewöhnlicher Flieder	purpur	T	F	DD	Flieder
Syringa vulgaris 'Firmament'	Gewöhnlicher Flieder	blauviolett	T	F	DD	Flieder
Syringa vulgaris 'Madame Lemoine'	Gewöhnlicher Flieder	weiß	T	F	DD	Flieder
Syringa vulgaris 'Primrose'	Gewöhnlicher Flieder	blaßgelb	T	F	D	Flieder
Syringa x *chinensis*	Flieder	blaßlila	T	F	D	Flieder
Syringa x *hyacinthiflora* 'Clarke´s Giant'	Flieder	blauviolett	T	F	DD	Flieder
Syringa x *hyacinthiflora* 'Esther Staley'	Flieder	rosa	T	F	DD	Flieder
Syringa x *josiflexa* 'Bellicent'	Flieder	reinrosa	T	F	D	lieblich
Syringa x *persica* 'Alba'	Persischer Flieder	weiß	T	F	DD	angenehm
Syringa x *prestoniae* 'Audrey'	Flieder	dunkelrosa	T	S	D	süß
Syringa x *prestoniae* 'Elinor'	Flieder	lavendel	T	F	DD	Flieder
Syringa x *prestoniae* 'Isabella'	Flieder	purpur	T	S	D	süß
Tilia x *euchlora*	Linde	gelblich	T	S	DD	zuckrig süß
Viburnum x *burkwoodii* 'Anne Russell'	Schneeball	weiß	T	F	DD	süß, Nelke
Viburnum x *burkwoodii* 'Fulbrook'	Schneeball	weiß	T	F	DD	süß, Nelke
Viburnum x *carlcephalum*	Schneeball	weiß	T	F	D	intensiv/süß
Viburnum carlesii 'Diana'	Schneeball	weiß/rötlich	T	F	DD	süß, Nelke
Viburnum x *juddii*	Schneeball	weiß	T	F	D	würzig/süß
Weigela praecox 'Variegata'	Weigelie	rosarot	A	S	D	Honig
Zenobia pulverulenta		weiß	S	S	D	Honig

1) siehe Seite 49; 2) F= Frühling, S = Sommer, H = Herbst, W = Winter

Kletter-Pflanzen

Es ist sicherlich kein Zufall, daß von den fünf bekanntesten Kletterpflanzen – Rosen, Glyzinen, Jasmin, Geißblatt und Clematis – vier wegen ihres Duftes so beliebt sind. Bei ihnen ist direkt eine Entschuldigung nötig, wenn sie sich nicht in eine Duftwolke hüllen. Dagegen ist man glücklich, bei der Clematis doch einige duftende Arten und Sorten zu finden. Meine *Clematis armandii* blüht im Spätwinter für viele Wochen mit unzähligen weißen Sternen – ohne Duft wäre sie für mich nicht das halbe Vergnügen.

Duftende Kletterpflanzen verdienen einen prominenten Platz, einen, an dem wir am besten in ihren Genuß kommen: in der Nähe des Eingangs, an oder unter einem Fenster, als Bogen über einem häufig benutzten Weg, hinter einer Bank oder über einer Pergola. Aber auch an Mauern, Säulen oder Seilen, zum Bewachsen von Bäumen und als »Camouflage« eines alten Schuppens, eines häßlichen Garagendachs oder eines toten Baumstamms haben sie ihren unschätzbaren Wert. Sie bringen eine zusätzliche Dimension, die besonders in kleinen Gärten weitere Möglichkeiten der Gestaltung eröffnet, aber auch in großzügigen Gartenanlagen für neue Aspekte sorgt. Hier kann beispielsweise eine Glyzine einen großen, starken Baum im Mai mit ihren Blüten und ihrem Vanilleduft völlig verzaubern und braucht bei einem solchen Standort gar keinen Rückschnitt.

Die sonnigen Plätze reserviert man natürlich für die wärmeliebenden Schützlinge wie *Clematis armandii*, Jasmin, Passionsblumen, Glyzinen oder Wein. Aber auch bei sehr schattigen Lagen braucht man sich nicht in Abstinenz zu üben. Einige *Clematis*-Arten und die Geißblätter *Lonicera x americana* und *Lonicera japonica* 'Halliana' fühlen sich dort sehr wohl, blühen und duften herrlich. Selbst einige Rosen haben, entgegen weitläufiger Meinung, mit dem Schatten keine Probleme. Auf sie gehe ich im nächsten Kapitel ausführlich ein. Einige Kletterpflanzen lassen sich ohne Stütze auch gut als Bodendecker verwenden, z. B. *Decumaria*, die Sternhortensie, oder verschiedene Geißblätter. Sicherlich hübsch an einer Böschung, doch der größte Vorteil der duftenden Kletterer geht hier verloren: den Duft in Nasenhöhe in sich aufzunehmen, ihn durch ein geöffnetes Fenster ins Haus zu lassen oder einfach das Gefühl zu haben, mit ihm in den Himmel zu schweben.

Diese Pergola, bewachsen mit der Weinrebe *Vitis vinifera*, duftet zur Blütezeit unvergleichlich süß, fruchtig und sogar ein bißchen nach Veilchen.

Für unschöne Mauern: Das Geißblatt duftet voll und fruchtig und ist gut als »Camouflage« geeignet.

Clematis armandii: siehe unter »Winterblühende Duftpflanzen«, Seite 130.

A *Clematis flammula*
CLEMATIS, WALDREBE

Ein schwerer, vanilleähnlicher Duft entströmt der Fülle kleiner, cremeweißer Blüten; aus nächster Nähe ist er manchmal zu intensiv. Im Herbst, wenn Düfte eigentlich zu Raritäten werden, hat dieser fleißige Blüher seine »Hochzeit«. Den Blüten folgen reizende, flaumige, silbrige Fruchtstände, die äußerst dekorativ sind. Eine ideale Kletterpflanze zum Bewachsen von Bäumen oder zum Kaschieren einer unansehnlichen Garage. Am wohlsten fühlt sie sich an einem geschützten, sonnigen Platz. Ist der Wurzelbereich kühl und schattig, ist ihr Glück vollkommen. Größe: 6 m x 1 m. D

S *Decumaria barbara*
STERNHORTENSIE

Die nach Honig duftenden, weißen Blütchen der Sternhortensie öffnen sich im Sommer wie kleine Glöckchen. Keine der echten kletternden Hortensien ist duftend, aber diese halbimmergrüne Kletterpflanze, eng mit den Hortensien verwandt, macht eine rühmliche Ausnahme. Aus den fruchtbaren, kleinen Blüten entwickeln sich winzige, weiße Beeren. *Decumaria* ist dankbar für eine geschützte, warme Wand, an der sie sich wie Efeu mittels Luftwurzeln festklammert. In unserem Garten hat sie solch einen idealen Standort und behält als Dank ihr schönes, dunkelgrünes, mattes Laub den ganzen Winter über. Größe: bis 9 m.

Die Gattung *Decumaria* hat nur zwei Arten. Die andere Art, *D. sinensis*, ist immergrün, etwas weniger winterhart und hat cremefarbene Blüten, die schon ab Mai erscheinen. Die Blüten duften ebenfalls nach Honig, vielleicht ein bißchen zurückhaltender. Eine Pflanze von großer Schönheit. Größe: 2 m – 5m. D

S *Humulus lupulus* 'Aureus'
HOPFEN

Einen süßen, weichen Duft verbreiten im Sommer die dekorativen, grünlich-gelben, weiblichen Blütenstände des Hopfens. Die Sorte 'Aureus' zeichnen zusätzlich aromatische, herzförmige Blätter in einer wunderschönen Färbung aus Goldgelb und leuchtendem Grün aus, äußerst wirkungsvoll vor einem dunklen Hintergrund. Aus dem dicken Wurzelstock winden sich die Triebe im Uhrzeigersinn. Die Höhe der Rankpflanze bestimmt man selbst. Läßt man im Frühjahr alle Austriebe am Stock, erreicht der Hopfen nur wenige Meter Höhe. Je mehr Triebe man aussticht (sie lassen sich wie Spargel zubereiten), desto kräftiger wachsen die übrigen. Da ich nicht annehme, daß Sie Ihr eigenes Bier brauen möchten, würde ich nicht gleich einen ganzen Hopfengarten anlegen, aber eine einzelne Pflanze ist einmal etwas anderes, dekorativ und duftend zugleich. Größe: bis 12 m. D

T *Jasminum officinale*
ECHTER JASMIN

Der schwere, süße, exotische Duft des Echten Jasmins ist wunderbar, wenn er den Garten füllt, und läßt unwillkürlich an eine warme Sommernacht am Mittelmeer denken. Aus der Nähe kann der Duft leicht aufdringlich wirken. Diesen typischen Jasminduft haben wir den reinweißen, kleinen Blüten zu verdanken, die sich den ganzen Sommer über aus rosafarbenen Knospen öffnen. Aus ihnen – und aus den Blüten von *J. sambac*, der aber nicht winterhart ist und im Kapitel »Exoten« besprochen wird (siehe Seite 113), – wird das echte Jasminöl gewonnen.

Jasmin gehört zu den hübschesten Pflanzen, um eine Wand oder ein Geländer zu bedecken. Er erreicht nicht die Wuchskraft von Clematis oder Glyzinen, kann aber mit seinen dunklen Blättern und glänzend grünen Zweigen, der Schönheit und dem Duft seiner Blüten sowie mit seiner Problemlosigkeit durchaus konkurrieren. Für einen Platz an der Sonne ist er allerdings dankbar. Größe: 10 m. D D

T *Lonicera periclymenum* 'Graham Thomas'
GEISSBLATT

Mit seinem wunderbaren Honigduft hüllt dieses Geißblatt im Sommer den gesamten Umkreis ein, besonders intensiv am Abend. Die großen, cremeweißen Blüten werden am Spätnachmittag emsig von einem Nachtfalter besucht. Ohne sich niederzulassen, schwirrt er von Blüte zu Blüte und holt

sich mit seinem langen Rüssel den Nektar. Dieses Geißblatt blüht sehr lange, bis in den Herbst hinein, und nimmt im Verblühen eine sattgelbe Farbe an. Danach bekommt es leuchtend rote Früchte, wie Johannisbeeren – ein hübscher Blickfang vor einer weißen Wand.

'Graham Thomas' ist mein Liebling unter den Geißblättern, vielleicht, weil ich die inzwischen meterhohe Duftwolke aus einem winzigen Steckling gezogen habe. Es gibt aber auch andere wunderschöne Arten und Sorten, sicherlich für jeden Geschmack etwas. Denn ein »Honeysuckle«, wie das Geißblatt so hübsch und treffend im Englischen heißt, ist ein »Muß« für jeden Duftgarten. Eigentlich bin ich der Meinung, daß es in der Gartengestaltung das Wort »Muß« nicht geben sollte, denn es kommt allein auf den persönlichen Geschmack an – aber bei Duft und Geißblatt? Größe: 6 m. D D

T *Lonicera* x *americana* 'Harlequin'

GEISSBLATT

Einmal ein anderer Duft. Die trichterförmigen, gelben, außen mehr oder weniger stark geröteten Blüten duften intensiv nach Gewürznelken. Diese sommergrüne, windende Kletterpflanze hat rötliche Zweige und graugrüne Blätter, die im Randbereich unterschiedlich stark weiß gefärbt sind. Sorten mit panaschiertem Laub hatte es bisher unter den kletternden Geißblättern nicht gegeben. Größe: 6m. D D

T *Lonicera japonica* 'Halliana'

GEISSBLATT

Den fruchtigen, zitronigen Duft der reinweißen Blüten empfinde ich als himmlisch. Sie ist für mich die schönste Form der japanischen, immergrünen Geißblätter. 'Halliana' ist sehr starkwüchsig und eignet sich besonders zum Überwachsen von Zäunen und abgestorbenen Bäumen. Größe: 6 – 9 m. D D

S *Passiflora caerulea* 'Constance Elliott'

PASSIONSBLUME

Die in unseren Gärten so fremdartig wirkenden Blüten duften nach Ambra, dezent, weich und warm, doch auch durchdringend – für viele bestimmt gewöhnungsbedürftig, für mich faszinierend. Als die Passionsblume zu Beginn des 17. Jahrhunderts nach Europa kam, war sie bereits unter diesem Namen bekannt. Die Teile der Blüte symbolisieren das Leiden Christi – die zehn äußeren Blütenblätter stellen die zehn Apostel dar, der Ring aus Staubfäden die Dornenkrone, die fünf Staubbeutel die fünf Wunden und die drei Narben die drei Nägel.

Die raschwüchsige, rankende Kletterpflanze ist in milden Gegenden winterhart, freut sich aber auch dort über ein warmes, sonniges Plätzchen. Normalerweise sind die Blüten von *P. caerulea* blau, die Sorte 'Constance Elliott' jedoch schmückt ihre cremeweißen Blüten mit einem zartgrünen Schimmer, gelbgrünen Staubbeuteln und einer purpurfarbenen Narbe. Die Blüten öffnen sich unermüdlich den ganzen Sommer über. Da braucht man nicht traurig zu sein, daß eine einzelne Blüte nur zwei Tage hält. Nach einem heißen Sommer sollen sich orangefarbene, eiförmige Früchte bilden, – eßbar, jedoch nicht schmackhaft. Ich habe das bisher nur in Südfrankreich gesehen, bei uns ist es für Früchte wohl nun doch nicht lange genug warm. Größe: 5 m und mehr. D

'Blauer Portugieser': Wir können uns zwar nur kurz an dem feinen Duft der Weinblüten laben, werden aber danach bei dieser Kultursorte mit wohlschmeckender Trauben belohnt.

S *Vitis*

REBE

Kaum jemand pflanzt einen Wein wegen des Duftes seiner kleinen, unscheinbaren Blüten. Dabei duften sie umwerfend: süß oder auch fruchtig, leicht nach Veilchen oder typisch wie Reseda. Warum sollte der Duft bei der Wahl nicht mitberücksichtigt werden, genau wie die Herbstfärbung oder der Geschmack der Trauben? Oder sogar die Hauptrolle spielen? Es ist zwar nur ein kurzes Vergnügen, die Blüte dauert höchstens einige Tage. Auch wird ein einzelner Weinstock nicht das Dufterlebnis bringen wie ein Spaziergang durch einen gerade in Blüte stehenden Weinberg. Aber wenn wir im eigenen Garten nun schon den Hopfen für unser Bier haben, warum nicht auch die Trauben für den Wein? Und beides als Zugabe eines herrlichen Duftes. Kommt es allerdings mehr auf eine leckere Tafeltraube an, sollte man sich für eine Kultursorte, z.B. 'Dornfelder', entscheiden. Über eine Pergola gezogen, kann man sich die Trauben direkt in den Mund wachsen lassen. D D

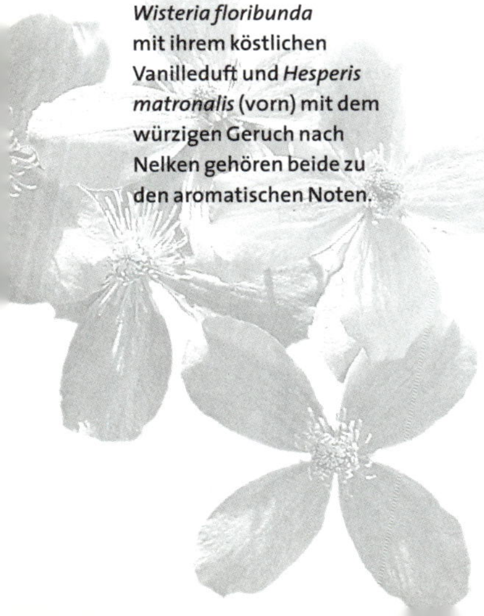

Wisteria floribunda mit ihrem köstlichen Vanilleduft und _Hesperis matronalis_ (vorn) mit dem würzigen Geruch nach Nelken gehören beide zu den aromatischen Noten.

Vitis labrusca

FUCHSREBE

Die mittelgrünen, kleinen Blüten dieser am längsten bekannten, amerikanischen Wildart haben den charakteristischen Reseda-Duft. Ihnen folgen runde, aromatische Beeren. Manche empfinden den Geschmack als eine Mischung aus Himbeeren und Erdbeeren, andere dagegen als leicht muskatartig. DD

Vitis riparia

UFERREBE

Diese am weitesten natürlich verbreitete Wildart hat umwerfend nach Reseda duftende Blüten. Die blauschwarzen, runden Beeren sind sehr klein, die Blätter leicht dreigeteilt. Sie ist so winterhart, daß sie bei uns hoffentlich nie an ihre Grenzen stoßen wird. DD

Vitis vinifera

WEINREBE

Kleinen, grün-weißen, intensiv duftenden Blütenrispen folgen Früchte, die einen Wein von gehaltvollem Bouquet liefern. Von dieser Wildrebe nimmt man an, daß es sie schon vor 60 Millionen Jahren gab. *Vinifera* heißt übrigens weintragend – aus einer Abart dieser solchen wurden die zahlreichen Sorten der Kulturtraube gezüchtet. DD

T *Wisteria*

GLYZINE, BLAUREGEN

Der köstliche Vanilleduft der Glyzinen gehört zu den Wundern im Mai. Bei *W. sinensis*, der chinesischen Glyzine, erscheinen die Blüten vor dem Laub an den noch kahlen Trieben. Die Wirkung der Blüte ist dadurch besonders groß, vor allem bei violetten Tönen vor einer weißen oder hellgrauen Wand. Die purpurfarbenen Blütentrauben der Sorte 'Black Dragon' duften besonders intensiv. Bei *W. floribunda*, der japanischen Glyzine, erscheinen die Blüten nach dem Austrieb der langen, gefiederten Blätter, bei *W. floribunda* 'Alba' sind es sehr lange (bis 60 cm), weiße Blütentrauben.

Leider erschienen bei uns 8 Jahre lang überhaupt keine Blüten, was mich zunehmend erboste. Denn so schön war sie als wuchernde Grünpflanze nun auch wieder nicht, um solch einen prominenten Platz am Hauseingang, und dann noch an der Südwest-Seite – mit der unser Garten wirklich nicht gesegnet ist – für sich zu beanspruchen. Nach Androhung verschiedenster Maßnahmen, die im Entschluß gipfelten, sie endgültig zu entfernen, verwandelte sie sich plötzlich in ein solches Blühwunder, daß sie von nun an ihren exponierten Platz verdient.

Glyzinen sollten möglichst horizontal gezogen werden, an einer Pergola oder einem Geländer, als Hochstamm, durchaus auch an einer Wand, aber nur bis zu einer erreichbaren Höhe. Wichtig für die Blühfreudigkeit und somit ja auch für den Duft ist außerdem ein professioneller Schnitt. An der Unwilligkeit meines Sorgenkindes, zu blühen, war ich letztlich selbst schuld. Unkenntnis schützt nun einmal nicht vor Strafe. Erst als sie die Dachrinne unseres Hauses erreicht hatte und nicht mehr in die Höhe wuchs, sondern horizontal, und nachdem sie auch geschnitten wurde, fing sie an, ihre herrlichen Blütenkaskaden zu entwickeln. Steht genügend Platz zur Verfügung, kann man Glyzinen auch wie an ihren natürlichen Standorten als Lianen in Bäume wachsen lassen. Die Bäume sollten eine gewisse Größe haben und nicht zu alt sein. Sie werden sich dann im Spätfrühling oder Frühsommer in eine Vanillewolke verwandeln. Größe: 8 m und mehr. **D / D D**

Weitere Kletterpflanzen sind in den Kapiteln »Rosen« (Seite 64 ff.), »Ein- und Zweijährige« (Seite 96 ff.) und »Exoten« (Seite 109 ff.) zu finden.

Botanischer Name/Sorte	Deutscher Name	Blütenfarbe	Duftpfl.[1]	Duftint.[1]	Duftrichtung
Actinidia deliciosa (= chinensis) 'Hayward'	Strahlengriffel	cremeweiß	S	d	süß
Actinidia deliciosa (= chinensis) 'Tomuri'	Strahlengriffel	cremeweiß	S	d	süß
Actinidia kolomikta	Strahlengriffel	weiß	S	d	süß
Akebia quinata	Akebie	purpurbraun	S	d	Vanille
Clematis flammula	Clematis, Waldrebe	weiß	A	D	Vanille
Clematis montana 'Alexander'	Clematis, Waldrebe	weiß	A	D	Vanille
Clematis montana 'Elizabeth'	Clematis, Waldrebe	blaßrosa	A	D	Vanille
Clematis montana 'Pink Perfection'	Clematis, Waldrebe	pink	A	d	Vanille
Clematis montana var. *rubens*	Clematis, Waldrebe	leuchtend rosa	A	d	Vanille
Clematis rehderiana	Clematis, Waldrebe	blaßgelb	A	D	süß
Clematis terniflora (= maximowicziana)	Clematis, Waldrebe	weiß	A	D	aromatisch
Decumaria barbara	Sternhortensie	reinweiß	S	D	süß, Honig
Decumaria sinensis	Sternhortensie	cremefarben	S	d	Honig
Humulus lupulus 'Aureus'	Hopfen	grünlich-gelb	S	D	süß
Hydrangea petiolaris	Kletterhortensie	cremeweiß	A	d	süß, weich
Jasminum beesianum	Jasmin	rosarot	T	DD	Jasmin
Jasminum officinale	Echter Jasmin	weiß	T	DD	Jasmin
Lonicera x americana 'Harlequin'	Geißblatt	gelb	T	DD	Gewürznelken
Lonicera caprifolium	Geißblatt	cremeweiß/pink	T	DD	fruchtig
Lonicera japonica 'Halliana'	Geißblatt	weiß	T	DD	fruchtig
Lonicera periclymenum 'Belgica'	Geißblatt	weiß	T	DD	fruchtig
Lonicera periclymenum 'Graham Thomas'	Geißblatt	weiß	T	DD	Honig
Passiflora caerulea 'Constance Elliott'	Passionsblume	weiß	S	D	Ambra
Vitis labrusca	Fuchsrebe	grünlich	S	DD	Veilchen, Reseda
Vitis riparia	Uferrebe	weiß	S	DD	Reseda
Vitis vinifera	Weinrebe	grünweiß	S	DD	süß
Wisteria brachybotrys 'Shiro Kapitan'	Glyzine, Blauregen	weiß	T	D	Vanille
Wisteria floribunda 'Alba'	Glyzine, Blauregen	weiß	T	D	Vanille
Wisteria floribunda 'Macrobotrys'	Glyzine, Blauregen	blau-violett	T	D	Vanille
Wisteria sinensis 'Alba'	Glyzine, Blauregen	weiß	T	DD	Vanille
Wisteria sinensis 'Black Dragon'	Glyzine, Blauregen	dunkel purpur	T	DD	Vanille
Wisteria sinensis 'Sierra Madre'	Glyzine, Blauregen	lavendel-violett	T	DD	Vanille

1) siehe Seite 49

Rosen

Unwiderstehlich ist der Duft der Rosen. Es ist deshalb kaum möglich, sich einen Duftgarten vorzustellen, ohne gleichzeitig an den köstlichen Duft der Rosen zu denken. Von einer Rose wird der Duft ganz einfach erwartet, darin besteht ihre größte Anziehungskraft. Vielleicht möchte die »Königin der Blumen« sogar, daß man sich zu ihr niederbeugt und ihren Duft genießt.

Die Rose gehört zu den beliebtesten Blumen auf der ganzen Welt, wenn sie nicht sogar die beliebteste überhaupt ist. Nicht zuletzt wegen ihres exklusiven Duftes gilt sie seit alters her als Symbol von Liebe, Schönheit, Vollkommenheit, Glück, Weiblichkeit und Verschwiegenheit. In Liedern, Legenden und Märchen wurden besonders die Alten Rosen besungen und gewürdigt.

Der Rosenduft ist ein Bereich für sich und einer der schönsten und angenehmsten unter den Düften – niemals überlagernd und unangenehm, sondern romantisch und erlesen, trotz seiner Vielfalt an Nuancen. Auch bei Rosen duften gefüllte Blüten in der Regel intensiver als einfache, da die Duftstoffe in den Zellen der Blütenblätter gespeichert werden. Es gibt aber auch Ausnahmen. So enthält die Rambler-Rose 'Bobbie James' ihren Duft in den Staubgefäßen, was sehr ungewöhnlich ist. Eine gefüllte Form würde dann nicht duften und hätte ihren Zauber verloren.

KOSTBARES ROSENÖL

Die Königin der Blumen muß duften! Woraus sollte sonst das kostbare Rosenöl gewonnen werden, wenn nicht aus den Blüten der berauschend duftenden *Rosa* x *centifolia* oder aus den Damascena-Rosen mit ihrer zitronigen Note? Blüten von älteren Sträuchern haben übrigens einen besonders hohen Anteil daran.

Die Gewinnung des Rosenöls soll in Persien entwickelt worden sein, und viele Historiker sind der Meinung, daß auch die Kultur der Rose von dort ausging. Ein Liter Rosenöl kostet zur Zeit etwa 10.000 DM. Bedenkt man, daß zur Gewinnung dieser Menge ungefähr fünf Tonnen frische Blütenblätter benötigt werden – gepflückt in den frühen Morgenstunden –, wird der hohe Preis verständlich. So ist auch nicht verwunderlich, daß eines der teuersten Parfums ein Rosenduft ist, »Joy« von Jean Patou.

ZÜCHTUNG UND VERWENDUNG

Wildrosen und die Alten Rosen haben den charakteristischen Rosenduft. Sie blühen nur einmal im Jahr, aber mit welchem Charme! Auch ein Flieder blüht nicht von Mai bis Dezember, aber von einer Rose wurde es lange Zeit erwartet. Kein Wunder, daß ihr durch das »Ständig-Blühen-Müssen« etwas verloren ging – leider oft der Duft. Auch bewußt hat man bei der Züchtung mancher moderner Rosen auf den Duft verzichtet. Nachdem man herausfand, daß der Duft ein Anreiz für die

Knospe ist, sich zu öffnen, bevorzugte man für den Versand von Schnittrosen Sorten ohne Duft. Aber zum Glück gibt es genug Rosen mit herrlichem Duft. Die Auswahl für einen Garten ist riesig. »Königinnen« sind jedoch auch kapriziös. Das sollte man bedenken – sie können abends anders duften als morgens, bei warmem, feuchtem Wetter besonders intensiv, der Boden spielt eine Rolle und sogar die Unterlage, auf die die Rose veredelt ist.

Viele Monate können bei geschickter Planung mit Duft und Farbe gestaltet werden. Von den winzigen Miniaturrosen bis zu Kletterrosen einer beachtlichen Höhe wird sicher niemand Schwierigkeiten haben, »seine« Rose zu finden. Es muß kein ganzes Rosenbeet sein, oft ist der Platz dafür nicht vorhanden, und auch nicht alle Menschen finden das Formale schön. Generationen von Gärtnern lehrten uns zwar, Rosen einer Sorte in Reih und Glied zu pflanzen. Nun, das ist Geschmacksache, die einzige Möglichkeit ist es jedoch auf keinen Fall. Wieviel besser paßt es zum Charakter einer Rose, sie in aufgelockerter Form in dem Garten zu integrieren. Höhere Sorten eignen sich als Hintergrund von Thymian, Lavendel und Salbei – Iris sehen genauso entzückend zwischen Rosen aus wie Lilien, Heliotrop oder Levkojen, und duftende Narzissen kaschieren aufs Anmutigste die im Frühjahr noch kahlen unteren Triebe der Rosen.

Es wäre schön, könnte in jedem Garten wenigstens eine Alte Rose stehen, allein ihres wunderbaren Duftes wegen. Wenn das schon nicht möglich ist, findet sich vielleicht ein Plätzchen für eine Kletterrose, oder für eine Miniaturrose im Blumenkasten. Ich gehe hier bewußt nicht näher auf die Gartengestaltung mit Rosen ein. Es gibt so viele gute Rosenbücher, die das Thema ausführlich und anschaulich behandeln. Ich möchte mich in erster Linie auf den Duft der Rose konzentrieren, der in

'Gros Choux d'Hollande', eine Zentifolie mit intensivem Duft und romantischen Blüten wie aus einer vergangenen Zeit

den Rosenbüchern meist zu kurz kommt. Auf einem Gemälde ist Königin Victoria mit zwei Rosen zu sehen – der weißen Teerose 'Niphetos' und der gelben 'Maréchal Niel'. Beide liegen auf ihrem Schreibtisch und stehen absichtlich nicht im Wasser. Der Duft der Rosen ist besonders intensiv, wenn sie zu welken beginnen.

Alte und historische Rosen

Die Bezeichnungen »Alte Rosen« und »Historische Rosen« werden leider nicht einheitlich gebraucht. Ich fasse hier deshalb beide Gruppen zusammen. Bis Ende des 18. Jahrhunderts gab es in Europa ausschließlich einmalblühende Rosen, die wir heute »Alte Rosen« nennen: Gallica-,

'Celsiana' mit ihrem herrlich kräftigen Duft hat auch hübsches, zierliches Laub.

Damascena- und Alba-Rosen sowie die Zentifolien und Moosrosen. Sie sind alle einmalblühend und haben den typischen Duft der Alten Rosen. Ende des 18. Jahrhunderts kamen die ersten China-Rosen mit ganz neuen Eigenschaften nach Europa. Sie waren öfterblühend, hatten eine breitere Farbpalette – auch echtes Rot und Gelb – und einen anderen Duft, den sogenannten Teerosenduft. Durch Kreuzung von Alten Rosen mit den China-Rosen entstanden neue Gruppen von Rosen, die wir heute »Historische Rosen« nennen: Portland-, Bourbon-, Remontant- und Teerosen.

Gallica-Rosen

Gallica-Rosen haben den unvergleichlichen Duft der Alten Rosen. Sie sind die ältesten Gartenrosen, haben einen dichten, verzweigten Wuchs, hübsches, dunkelgrünes Laub und herrliche Farbtöne von Hellrosa bis Purpur. Höhe: ca. 1,20 m.

'Belle de Crécy'

Sie ist mit ihrem intensiven, an Honig erinnernden Duft eine der schönsten und am üppigsten blühenden Gallica-Rosen. Die gefüllten Blüten mit dem hübschen Knopfauge blühen in einem Kirschrosa auf, verändern sich aber bald zu einem weichen Violett bis Lavendel-Grau. D D

'Königin von Dänemark', eine der schönsten Alten Rosen, nicht zuletzt des Duftes wegen.

'Charles de Mills'

Lieblich und doch konzentriert ist der Duft der karmesinroten Blüten, die allmählich einen reinen Purpurton annehmen. Die Blüte ist halb geöffnet so flach, daß man nicht vermuten würde, daß sie sich zur größten und auffälligsten Blüte unter den Alten Rosen entwickelt. D

Damascena-Rosen

Damascena-Rosen duften fein und intensiv, oft mit einer fruchtigen Note. Die Blüten sind meist von einem reizvollen, klaren Rosa. Es gibt aber auch weißblühende Sorten. Durch ihre hübsch angeordneten Blütenbüschel, ihre graugrünen Blätter und ihren lockeren Wuchs gehören sie zu den anmutigsten Rosen. Höhe: ca. 1,50 m.

'Celsiana'

Ein kräftiger, intensiver Duft entströmt den wunderschönen, großen, halbgefüllten Blüten mit ihren goldfarbenen Staubgefäßen. Die Blütenblätter sind von einem weichen Rosa und wirken wie zerknitterte Seide. Diese Rose wurde schon vor 1750 kultiviert. D D

'Ispahan'

Der intensive, köstliche Duft hat eine leicht zitronige Note. Man kann sich lange an den dicht gefüllten Blüten in warmem Rosa erfreuen, denn die Blütezeit beginnt früh und endet spät. Gute sechs Wochen kann man den herrlichen Duft genießen. D D

'Marie Louise'

Die außergewöhnlich großen, gefüllten Blüten duften intensiv. Durch die große Anzahl mauve-pinkfarbener Blüten neigen sich die Zweige bis zum Boden. Sie sieht entzückend aus, wenn sie über eine niedrige Mauer wächst. D D

Alba-Rosen

Alba-Rosen duften zart und raffiniert, aber auch exotisch und süß. Die Farbskala der Blüten ist zwar auf Weiß, Zartrosa und Rosa begrenzt, aber mit welcher Eleganz. Das meist graugrüne Laub harmoniert sehr gut mit den zarten Blütenfarben. Alba-Rosen waren schon in der Antike bekannt. Meine älteste Rose, 'Maxima', ist vor 1450 entstanden. Ihre reinweißen, dicht gefüllten Blüten schmückten schon Botticellis »Geburt der Venus«, ihren herrlichen Duft konnte er auf seinem Bild jedoch nicht einfangen. Höhe: 1,80 m und mehr.

'Belle Amour'

Sie hat einen außergewöhnlichen Duft: an Myrrhe erinnernd, exotisch und würzig, eigentlich gar nicht das, was man bei einer Rose erwartet. Man vermutet, daß die meisten Rosen ein rezessives Duftgen besitzen, das zu dem Myrrheduft führt. In den halbgefüllten Blüten in weichem Lachsrosa – ein sehr seltener Farbton bei Alba-Rosen – findet man diese Annahme bestätigt. D D

'Königin von Dänemark'

Der intensive Duft und das warme, dunkle Rosa ihrer geviertelten Blüten mit dem hübschen Knopfauge machen diese Rose zu einer der apartesten unter den Alten Rosen. Um ihre Schönheit voll zu entfalten, möchte sie gut gepflegt werden. D D

Zentifolien

Zentifolien sind für ihren herrlichen Duft berühmt, den Duft der Alten Rosen. Trotz ihrer schweren, kugeligen Blüten mit den vielen Blütenblättern wirken sie nicht plump. Ihre Farben sind in erster Linie warme, klare Rosatöne, aber auch Weiß und Purpur kommen vor. Der Wuchs ist locker und offen, mit den nickenden Blüten ein wunderschöner Anblick im Hochsommer. Zentifolien waren die Lieblinge holländischer und flämischer Blumenmaler und sind häufiger als andere Rosen auf ihren Bildern zu sehen. Höhe: bis 2 m.

'Fantin Latour'

Ein leichter, angenehmer Duft geht von den zartrosa Blüten aus, deren Farbe zur Mitte hin dunkler wird. Ein hübsches Knopfauge erhöht den Reiz der schalenförmigen Blüte. Sie war die Lieblingsblume des französischen Malers Henri Fantin-Latour. D

'Tour de Malakoff'

Der herrliche, intensive Duft, die großen, schalenförmigen, nur leicht gefüllten Blüten und vor allem die reizvolle Schattierung von Purpur über Violett bis hin zu einem Grauton machen sie zu einer wunderschönen Rose. In voller Blüte hat diese Rose eine gewisse Ähnlichkeit mit einer Strauchpäonie. Mit einer Stütze läßt sie sich auch gut als Kletterrose ziehen. D D

Moosrosen

Rosa x *centifolia* 'Muscosa' – Nostalgie, vereint in Duft, Farbe und Blütenform.

Von ihren Vorfahren, den Zentifolien, haben die Moosrosen den intensiven, zugleich raffinierten und erfrischenden Duft geerbt. Aber auch der moosartige Überzug von Blütenstielen und Knospen duftet, balsamisch, köstlich in Verbindung mit dem Blütenduft. Moosrosen besitzen eine ganz besondere Anmut, für mich sind sie die nostalgischsten Rosen überhaupt. Die sich öffnende Knospe, umhüllt von ihrem »Moos«, wirkt geborgen, wie in einem Nestchen. Und »Geborgensein« entsprach genau dem Geschmack der damaligen Zeit. Höhe: bis 1,80 m.

'Muscosa Alba'

Der intensive, nostalgische Duft der weißen Blüten, die anfangs in der Mitte zartrosa gefärbt sind, macht sie zu einer der schönsten weißen Alten Rosen. Sie ist ein Sport (eine vegetativ weitervermehrte Sonderform einer anderen Sorte) von 'Communis' (= 'Old Pink Moss'), die wahrscheinlich die ursprüngliche Moosrose ist, von der alle anderen abstammen. D D

'Nuits de Young'

Diese dunkelste aller Moosrosen hat einen nostalgischen Duft. Das sehr dunkle Purpur der Blüten, aufgehellt durch goldfarbene Staubgefäße, wird durch ihr ebenfalls sehr dunkles »Moos« noch unterstrichen. Im Englischen heißt sie deshalb auch »Old Black«. D

'Fantin Latour', eine zarte Blüte mit zartem Duft.

Portland-Rosen

Der feine und doch intensive Duft der Damascena-Rosen ist auch den Portland-Rosen

'Mme Isaac Pereire' erfüllt unsere Dufterwartung: die üppige Blüte in ihrem Himbeerton duftet auch wie diese leckeren Früchte.

eigen. Sie haben sich viel vom Charakter der Alten Rosen bewahrt, remontieren aber in der Regel. Kleiner im Wuchs, mit üppigem Laub, bilden sie kompakte Sträucher, die sich gerade für kleinere Gärten gut eignen. Höhe: bis 1,20 m.

'Comte de Chambord'

Mit ihrem herrlichen Duft, süß und stark den dicht gefüllten, geviertelten Blüten in leuchtendem Rosa gehört sie zu den schönsten Strauchrosen. Die Blüten sind auch unempfindlich gegen Regen, sie blüht, mit Unterbrechungen, viele Monate hindurch. D D

Bourbon-Rosen

Die Bourbon-Rosen haben sich noch den vollen Duft der Alten Rosen bewahrt, es kommt aber mehr und mehr eine fruchtige Komponente hinzu. Das Zitronige fehlt ihnen jedoch ganz und gar. Sie bilden den ersten wichtigen Schritt in Richtung auf die Modernen Rosen, stellen sozusagen die Grenze zwischen Alt und Neu bei den Rosen dar. Ihre Blüten haben noch den Charakter der Alten Rosen, sind prall gefüllt und kugelig, doch fast alle haben – wie die Modernen Rosen – die Fähigkeit, uns bis in den Herbst hinein mit ihrer Blütenfülle zu erfreuen. Aber auch die Blätter sehen eher wie die von Teehybriden aus. Bourbon-Rosen haben das Beste beider Rosengruppen in sich vereint. Höhe: bis 2 m.

'Souvenir de la Malmaison'

Ein unvergleichlicher Duft, fein und fruchtig, krönt diese wunderschöne Rose. Das zarte, weißliche Rosa der großen, geviertelten Blüten verblaßt mit der Zeit. Sie wird weiß genug für meinen Garten, denn ich wollte auf diese entzückende Rose nicht verzichten – nicht zuletzt ihres Namens wegen: eine Erinnerung an den berühmten Garten der Kaiserin Joséphine. D

'Kronprinzessin Viktoria'

Als Sport von 'Souvenir de la Malmaison' hat sie den gleichen, bezaubernden Duft und ihre Anmut geerbt. Ihre Blüten jedoch sind rahmweiß mit einem zitronengelben Schimmer. Sie blüht wunderschön und auch sehr fleißig, aber nur, wenn sich die »Kronprinzessin« wohl fühlt. Bei feuchter Witterung tut sie das gar nicht. Ist ihr das Klima dagegen angenehm, ist sie eine Wonne für Augen und Nase. Benannt ist sie nach der ältesten Tochter der englischen Königin Victoria. Sie wurde die Frau des Kronprinzen Friedrich von Preußen, des späteren Kaisers Friedrich III., und Mutter des späteren Kaisers Wilhelm II. D

'Mme Isaac Pereire'

Mit ihrem hervorragenden Himbeerduft, köstlich und schwer zugleich, gilt sie als eine der am intensivsten duftenden Rosen überhaupt. Die riesigen, schalenförmigen Blüten sind dunkelrosa, schattiert mit Magenta – eine effektvolle Mischung. Sie blüht bis in den Herbst hinein und bringt gerade dann einige ihrer schönsten Blüten hervor. D D

Remontant-Rosen

Die Remontant-Rosen duften fast alle intensiv und süß. Viele von ihnen haben die Blütenform der Alten Rosen. Ein reines Karmesinrot, eine bis dahin seltene Blütenfarbe, erweitert jetzt die Palette. Sie »remontieren«, d.h. blühen wiederholt – daher ihr Name; aber ihr Wuchs ist oft zu hoch und aufgeschossen. Bei ihrer Züchtung richtete sich das Hauptinteresse auf die Knospe, die Pflanze als Ganzes büßte dabei viel von ihrem Charme ein. Man könnte auch sagen, mit der Züchtung der Remontant-Rosen ging auch ein Verfall der Schönheit der Rosen einher. Höhe: bis 2,50 m.

'Mrs John Laing'
Der köstliche, süße Duft, die dicht gefüllten, großen Blüten in silbrigem Rosa und ihre Blühwilligkeit stellen sie an die Spitze der Remontant-Rosen. Das graugrüne Laub bildet einen hübschen Kontrast zu der leuchtenden Blütenfarbe. DD

Teerosen

Bei ihnen findet man eine ganze Reihe von Düften – aber nach Tee? Es muß eine ganz besondere, mir unbekannte Teesorte sein, vielleicht ein grüner China-Tee. Trotzdem ist die Bezeichnung Teerosenduft üblich – ein feiner, süßer Duft mit einer leicht bitteren Note. Der köstliche Duft paßt zu der eleganten Blütenform, die sich durch eine schlanke Knospe auszeichnet und bald zum Vorbild für die Rose schlechthin wurde. Teerosen wurden deshalb gerne zur Züchtung verwendet und sind ein Elternteil der Teehybriden. – Für den Garten kommen die Teerosen bei uns leider nicht in Frage: Sie sind nicht genügend winterhart. Eine Ausnahme bilden lediglich einige der Kletterformen, die an einer schützenden Wand auch bei uns kultiviert werden können.

MODERNE ROSEN

Durch Kreuzung der Teerosen mit den bis dahin bekannten Rosenklassen, insbesondere mit den Remontant-Rosen, entstanden neue Rosen, die mit den bis dahin bekannten Gruppen wenig Ähnlichkeit haben: die Modernen Rosen. Als Moderne Rosen bezeichnet man insbesondere die Teehybriden (»Edelrosen«), die Floribunda-Rosen (»Beetrosen«) und die modernen, öfterblühenden Strauchrosen. Ihr Erfolg war so stark, daß er zur fast völligen Verdrängung der Alten und Historischen Rosen geführt hat. Erst in jüngster Zeit ist mit den sogenannten »Englischen Rosen« oder »Romantik-Rosen« eine gewisse Umkehr bei der Züchtungsarbeit zu beobachten; dabei spielt der Duft dieser Rosen eine nicht unwesentliche Rolle.

Teehybriden (Edelrosen)

Teehybriden haben nun einen anderen Duft: intensiv und lieblich, kräftig und raffiniert, im großen und ganzen moderner. Bei der Suche nach der idealen Blütenform und -farbe ist viel von dem herrlichen Rosenduft verloren gegangen. Entstanden ist eine in jeder Hinsicht neue Blume. Die Farbe Zinnoberrot kam auf, das Farbspektrum erweiterte sich zusehends. Leider sind diese neuen Farbtöne oftmals grell und erdrücken die zarteren Töne im Garten. Einzeln wirken sie als Büsche meist steif, deshalb eignen sie sich nur zur Bepflanzung geometrischer Beete. Höhe: 1 m.

'La France'
Ihr kräftiger Duft und ihre dicht gefüllten, halbkugeligen Blüten in silbrigem Rosa verleihen ihr noch den Charme der Alten Rosen. Mit der Züchtung dieser Sorte begann 1867 das Zeitalter der Modernen Rosen. Sie hat nichts von der Starkwüchsigkeit vieler neuer Sorten, ist kälteempfindlich und möchte gehegt und gepflegt werden. Ein bißchen Extra-Zuwendung ist sie wert. DD

'The McCartney Rose', eine Teehybride mit anmutig gewellten Blütenblättern und kräftigem Duft.

'Papa Meilland'
Als kräftig und raffiniert, doch auch intensiv nach Rose läßt sich der Duft ihrer Blüten beschreiben; die Blütenfarbe ist ein dunkles, samtiges Karmesinrot. Sie ist die perfekte rote Rose. Um all diesen Vorzügen gerecht zu werden, braucht sie einen warmen, geschützten Platz im Garten. DD

'Yardley Baroque'
Einen intensiven, vollen Duft zeichnet diese Rose aus, die den Barockgarten auf der Londoner Chelsea Flower Show 1997 schmückte. Ihre cremegelbe Blüte, innen kräftiger, außen etwas rosa getönt, hat hübsche, leicht gefranste Blütenblätter. Geöffnet wirkt sie wirklich barock, und benannt wurde sie nach dem gleichnamigen Parfum von Yardley. DD

Floribunda-Rosen (Beetrosen)

Floribunda-Rosen haben im allgemeinen einen weniger intensiven Duft als die Teehybriden. Sie sind aber winterhärter und werden besonders wegen ihres unermüdlichen Blühens geschätzt.

'Penelope', eine entzückende Moschata-Hybride aus dem Jahr 1924. Ihr Moschusduft und ihre Farbschattierung ergeben ein harmonisches Ganzes.

'Margaret Merril'
Sie duftet von allen Floribunda-Rosen am intensivsten. Ihre zartrosa getönten Knospen öffnen sich zu reinweißen, großen Blüten, sie sind nicht ganz gefüllt, wodurch sich die schokoladenfarbenen Staubfäden wirkungsvoll abheben. D

MODERNE STRAUCHROSEN

Die Gruppe der Modernen Strauchrosen umfaßt Strauchrosen unterschiedlichster Abstammung, deren einzige Gemeinsamkeit es ist, daß sie, im Gegensatz zu den früheren Strauchrosen, öfter blühen. Entsprechend unterschiedlich sind auch die Düfte – meist süß und lieblich, oft mit fruchtigen Noten, die an Äpfel und Himbeeren, aber auch an Gewürznelken erinnern. Selbst der Duft Alter Rosen und der Teerosen-Duft kommen vor. Die Rosen dieser Gruppe remontieren gut, sind robust und leicht zu kultivieren. Man könnte sie als Hybriden der Teehybriden oder der Floribunda-Rosen bezeichnen. Die wichtigsten Gruppen sind die Moschata-Hybriden, die Öfterblühenden Strauchrosen und die »Englischen Rosen«. Höhe: bis 3 m.

Moschata-Hybriden

Moschata-Hybriden haben einen kräftigen, süßen Duft, oft auch den typischen Teerosenduft. Ähnlich wie bei der Moschusrose *Rosa moschata* hat er die Fähigkeit, »in der Luft zu schweben«. Sie sind mit ihr nur entfernt verwandt, haben aber viel von ihrem Charakter. Die kleinen Blüten erscheinen in Büscheln, im Spätsommer wird ein zweiter Blütenflor hervorgebracht. Ihr Wuchs ist anmutig, die Farben sind meist zart, und das Laub ist glatt und glänzend. Höhe: bis 1,80 m.

'Buff Beauty'
Das volle Teerosenparfum der reizenden Blüten in sattem Apricot-Gelb rundet eine der schönsten Moschata-Hybriden ab. Die halbgefüllten bis gefüllten Blüten und das schöne Laub – erst bronzefarben, dann dunkelgrün – verleihen dieser Rose eine gewisse Üppigkeit. D D

'Penelope'
Der kräftige, süße Duft erinnert an Moschus. Lachsfarbene Knospen öffnen sich zu halbgefüllten Blüten von einem Zartrosa, das bald in Sahneweiß übergeht. Ihnen folgen korallenfarbene Hagebutten – eine Seltenheit bei einer remontierenden Rose. 'Penelope' läßt sich gleich gut in eine Weiß-, Gelb- oder Rosa-Gruppe einfügen. D D

Öfterblühende Strauchrosen

Der Duft dieser Gruppe von Rosen ist keineswegs einheitlich, oft auch nur schwach oder gar nicht vorhanden. Es gibt aber Ausnahmen. Höhe: bis 3 m.

'Frau Eva Schubert'
Der Duft ist lieblich, die kleinen, dicht gefüllten, reizenden Blüten zeigen ein kräftiges Rosa, hellen aber bald auf. D

'Rosenresli'
Der Duft dieser eleganten Strauchrose ist intensiv und erinnert an eine Teerose. Die Blüten sind orangerosa bis karminrot, gut gefüllt und wirken sehr edel. Sie erscheinen einzeln oder in Büscheln. D D

Englische Rosen

Die sogenannten »Englischen Rosen« haben einen besonders intensiven Duft, den sie von den Alten Rosen geerbt haben. David Austin, ihr Züchter, behauptet sogar, daß sie am stärksten von allen Rosen duften – stärker als die Alten Rosen selbst. Das Kräftige der Myrrhe, das Weiche der Alten Rosen und das leicht Bittersüße der Teerosen sind hier zu finden, oftmals als Bouquet von voller Schönheit.

»Englische Rosen« – die Bezeichnung ist offiziell noch nicht anerkannt, in Deutschland wird gern auch die Bezeichnung »Romantik-Rosen« verwendet – verbinden den Charme der Alten Rosen in Duft, Farbe und Blütenform mit den Vorzügen der Modernen Rosen: dem Öfterblühen und einer größeren Farbpalette. Gelb, Apricot, Pfirsich und Karmesinrot kommen als Farben hinzu. Das Laub ist modern, groß und glänzend – für meinen Geschmack wirkt es jedoch nicht harmonisch zu den nostalgischen Blüten. Höhe: meist 75 cm bis 2 m.

'Constance Spry'

In ihrem Duft sind die herben Akzente der Myrrhe, aber auch der weiche, warme typische Rosenduft vereint. Sie hat dicke, kugelige Blüten in einem herrlichen, warmen Rosa, ist aber nur einmalblühend. Mit ihr begann die Geschichte der Englischen Rosen. Sie wird oft bei den Kletterrosen eingestuft, da eine Höhe von 6 m für sie nicht ungewöhnlich ist. D

'Apricot Parfait' (='Evelyn')

Der besonders kräftige und köstliche Duft ist noch die Krönung der wunderschönen Blüten. Ungewöhnlich groß, bilden sie eine Rosettenform in reizenden Apricot mit Gelb. Eigentlich heißt diese Austin-Züchtung 'Evelyn'; sie wurde in Zusammenarbeit mit dem Parfumhersteller Crabtree & Evelyn eingeführt. D D

'Glamis Castle'

Kräftig nach Myrrhe duftet diese anmutige weiße Rose mit ihren großen Blütenschalen. Sie wächst niedrig, sehr buschig und blüht sehr fleißig. Glamis Castle ist eine königliche Residenz in Schottland. Die Mutter von Königin Elisabeth II. verbrachte dort ihre Kindheit, und Shakespeare wählte das Schloß als Schauplatz für Macbeth. Eine wahrhaft königliche Rose. D D

Rugosa-Rosen und ihre Hybriden

Die Rugosa-Rosen und ihre Hybriden haben einen würzigen, süßen Duft, oft mit deutlichem Gewürznelkenaroma, der weithin wahrnehmbar ist und seine Umgebung verzaubert. Große Blüten und attraktive, grob gemaserte Blätter, eine lange Blütezeit und, bei den ungefüllten Arten und Sorten, herrliche rote Hagebutten sind weitere Vorzüge. Ihr Laub nimmt im Herbst einen warmen Gelbton an. Sie sollten in keinem Duftgarten fehlen, und Probleme mit Ungeziefer oder Krankheiten hatte ich bei meinen Pflanzen noch nie. *Rosa rugosa* ist in Asien heimisch. Sie selbst und ihre Sorten und Hybriden haben in der Gesamtwirkung ein orientalisches Aussehen. Höhe: bis 2,50 m.

'Graham Thomas', eine Englische Rose mit dem intensiven Duft von Teerosen.

'Blanc Double de Coubert'

Sie hat einen wunderbaren Duft, genau so, wie ich mir den Duft einer Rose vorstelle: intensiv, aber nicht aufdringlich, nicht zu süß und nicht zu herb, fein, dezent und nostalgisch – ein Duft zum Träumen. Ihre großen, fast gefüllten, reinweißen Blüten haben Blütenblätter wie aus Seide, heben sich dekorativ von dem dunklen Laub ab. Sie ist meine Lieblingsrose. D D

'Blanc Double de Coubert' – könnte ich nur eine einzige weiße Rose haben, es wäre diese mit ihrem Duft zum Träumen.

'Marie Bugnet'

'Marie Bugnet' mit ihrem überwältigenden Duft, würzig, süß und edel, wird in meinem Herzen einen genau so großen Platz einnehmen. Ich habe sie nur noch nicht so lange. Aus langen, spitzen Knospen entfalten sich große, gefüllte, reinweiße Blüten. Sie wächst buschig und kompakt und hat üppiges, hellgrünes Laub. Eine allerliebste Rose. D D

Kletterrosen und Rambler

Kletterrosen und Rambler bieten eine Vielfalt von Düften in Nasenhöhe: lieblich, süß, intensiv, nach Teerosen und Gewürznelken, würzig, nach Moschus, Myrrhe oder Wein, vor allen Dingen auch fruchtig, nach Äpfeln oder Orangen – je nachdem, aus welcher Gruppe sie stammen. Kletterrosen haben meist größere Blüten und einen steifen Wuchs. Viele sind kletternde Sports (Formen) von Teehybriden, auch einige kletternde Teerosen sind erhalten geblieben. Rambler-Rosen haben in der Regel kleinere Blüten in großen Büscheln und einen anmutigen, lockeren Wuchs. Sie blühen nur einmal in der Saison, aber in überaus üppiger

Fülle, und schmücken sich danach mit einer Unmenge kleiner, dekorativer Hagebutten, bis weit in den Winter hinein. Rambler sind ideal, um in Bäume zu wachsen und verleihen dem Garten etwas Verwunschenes, verwandeln ihn in einen Märchengarten. Höhe: bis 12 m.

'Rambling Rector', der anmutigste aller Rambler, kann sein Moschata-Blut nicht verleugnen: der feine Moschusduft ist wunderbar.

'Gloire de Dijon'
Ihr voller Teerosen-Duft mit einer leicht bitteren Kopfnote und ihre altmodischen, kugeligen Blüten in Bernsteingelb mit rosa Schimmer rechtfertigen die große Beliebtheit dieser Kletterrose. Ihre Blüten hängen nach unten und können so gut betrachtet werden. D

'Setina'
Die lieblich duftenden, gefüllten Blüten sind wunderschön getönt: ein warmes Rosa mit bläulichem Schimmer. Sie ist ein kletternder Sport der China-Rose 'Hermosa'. D

Rosa banksiae* var. *banksiae
Ihr Duft erinnert an Veilchen, und mit ihm beginnt unsere Rosensaison. Bevor sich die rosettenförmigen, kleinen, gefüllten, weißen Blüten Ende Mai öffnen, zeigt sie reizende Knospenstände wie kleine Kandelaber. Sie gilt in unserer Klimazone als nicht winterhart, ich habe es trotzdem gewagt, sie an unseren Gartenzaun zu pflanzen. Sie fühlt sich dort seit Jahren sichtlich wohl und hat selbst den extremen Winter 1995/97 ohne Schutz bestens überstanden. An einem Zaun entlang gezogen, sieht sie reizend aus und ist schon im März durch ihr frisches Grün ein Gewinn. – Ihre viel bekanntere gelbblühende Cousine, *R. banksiae* 'Lutea', ist zwar noch reichblühender, ein Duft ist aber bei ihr kaum wahrnehmbar. D

Rosa moschata
Ihr süßer, wunderbarer Moschusduft hat die Fähigkeit, in der Luft zu schweben. Er entströmt mehr den grazilen und doch hervortretenden Staubgefäßen als den Blütenblättern. Der Reiz ihrer einfachen, weißen Blüten liegt in der Schlichtheit. Die großen, lockeren Blütenbüschel hängen anmutig herab, genau wie das schöne, mattgrüne Laub. Sie fängt erst im August an zu blühen und hört erst im Herbst damit auf. Danach schmückt sie sich mit kleinen, dekorativen Hagebutten. Es ist etwas Geheimnisvolles um diese Rose: ihre Herkunft liegt im Dunkeln, sie verschwand, wurde wiederentdeckt, und Vermutungen gibt es viele. Tatsache ist, daß sie unsere Hauswand mit ihren Blüten schmückt und mich mit ihrem feinen Duft beglückt. D D

'Janet B. Wood'
Ihr Duft erinnert mich immer wieder an einen spritzigen Riesling – eigentlich so gar nicht das, was man bei einer Rose erwartet. Da sie aber direkt an unserem sommerlichen Eßplatz steht, ist dies doch nicht so unpassend. Ihre weißen, halbgefüllten Blüten erscheinen manchmal einzeln, manchmal in Büscheln. D

'Paul´s Himalayan Musk'
Ein intensiver Moschusduft zeichnet einen der schönsten Rambler aus. Dicht gefüllte, rosettenförmige Blüten in weichem Rosa, das mit der Zeit verblaßt, erscheinen in großen, lockeren Büscheln. Sie ist sehr starkwüchsig, aber geschmeidig und läßt sich gut in Bäume, über eine Pergola und sogar kriechend ziehen. D D

'Rambling Rector'
Prickelnd, würzig, nach Moschus duften die kleinen, weißen, halbgefüllten Blütchen mit ihren gelben Staubgefäßen. Es ist ein entzückendes Bild, wenn sie kaskadenförmig in großer Fülle aus unserer großen, dunklen Blutpflaume herabfallen. Im Herbst sind die Hagebutten eine Zierde für sich. Für mich ist 'Rambling Rector' der anmutigste aller anmutigen Rambler. D

Miniatur-Rosen

Miniatur-Rosen und Duft – lange Zeit schien es, als wären diese beiden Faktoren nicht in Einklang zu bringen. Zum Züchten wurde vorwiegend die kleine China-Rose 'Rouletii' verwendet, nur hat sie leider gar keinen Duft. Erst in den 80er Jahren kamen dank Ralph Moore in Kalifornien duftende Sorten auf den Markt, bei uns muß man noch sehr nach ihnen suchen. Intensiv süß, oft bonbonartig duften diese Winzlinge, sicherlich nicht jedermanns Geschmack. Da die Blüten sowohl in Farbe als auch in ihrer »Größe« eine gewisse Ähnlichkeit mit Bonbons haben, harmoniert der Duft sogar mit der Gesamterscheinung. Höhe: bis 20 cm.

'Apricot Twist'
Intensiv süß duften die 2 bis 3 cm kleinen Blüten. Ihr weiches Apricot nimmt zu den Rändern hin einen Cremeton an. Eine ideale kleine Rose für Blumenkästen und Töpfe oder für den Vordergrund einer Rabatte. D D

'Lavender Crystal'
Ebenfalls intensiv und süß ist der Duft der Blüten in einem klaren, kühlen Lavendelton – vielleicht blauer als irgendeine andere Rose. Es ist interessant, daß viele der am stärksten duftenden Miniatur-Rosen purpur- oder lavendelfarben sind. Die Blüten haben eine gefüllte Form, sind aber mit ihren 4 cm eigentlich etwas zu groß für eine Miniatur-Rose. D D

'Sweet Chariot'
Nach Kirschbonbons, und zwar sehr intensiv und weithin wahrnehmbar, duften die entzückenden, 2 cm kleinen Blüten. Mit ihrem Purpurton und der hübschen Rosettenform sehen sie aus wie winzige Alte Rosen. Durch den hängenden, geschmeidigen Wuchs eignen sie sich hervorragend für eine Ampelbepflanzung. D D

Bodendecker-Rosen

Bei Bodendecker-Rosen sollte man meinen, daß es auf einen Duft nicht ankommt. Was nützt er uns, so nah am Boden? Aber man muß sie nicht ausschließlich zum Bodendecken verwenden.

'Fairyland' mit ihren zierlichen Blüten dürfte in keinem Märchengarten fehlen.

Hier klettert 'Paul's Himalayan Musk' nach oben und verleiht dem Baum nicht nur üppige Blütenfülle, sonder auch intensiven Moschusduft.

Wegen ihres gefälligen Wuchses werden sie oft auf Hochstamm veredelt, und schon hat man den Duft in idealer Höhe. Niedrige Mauern und Böschungen lassen sich damit genauso gut verschönern wie Baumstümpfe. Obwohl es nicht viele duftende Sorten gibt, ist die Palette sehr vielgestaltig: kräftige, frische und vor allem fruchtige Düfte. Höhe bis 60 cm.

'Max Graf'
'Max Graf' duftet lecker nach Äpfeln und hat ungefüllte Blüten in silbrigem Rosa. Diese Sorte war sozusagen der erste Bodendecker und ist immer noch einer der besten. D

'Fairyland'
'Fairyland' hat einen kräftigen Duft. Die Büschel kleiner, schalenförmiger, halbgefüllter Blüten in einem hübschen Rosarot verleihen ihr einen großen Charme. Ein wahres »Elfenreich« (*fairy*=englisch für Elfe). D

Botanischer Name/Sorte	Rosengruppe	Farbe	Duft-int. 1)	Duft-richtung
'Abraham Darby'	Englische Rose	rosa	DD	kräftig und köstlich
'Adam Messerich'	Bourbon-Rose	rosa	D	Himbeeren
'Adélaide d´Orleans'	Rambler (Sempervirens-Hybride)	weiß	D	Myrrhe
'Alec´s Red'	Teehybride	rot	D	Rosenduft
'Alexandre Girault'	Rambler (Wichuraiana-Hybride)	rosa	D	fruchtig
'Amber Queen'	Floribundarose	gelb	D	gut
'Apricot Parfait' (= 'Evelyn')	Englische Rose	apricot und gelb	DD	kräftig und köstlich
'Apricot Twist'	Miniaturrose	apricot	DD	intensiv süß
'Barkarole'	Teehybride	rot	D	angenehm
'Baron Girod de l´Ain'	Remontant	rosa	D	herrlich
'Baum´s Rokoko'	Rugosa-Hybride	hell lila bis blaurosa	DD	intensiv
'Belle Amour'	Alba-Rose	rosa	DD	exotisch, Myrrhe
'Belle de Crécy'	Gallica-Rose	rosa/grau/mauve	DD	intensiv, Honig
'Blanc Double de Coubert'	Rugosa-Rose	weiß	DD	Rosen, würzig
'Blanche Moreau'	Moosrose	weiß	D	warm
'Blanchefleur'	Zentifolie	weiß	DD	süß
'Blush Noisette'	Kletterrose (Noisette-Rose)	rosa	D	voller Gewürznelkenduft
'Bobbie James'	Rambler (Multiflora-Hybride)	weiß	D	intensiv und fruchtig
'Boule de Neige'	Bourbon-Rose	weiß	D	köstlich
'Buff Beauty'	Moschata-Hybride	gelb	DD	Teerosen-Duft
'Capitaine John Ingram'	Moosrose	rot	DD	intensiv
'Cardinal de Richelieu'	Gallica-Rose	rot bis rosa	D	köstlich
'Céleste' (= 'Celestial')	Alba-Rose	rosa	D	edel
'Celsiana'	Damascena-Rose	rosa	DD	voll und kräftig
'Chartreuse de Parme'	Teehybride	dunkelrosa	DD	raffiniert
'Charles de Mills'	Gallica-Rose	karminrot	D	lieblich
'Commandant Beaurepaire'	Bourbon-Rose	mehrfarbig rosa/rot/weiß	D	angenehm
'Compassion'	Kletterrose	apricot mit Kupfer	D	lieblich
'Comte de Chambord'	Portland-Rose	rosa	DD	süß und stark
'Comtesse de Murinais'	Moos-Rose	rosa	d	zart (auch Laub)
'Conrad Ferdinand Meyer'	Rugosa-Rose	rosa	DD	voll, schwer
'Constance Spry'	Englische Rose	rosa	D	Myrrhe und Rose
'Dr. Herbert Gray'	Englische Rose	reinrosa	DD	intensiv
'Dresden Doll'	Miniatur-Moosrose	rosa	d	fein
'Duftrausch'	Teehybride	rosa	DD	intensiv
'Duftwolke'	Teehybride	rot	DD	intensiv
'Dupontii'	Brunonii-Hybride	weiß	D	süß, nach Banane
'Empereur du Maroc'	Remontant-Rose	rot	DD	ausgeprägt
'Fairyland'	Bodendecker-Rose	rosarot	D	kräftig
'Fantin Latour'	Zentifolie	rosa	D	leicht, angenehm
'François Juranville'	Rambler (Wichuraiana-Hybride)	korallenrosa	D	frisch und fruchtig
'Frau Eva Schubert'	Strauchrose	rosa	D	lieblich
'Frederic Mistral'	Teehybride	rosa	DD	intensiv

1) siehe Seite 49

Botanischer Name/Sorte	Rosengruppe	Farbe	Duft-int. 1)	Duft-richtung
'Friesia'	Floribunda-Rose	gelb	D	gut
'Frühlingsgold'	Moderne Strauchrose	gelb	D	würzig
'Gardenia'	Rambler (Wichuraiana-Hybride)	weiß	D	frisch nach Äpfeln
'Glamis Castle'	Englische Rose	weiß	DD	Myrrhe, kräftig
'Gloire de Dijon'	Kletterrose (kletternde Teerose)	weiß und gelb	D	voller Teerosen-Duft
'Gloire des Mousseux'	Moosrose	rosa	d	zart
'Goldfinch'	Rambler (Multiflora-Hybride)	gelb	D	kräftig fruchtig
'Graham Thomas'	Englische Rose	gelb	DD	Teerosen-Duft, kräftig
'Great Maiden´s Blush'	Alba-Rose	rosa	D	exquisit
'Gros Choux d´Hollande'	Zentifolie	rosa	DD	intensiv
'Guinée'	Kletterrose (kletternde Teehybride)	rot	DD	intensiv
'Henry Hudson'	Rugosa-Hybride	weiß	DD	würzig und süß
'Ispahan'	Damascena-Rose	rosa	DD	intensiv, zitronig
'Janet B. Wood'	Rambler (Arvensis-Hybride)	weiß	D	spritziger Riesling
'Kaiserin Auguste Viktoria'	Teehybride	weiß	DD	köstlich
'Kathleen Harrop'	Kletterrose (kletternde Bourbon-Rose)	rosa	D	angenehm
'Königin von Dänemark'	Alba-Rose	rosa	DD	intensiv
'Kronprinzessin Viktoria'	Bourbon-Rose	weiß	D	fein und fruchtig
'La France'	Teehybride	blaßrosa	DD	kräftig
'Lady Hillingdon, Climbing'	Kletterrose (kletternde Teerose)	orange	D	Teerosen-Duft
'Lavender Crystal'	Miniatur-Rose	lavendel	DD	intensiv süß
'Lord Penzance'	Rubiginosa-Hybride	gelb bis rosa	D	süß (Laub fruchtig)
'Louise Odier'	Bourbon-Rose	rosarot	DD	intensiv
'Maigold'	Kletterrose (kletternde Pimpinellifolia-Hybride)	gelb	DD	intensiv
'Manning´s Blush'	Rubiginosa-Hybride	weiß bis rosa	D	angenehm (Laub fruchtig)
'Maréchal Davoust'	Moosrose	purpur/grau/rosa	D	raffiniert
'Margaret Merril'	Floribunda-Rose	weiß	D	lieblich
'Marie Bugnet'	Rugosa-Hybride	weiß	DD	edel, würzig, süß
'Marie Louise	Damascena-Rose	mauve / pink	DD	intensiv
'Mary Magdalene'	Englische Rose	zartapricot	DD	Myrrhe
'Max Graf	Bodendecker-Rose	rosa	D	nach Äpfeln
'Maxima'	Alba-Rose	weiß	D	süß
'May Queen' (=Van Fleet)	Rambler (Wichuraiana-Hybride)	rosa	DD	intensiv nach Äpfeln
'Mme Alfred Carrière'	Kletterrose (Noisette-Rose)	weiß bis zartrosa	DD	intensiv
'Mme Hardy'	Damascena-Rose	weiß	D	zitronig
'Mme Isaac Pereire	Bourbon-Rose	rosa	DD	Himbeeren
'Mme Lauriol de Barny'	Bourbon-Rose	rosa	DD	fruchtig
'Mme Legras de St Germain'	Alba-Rose	weiß	DD	intensiv
'Mme Pierre Oger'	Bourbon-Rose	weiß bis perlmuttfarben	DD	kräftig, süß
'Mme Plantier'	Alba-Rose	weiß	D	exquisit
'Mrs John Laing'	Remontant-Rose	rosa	DD	köstlich, süß
'Muscosa Alba'	Moosrose	weiß	DD	intensiv, fruchtig

1) siehe Seite 49

Botanischer Name/Sorte	Rosengruppe	Farbe	Duft-int. 1)	Duft-richtung
'Muscosa'	Moosrose	rosa	DD	intensiv
'New Dawn'	Rambler (Wichuraiana-Hybride)	rosa	D	fruchtig
'Nuits de Young'	Moosrose	rot	D	nostalgisch
'Nymphenburg'	Moschata-Hybride	rosa	DD	nach Äpfeln
'Papa Meilland'	Teehybride	rot	DD	kräft., raffiniert, inten. Rose
'Paul´s Himalayan Musk'	Rambler	rosa	DD	kräftig, Moschus
'Penelope'	Moschata-Hybride	rosa bis weiß	DD	kräftig, süß
'Petite de Hollande'	Zentifolie	rosa	DD	herrlich
R. banksiae var. *banksiae*	Rambler	weiß	D	an Veilchen erinnernd
R. moschata	Rambler (kletternde Wildrose)	weiß	DD	süß, Moschus
R. rugosa 'Alba'	Rugosa-Rose	weiß	DD	Rosen, würzig
R. x *centifolia*	Zentifolie	rosa	DD	intensiv süß
'Rambling Rector'	Rambler (Multiflora-Hybride)	weiß	D	Moschus, würzig
'Reine des Violettes'	Remontant-Rose	violett	D	angenehm
'Reine Victoria'	Bourbon-Rose	rosa	DD	voll
'Rose à Parfum de l´Hay'	Rugosa-Hybride	kirschrot	DD	würzig
'Rose de Rescht'	Damascena- oder Portland-Rose	rot	DD	intensiv
'Rosenresli'	Öfterblühende Strauchrose	orangerosa bis karminrot	DD	Teerosen-Duft
'Roseraie de l´Hay'	Rugosa-Rose	rot	DD	intensiv
'Rotes Meer'	Rugosa-Hybride	rot, leuchtendes Lila-Rot	DD	intensiv
'Russelliana'	Rambler (Multiflora-Hybride)	rot	D	Duft Alter Rosen
'Sander´s White Rambler'	Rambler (Wichuraiana-Hybride)	weiß	D	wunderbar fruchtig
'Setina'	Kletterrose (kletternde China-Rose)	rosa	D	lieblich
'Souvenir de la Malmaison'	Bourbon-Rose	rosa	D	fein und fruchtig
'Souvenir de St Anne	Bourbon-Rose	weiß	D	fein und fruchtig
'Splendens'	Rambler (Arvensis-Hybride)	weiß mit rosa	D	Myrrhe
'Sweet Chariot'	Miniatur-Rose	purpur bis violett	DD	kirschbonbons
'Sweet Juliet'	Englische Rose	apricot	DD	Duft Alter Rosen
'The Garland'	Rambler	weiß	D	Orangen
'The Lady Scarman'	Rambler (Moschata-Hybride)	weiß	DD	Moschus
'The McCartney Rose'	Teehybride	rosa	DD	intensiv
'The Prince'	Englische Rose	rot	DD	Duft Alter Rosen
'The Squire'	Englische Rose	rot	DD	intensiv
'Tour de Malakoff'	Zentifolie	rot	DD	herrlich
'Treasure Trove'	Rambler (Filipes-Hybride)	apricot bis rosa	D	köstlich
'Variegata di Bologna'	Bourbon-Rose	weiß-rot gestreift	DD	intensiv
'Veilchenblau'	Rambler (Multiflora-Hybride)	violett	D	intensiv
'Vierge de Cléry'	Zentifolie	weiß	DD	exquisit
'Wedding Day'	Rambler (Sinowilsonii-Hybride)	weiß	D	Orange
'Wife of Bath'	Englische Rose	rosa	DD	kräftig, Myrrhe
'William Lobb'	Moosrose	rot	D	edel
'Yardley Baroque'	Teehybride	creme	DD	intensiv
'Zéphirine Drouhin'	Kletterrose (kletternde Bourbon-Rose)	rosa	D	herrlich

1) siehe Seite 49

Stauden

»Stauden, ein Garten, der immer wieder blüht« – ist der Titel eines wunderschönen Buches. Warum fehlt der Zusatz »und duftet«? Kommt es bei Stauden nicht auf den Duft an, oder kommt er bei ihnen so selten vor? Viele sind der Meinung, der Duft eines Staudenbeetes müsse mit Einjährigen aufgewertet werden. Warum eigentlich? Wo es doch Maiglöckchen, Nelken, *Phlox, Hemerocallis* und, nicht zu vergessen, Veilchen gibt.

Mit das Schönste am Frühling sind die Stauden. Ich begrüße sie jedes Jahr aufs Neue wie alte Bekannte, die treu und zuverlässig wiederkehren. Nur muß ich leider gestehen, daß ich sie oft vergessen habe. Sie sind zum Glück nicht nachtragend. Im Gegenteil, sie werden immer schöner und lassen sich auch noch leicht vermehren. Viele haben eine faszinierende Geschichte, über die sich in der Mattigkeit einer Siesta so herrlich nachsinnen läßt.

Stauden sind im allgemeinen krautige Pflanzen, die mehr als zwei Jahre leben und deren Triebe jeden Winter bis zum Boden absterben. Oft hängt es vom jeweiligen Klima ab, ob sich eine Pflanze als Staude erweist. Ich habe z. B. »einjährige« kleine, weiße, herrlich duftende Nelken, die zuverlässig und sogar üppiger jedes Jahr wieder zur Stelle sind. So unterschiedlich Stauden in Farbe, Größe, Struktur und Textur des Laubes sind, so vielfältig sind auch ihre Düfte. Süß duften allerdings die meisten, oft mit einer pfeffrigen Note, zuweilen auch mit einer zitronigen; der Nelkenduft ist nicht nur in den Nelken zu finden, sogar Schokolade kommt in der Duftpalette vor, und schließlich gehören Maiglöckchen und Veilchen mit ihren typischen nostalgischen Düften dazu.

Obwohl es durchaus möglich ist, ein Beet nur mit duftenden Stauden zu gestalten, finde ich eine Gemeinschaft mit anderen duftenden Pflanzen interessanter, z. B. mit kleinen Sträuchern, Zwiebelpflanzen und Einjährigen. Ein Hintergrund aus Kletterrosen »erhöht« das Dufterlebnis. So ist die gesamte Bepflanzung das ganze Jahr über eine Wohltat für Augen und Nase.

LEBENDIGE GARTENGESTALTUNG

Hat man einmal angefangen, sich mit Stauden näher zu beschäftigen, gerät man schnell in ihren Bann. Es gibt so viele Raritäten, und es macht Spaß, sie aufzuspüren. Zum Glück muß man im Garten ständig etwas ändern, um seine Schönheit zu erhalten. Wie schrecklich wäre es, wenn er bereits fertig geliefert würde und so bliebe. Wo sollten wir hin mit unseren Ideen? Selbst die »Todesfälle« im Garten haben ihr Gutes. Sie lassen den Mut zum Experimentieren zu, und der ist für einen Garten wichtiger als das Eingehen einzelner Pflanzen. Stagnation ist der größte Feind eines Gartens. Stauden wirken dem

Clematis recta – ihre weißen, nach Vanille duftenden Blüten scheinen wie Wolken zu schweben.

ganz von allein entgegen – durch ihr kometenhaftes Erscheinen und ihr langsames Sich-Verabschieden. Sie bringen ständig neue und interessante Aspekte in den Garten und veranschaulichen den dynamischen Prozeß der Veränderung – den »wachsenden« Garten.

Bei meinem Garten muß ich immer an Schuberts »Unvollendete« denken. Nicht, daß ich meinen Garten, wie er seine Symphonie, unvollendet beiseite lege. Er kommt mir nur immer wieder so vor. Gerade noch habe ich die aus dem vermeintlichen Nichts entstandene Staude freudig begrüßt, schon denke ich, in diesem Jahr paßt sie an diese Stelle nicht mehr so gut. Der Ausspruch »Große Gartenfreunde werden gemacht, nicht geboren, und Fehlschläge geben ihnen genauso viel Kraft wie Erfolge« beruhigt mich in solchen Momenten voller Zweifel ungemein.

Viele der von mir ausgewählten, duftenden Stauden habe ich in die Kapitel »Kräuter« (Seite 101 ff.), »Pflanzen, die nachts duften« (Seite 119 ff.) und »Pflanzen mit duftendem Laub« (Seite 121 ff.) eingeordnet. Insgesamt gesehen kann man deshalb wirklich nicht sagen, daß Stauden, wie oft behauptet, arm an Düften wären – eine solche »Armut« lasse ich mir gerne gefallen.

A *Clematis recta*
CLEMATIS

Der Duft von Vanille entströmt von Juni bis August aus üppiger, weißer Blütenpracht. Diese staudig wachsende *Clematis* läßt sich hervorragend durch einen Rosenstrauch ziehen, ist aber auch zum Begrünen von Zäunen geeignet. Die winzigen Blüten werden von silbrigen Samenständen abgelöst. Höhe: bis 1-2 m. D

T *Convallaria majalis*
MAIGLÖCKCHEN

Betörend süß und unvergleichlich ist der Duft der Maiglöckchen – so charakteristisch, daß er selbst zur Duftbezeichnung wurde. Die schneeweißen, wachsartigen Glöckchen erscheinen im Spätfrühling, und schon ein kleiner Strauß füllt das ganze Zimmer mit seinem Duft. Im Freien dagegen ist eine erheblich größere Menge erforderlich. Das hört sich einfacher an, als es ist. Sechs Jahre hat es gedauert, bis sie sich in unserem Garten etabliert hatten. Nun breiten sie sich willig aus, von »zu willig« ist noch lange nicht die Rede.
Das bekannte, einfache Maiglöckchen ist mir das liebste. 'Flore Pleno' hat gefüllte Blüten, duftet nicht so intensiv und sieht für mein Empfinden etwas fremd aus. Bei der Sorte 'Albostriata' haben die dunkelgrünen Blätter weiße Streifen. Die rosafarbene Varietät 'Rosea' soll den süßesten Duft von allen haben, meine Pflanze allerdings duftet nicht annähernd so intensiv wie das schlichte weiße. 'Fortin´s Giant' ist sowohl im Wuchs als auch in der Blüte besonders groß und duftet bezaubernd.
Der Maiglöckchenduft kommt als reines ätherisches Öl nicht in den Handel, und synthetisch hergestellt wirkt er leicht aufdringlich. Ein wunderschönes Maiglöckchenparfum ist allerdings »Diorissimo«, wie ein beschwingter Nachmittag im Mai. Doch am schönsten duften die Blüten selbst, und in einem Duftgarten sind sie unverzichtbar. Diesen natürlichen Duft kann man sich schon zur Weihnachtszeit ins Zimmer holen, und

zwar durch **Eiskeime**. Das sind treibfähige Keime mit einer Menge langer, brauner Wurzeln. Sie sehen nicht sonderlich vertrauenerweckend aus, aber eingetopft, warm und feucht gehalten, verwandeln sie sich erstaunlich schnell in einen blühenden, duftenden Traum und sind zu Weihnachten ein ganz besonderes Geschenk. Höhe: bis 20 cm. D D

A *Cosmos atrosanguineus*

KOSMEE, SCHMUCKKÖRBCHEN

Welche Blüte duftet schon nach bitterer Schokolade? Die samtig rotbraunen, schalenförmigen Blüten dieser Kosmee tun es. Sie wird zu Recht »Schokoladenblume« genannt und blüht im Spätsommer. Außer in sehr milden Gegenden ist ein Winterschutz erforderlich, oder man bringt sie wie Dahlien im Keller über die kalte Jahreszeit. Höhe: bis 70 cm. D

T *Dianthus*

NELKEN

Der typische, süß-würzige Nelkenduft gehört zu den bekanntesten und stimmungsvollsten Düften, besonders intensiv an einem warmen Nachmittag im Frühsommer und unentbehrlich in einer Rabatte mit dem Thema »Duft«. Leider ist dieser romantische Gewürznelkenduft bei den neueren Züchtungen zugunsten der Farben und Formen immer mehr verloren gegangen. Wenn überhaupt, blieb oft nur ein süßer Duft übrig. Es lohnt sich, nach alten Sorten zu suchen! – Nur wenige unserer Gartenpflanzen waren so erfolgreich wie die Nelke vom 17. bis 19. Jahrhundert. Ihr botanischer Name wird abgeleitet von *dios* (göttlich) und *anthos* (Blume). Sie hat seitdem ein sehr bewegtes Leben geführt, viele Sorten gingen verloren, viele neue kamen hinzu. Die ursprüngliche Farbpalette von Rosa, Purpur, Rot, Lachs und Weiß erweiterte sich durch Gelb, und zweifarbige Blüten kamen immer mehr in Mode. Inzwischen sind über 300 Arten bekannt, es gibt Sorten mit einfachen und gefüllten Blüten, die einige Wochen, den ganzen Sommer oder viele Jahre immer aufs Neue blühen. Höhe: bis 25-30 cm.

'Musgrave´s Pink'

'Musgrave´s Pink' mit ihrem wunderbar nostalgischen Gewürznelkenduft gab es schon im 17. Jahrhundert. Die weiße Blüte ist ungefüllt und hat ein apartes grünes Auge. Sie blüht einmal im Sommer. D D

Cosmos atrosanguineus wäre schon allein durch ihre samtigen Blüten eine prächtige Staude. Ihr leckerer Duft ersetzt vielleicht sogar so manches Stückchen Schokolade.

'White Ladies'

Sie hat noch den alten Gewürznelkenduft. Ihre gefüllte weiße Blüte mit grünlicher Mitte und gefransten Blütenblättern sieht sehr interessant aus. Sie blüht einmal im Sommer. D

'London Delight'

Auch diese Neuzüchtung hat den warmen Gewürznelkenduft. Sie ist halbgefüllt. Durch die kastanienbraune Färbung an den Rändern und in der Mitte der hellrosa Blüten ergibt sich ein reizvoller Spitzeneffekt. Sie remontiert den ganzen Sommer über. D D

'Alice'

'Alice' ist eine moderne, zweifarbige Sorte, die sich aber den alten Duft bewahrt hat. Die elfenbeinweißen Blüten wirken durch ihr großes, auffallendes dunkelrotes Auge sehr interessant. Auch sie remontiert. D D

Dianthus squarrosus

Sie ist eine Wildart und duftet sehr süß, für meinen Geschmack allerdings etwas aufdringlich. Mit ihren weißen, fedrigen Blüten und schmalen Blättchen sieht sie in einem Steingarten ganz reizend aus. D D

S *Dictamnus albus*

DIPTAM

Steckt man an einem warmen, windstillen Sommerabend die Blütenköpfe des Diptam mit einem Streichholz an, erfährt man, woher sein Name »Brennender Busch« kommt. Das Schauspiel gelingt längst nicht immer, besonders nicht, wenn man es vorführen möchte. Hat man jedoch einmal eine Sternstunde, entsteht ein leicht stechender, etwas rauchiger, an Zitronenblätter erinnernder Duft. Aber auch sonst ist die Pflanze durch ihre Blütentrauben und gefiederten Blätter sehr attraktiv. Außer dieser weißen Art gibt es noch die

Iris pallida, ein süßer Duft für den Frühsommer.

Sorte 'Purpureus' mit Blüten in Purpur-Mauve. Der Diptam ist nicht einfach zu kultivieren, er liebt es nicht, umgepflanzt zu werden. Fühlt er sich aber wohl, ist er langlebig. Höhe: bis 60 cm. DD

S *Dodecatheon meadia*

GÖTTERBLUME

Göttlich, ambrosisch empfinde ich den Duft der Götterblume. Nur hat sie ihren Namen nicht von ihrem Duft, sondern von der Angewohnheit, ihre Blüten gen Himmel zu drehen, sobald sie befruchtet sind. Diese kleine, winterharte Staude hat auffällige, ganz entzückende Blüten, magenta-rosa mit gelber Mitte, zurückgebogenen Blütenblättern und hervorstehenden Staubgefäßen. Die Blütenglocken hängen an einem ganz dünnen, etwa 20 cm hohen Stiel, zur Zeit sind es bei mir acht Blüten gleichzeitig. Sie blüht im späteren Frühling und zieht nach der Blüte völlig ein. Sie sollte deshalb so gepflanzt werden, daß man sie nicht aus dem Auge verliert. Die weiße Sorte *D. meadia* 'Album' ist besonders schön. Höhe: bis 30 cm. D

Götterblume – die kleinen, interessanten Blüten der Götterblume duften einfach göttlich.

T *Hemerocallis*

TAGLILIE

Die Blüten der Taglilie halten nur einen Tag, doch ständig öffnen sich neue. Sie liebt volle Sonne und feuchten, fruchtbaren Boden. Taglilien gehören zu den ältesten Kulturpflanzen der Menschheit, inzwischen soll es über 20 000 Sorten geben. Sie erfreuen uns nicht nur mit den unterschiedlichsten Düften, ihre Knospen und Blüten gehören auch zu den köstlichsten eßbaren Gartenblumen. Der Geschmack wird als zuerst süßlich und frisch beschrieben, dann sollen sie einen überraschend pfeffrigen Nachgeschmack entfalten. Ich habe es selbst nicht ausprobiert, denn ich bringe es einfach nicht übers Herz, meine duftenden Blüten oder die vielversprechenden Knospen zu verspeisen. D

'Gentle Shepherd'
Süß nach Honig duften die cremeweißen Blüten dieser Sorte. Sie sind flach, fast rund mit zurückgebogenen Blütenblättern. Höhe: bis 60 cm. DD

'Golden Peace'
'Golden Peace' duftet intensiv nach Zitrone, ein Duft, den ich bei den goldfarbenen großen Blüten mit den gerüschten Blütenblättern nicht erwartet hätte. Höhe: bis 60 cm. DD

Hemerocallis lilioasphodelos
Dies ist die Art, die am süßesten duftet. Sie steht mit der Honigsüße des Duftes dem Geißblatt nicht nach. Ihre sternförmigen, leuchtend zitronengelben Blüten erscheinen im Frühsommer. Aus dieser Wildart entstanden viele duftende Sorten, darunter auch 'Gentle Shepherd'. Höhe: bis ca. 1 m. DD

A *Hosta* 'Royal Standard'

FUNKIE

Himmlisch nach Lilien duften die großen, trompetenförmigen Blüten in reinstem Weiß. Sie blüht bis in den Oktober hinein. Diese horstbildende Staude hat leuchtend hellgrüne, breitovale Blätter. Im allgemeinen fühlen sich Funkien im Schatten am wohlsten, 'Royal Standard' arrangiert sich bei uns im Garten jedoch auch mit einem sonnigen Platz. Ich vergesse sie oft, da sie erst sehr spät im Frühling austreibt. Höhe: bis 60 cm. D

A *Iris* - Barbata-Nana-Gruppe 'Green Spot'

IRIS, SCHWERTLILIE

Mit ihrem herrlichen Duft – ein bißchen nach Veilchen, ein bißchen nach Bittermandeln – ist sie meine allerliebste Iris-Sorte. Mit den inter-

essanten grünen Markierungen an den drei Hängeblättern und dem gelben Bärtchen wirken die Blüten wie exotische Orchideen. Höhe: bis 20 cm. D

A *Iris germanica* 'Florentina'

IRIS, SCHWERTLILIE

Die intensiv süß duftenden Blüten sind ein Schmuckstück nicht nur für den weißen Garten. Die Sorte 'Florentina' wird für die Albinoform der weitverbreiteten *Iris germanica* gehalten, deren blauviolette, süß duftende Blüten im Mai viele Gärten zieren. Das Interessante jedoch ist, daß aus den Rhizomen der weißen Schwertlilie die sogenannte **»Veilchenwurzel«** gewonnen wird. Getrocknet besitzt sie den intensiven Duft der Veilchen, allerdings nicht so rein. Je trockener die Wurzeln sind, desto ausgeprägter ist der Duft. Die »Veilchenwurzel« wurde in früheren Zeiten als Grundstoff für Duftwässer und Kosmetika geschätzt – und ich schätze sie bei der Herstellung meiner Potpourris.

Iris germanica 'Florentina' ist eine der ältesten Kulturpflanzen. Schon auf einer Wandmalerei eines ägyptischen Tempels von 1 500 v. Chr. wurde sie eindeutig identifiziert. Höhe: bis ca. 60 cm. D D

A *Iris pumila* 'Atroviolacea'

ZWERG-BARTIRIS

Süß duften die purpurfarbenen Blüten dieser zwergigen Bartiris. Sie ist besonders für kleine Gärten geeignet und blüht im Spätfrühling. Ihr Laub zieht im Winter völlig ein. Die Sorte 'Aurea' hat gelbe Blüten. Höhe: bis 10-15 cm. D

A *Lysimachia clethroides*

SCHNEEFELBERICH

Nach Honig duften die weißen Blüten des Schneefelberichs. Die im Sommer erscheinenden schlanken Blütenähren neigen sich alle elegant in eine Richtung, als wären sie einem ständigen Wind ausgesetzt. Das gab ihnen auch den Namen »Entenschnabel-Felberich«. Sobald sich jedoch die oberen Knospen öffnen, richten sich die Ähren auf und der hängende Effekt vergeht. Ihre aus unzähligen Blüten gebildeten Trauben haben eine Ähnlichkeit mit dem Scheineller *(Clethra)*, was zu der Artbezeichnung führte. Höhe: bis 90 cm. D

'Festiva Maxima', eine Edelpäonie von 1851, mit ihren locker gefüllten, reinweißen Blüten und karmesin roten Spritzern, hat leider nur einen leichten Duft. Aber er ist angenehm, und duftverwöhnt sind wir bei Päonien sowieso nicht.

A *Paeonia*-Lactiflora-Hybride 'Moon over Barrington'

EDELPÄONIE, PFINGSTROSE

Ein herrlich würziger Duft krönt die großen, eleganten, cremeweißen Blüten dieser Edelpäonie. Diese Sorte zeichnet sich durch einen niedrigen, gedrungenen Wuchs aus, die kräftigen Stiele sind in der Lage, die verschwenderische Blütenfülle auch bei Regenwetter zu tragen. Die Edelpäonien sind ein Geschenk aus den Gärten Chinas. Einzelne von ihnen zeichnen sich durch einen Duft aus. Um ihre ganze Üppigkeit zu entfalten, möchten sich die Edelpäonien in Ruhe an ihrem Standort einrichten können und nicht gestört werden. In den Anfangsjahren meiner »Päonienlust« habe ich es nicht fertiggebracht, diese Prachtexemplare für einen Strauß zu schneiden. Heute blühen sie so üppig, daß es gar nicht auffällt, wenn ich einige Blüten abschneide, um mir den Duft und die Heiterkeit des jungen Sommers, den diese Päonien so vollendet verkörpern, auch in die Wohnung zu holen.

Auch die weißen Blüten der Sorte 'Dr. F. G. Brethour' duften für eine Pfingstrose herrlich und intensiv, während ich bei den meisten anderen, mir bekannten Sorten nur einen leichten Duft wahrnehmen konnte. Höhe: bis 60 cm. D

Mit Entenschnäbeln haben die Blüten der *Lysimachia clethroides* wirklich eine Ähnlichkeit, nur der Honigduft dürfte ihnen fehlen.

Phlox paniculata 'Prospero' duftet süß und pfeffrig zugleich. Ärmer ist ein Garten ohne Phlox auf jeden Fall.

T *Phlox maculata* 'Alpha'

PHLOX

Der typische Phloxduft – süß, würzig, pfeffrig, auch leicht an Gewürznelken erinnernd – zeichnet auch die rosa-violetten, tellerförmigen Blüten dieser Sorte aus. *Phlox maculata* bildet zylindrische Rispen. Sie sind eine hübsche Ergänzung in einem Sommerstaudenbeet, bei dem der Duft im Vordergrund steht. Höhe: 90 cm. D

T *Phlox paniculata* 'Fujiyama'

PHLOX

Der gleiche, typische Duft entfaltet sich zu jeder Tageszeit, sein volles Aroma erreicht er jedoch erst an einem warmen Sommerabend.
Schneeweiße Blütenpyramiden machen seinem Namen alle Ehre. Um die ganze Pracht zu verlängern, kann man ab Ende Juni vor dem Erscheinen der Knospen bei einigen Trieben die Spitze um etwa 10 cm einkürzen. Sie bilden dann Seitentriebe, deren Blüte mehrere Wochen nach dem Hauptflor einsetzt und bis in den Oktober hinein dauert – nicht nur für den Bauerngarten ein optischer Genuß und eine Schmeichelei für die Nase. Man muß ja nicht so weit gehen wie der bekannte Staudengärtner Karl Foerster, der gesagt haben soll: »Ein Garten ohne *Phlox* ist nicht nur ein Irrtum, sondern Wahnsinn.« Und einen Frühlingsgarten ohne Veilchen bezeichnete er als lächerlich. Höhe: 1,20 m. D

Viola

VEILCHEN

Veilchen sind leicht zu kultivieren, durch Ausläufer und Teilung entstehen neue Pflanzen. Die Hauptblütezeiten sind das Frühjahr und der Spätherbst, aber selbst dazwischen gibt es immer wieder eins zu pflücken. Veilchen verhalten sich im Reich der Blüten sehr ungewöhnlich, denn zu ihrer Fortpflanzung sind Insekten nicht erforderlich. Die Samen bilden sich in »kleistogamen« Blüten, die sich als unscheinbare grüne Knospen im Anschluß an die eigentliche Blüte bilden. Sie entwickeln sich darin ohne Fremdbestäubung, sind mit zucker- und fetthaltigen Anhängseln versehen und werden deshalb gerne von Ameisen verschleppt – so wird verständlich, daß Veilchen überall im Garten auftauchen. Die »normalen« Blüten werden nur bei niedrigen Temperaturen gebildet. Steigt das Thermometer beständig über 8 °C, erscheinen stattdessen die grünen Samenkapseln. So braucht sich das Veilchen nicht auf seinen Duft zu verlassen und kann in dieser Beziehung ruhig etwas launisch sein. Und das ist es ja auch, indem sein Duft unsere Geruchsnerven ermüdet. Möglicherweise haben die Insekten die gleiche Erfahrung gemacht und wenden sich lieber verläßlicheren Blütendüften zu.

T *Viola odorata*

DUFTVEILCHEN

Das Duftveilchen ist ein Frühlingsbote, der Winter ist zur Zeit seiner Blüte offensichtlich vorbei, und die Intensität seines Duftes und der dunklen, samtig-violetten Farbe zieht uns ganz in seinen Bann. Höhe: 15 cm. D D

'Countess of Shaftsbury'

'Countess of Shaftsbury' hat einen feinen Duft. Sie ist eine halbgefüllte Sorte in Mittelblau mit einer rosafarbenen, auffallenden, inneren Rosette. D D

'Königin Charlotte'

'Königin Charlotte' hat den typischen Veilchenduft, blüht fleißig und bringt im Herbst nochmals eine erstaunliche Blüte hervor. Wegen seines langen Stiels eignet es sich hervorragend zum Pflücken. Die Farbe ist ein blasses Indigo, wäre es dunkelviolett, gefiele es mir besser. D

'Princess of Wales' (='Princesse de Galles')

Diese Sorte duftet besonders intensiv. Ihre großen, einfachen, violetten Blüten erscheinen schon im Herbst. Eine wunderschöne, sehr alte Sorte. D D

T *Viola suavis*

PARMAVEILCHEN

Parmaveilchen sind die am süßesten duftenden von allen Veilchen. Hier mischt sich mit

dem Veilchenduft noch der warme, balsamische Duft des Goldlacks. Ihr gesamtes Erscheinungsbild ist zarter und lockerer als das anderer Veilchen, das Laub ist heller, und die Ausläufer sind deutlich länger – sie eignen sich dadurch sehr gut für die Bepflanzung einer kleineren Ampel.
Alle haben gefüllte Blüten, und gerade das macht ihren größten Charme aus. Für mich gehören sie mit zu den nostalgischsten Blüten überhaupt. Leider findet man sie heute kaum noch.
Parmaveilchen brauchen in unseren Regionen im Winter den Schutz eines Gewächshauses oder zumindest einer Glasglocke. Höhe: 20 cm.

'Comte Brazza' (= 'Swanley White')
Die wunderbar duftenden, weißen Blüten haben einen bläulichen Schimmer. Ihre volle Schönheit entfalten sie nur im Gewächshaus. Etwas besondere Zuwendung weiß sie zu schätzen. DD

'Marie Louise'
Sie duftet himmlisch und schmückt sich mit dunkel-mauvefarbenen Blüten und weißem Auge. DD

T Miniatur-Stiefmütterchen

Das erste Miniatur-Stiefmütterchen wurde 'Violetta' genannt. Es war reinweiß und hatte einen feinen Duft. Alle Züchtungen daraus bekamen dann diesen Namen. Eigentlich sollten alle duften, bedauerlicherweise tun es aber längst nicht alle. Sie sind kompakter im Wuchs als die großblütigen Stiefmütterchen, haben reine Farben mit gelbem Auge, eine lange Blütezeit und einen köstlichen, vanilleähnlichen Duft. Höhe: bis 15 cm.

***Viola*-Cornuta-Hybride 'Buttercup'**
Der intensive Vanilleduft harmoniert wunderbar mit den dunkelgelben Blüten. Eines der reizendsten Stiefmütterchen. DD

***Viola odorata*, das Duftveilchen.**

VEILCHEN – EIN ROMANTISCHER DUFT

Veilchen sind eine ideale Verbindung von Zartheit und Zähigkeit. Sie eröffnen uns eine faszinierende Welt. Von klassisch bis ausgefallen, exotisch und extravagant ist sicherlich für jeden Geschmack sowohl bei der Farbe als auch beim Duft etwas dabei.

Mit Ausnahme von Rosen und Lilien ist wohl am meisten über das Veilchen geschrieben worden. Der Gott Vulkanus soll sich unsterblich in die schöne Venus verliebt haben, die ihn aber wegen seines Äußeren immer wieder abwehrte. Daraufhin rieb der von Liebesqualen geplagte Gott seinen Körper mit Veilchen ein und versuchte, so gesalbt, sein Glück aufs Neue. Vom Duft verzaubert, ließ sich Venus zu einem Kuß verleiten.

Kaiserin Joséphine hatte ein veilchenbesticktes Brautkleid, und Veilchen waren immer, selbst über ihren Tod hinaus, das Symbol der Liebe zwischen ihr und Napoleon.

Bekannt ist auch, daß Goethe Veilchensamen in seiner Rocktasche trug, um sie auf seinen Spaziergängen in Weimar zu verstreuen und »so zur Verschönerung der Welt beizutragen«. (Veilchen auf diese Weise zu vermehren, ist allerdings gar nicht so einfach und funktioniert nur mit ganz frischen Samen).

Der Veilchenduft ist unvergleichlich: süß, warm und romantisch, bereit, uns das Leben zu verschönern und leichter zu machen.

Das Veilchen ist Symbol für Demut und Bescheidenheit. Aber in seinem Kraftfeld wirken auch die Ströme der Freude, der Erinnerung und des Besinnens. Sein Duft ist der flüchtige Mittler von der Vergangenheit zur Gegenwart. Ein Zuviel davon ist unmöglich, er ist nicht faßbar, wir nehmen ihn wahr und haben ihn schon wieder verloren. Auf dieses Phänomen bin ich im Kapitel »Die Palette der Düfte« (siehe Seite 20 und 24) näher eingegangen. – Veilchen verdienen in unseren Duftgärten viel mehr Aufmerksamkeit. Es ist schade, daß sie fast aus der Mode gekommen sind und viele entzückende Sorten damit verlorengingen. Eine Renaissance wäre für sie und für uns zu schön – ein Wunsch an die Züchter für das neue Jahrtausend.

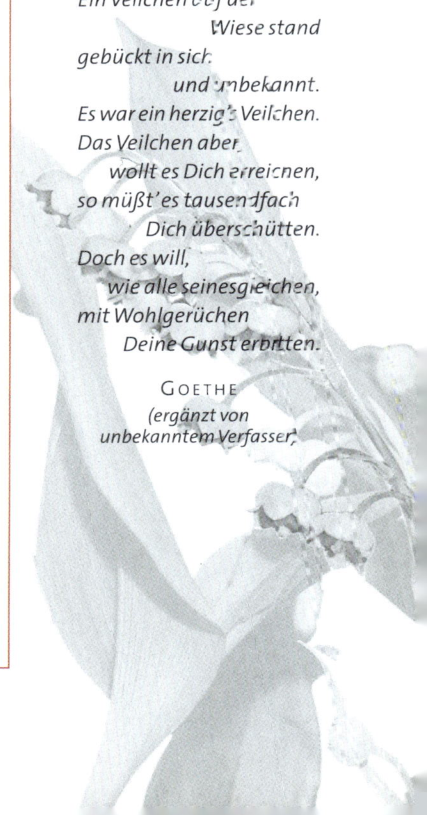

Ein Veilchen auf der
Wiese stand
gebückt in sich
und unbekannt.
Es war ein herzig's Veilchen.
Das Veilchen aber,
wollt es Dich erreichen,
so müßt' es tausendfach
Dich überschütten.
Doch es will,
wie alle seinesgleichen,
mit Wohlgerüchen
Deine Gunst erbitten.

GOETHE
(ergänzt von unbekanntem Verfasser)

Botanischer Name/Sorte	Deutscher Name	Blüten-farbe	Duft-pfl. 1)	Duft-int. 1)	Duft-richtung
Aquilegia fragrans	Akelei	weiß	A	d	Äpfel
Aquilegia viridiflora	Akelei	grün und braun	A	d	süß
Arabis caucasica	Gänsekresse	weiß	A	d	süß
Berlandiera lyrata	Schokoladenblume	dottergelb	S	DD	deutlich nach Schokolade
Centaurea montana	Bergflockenblume	dunkelblau, weiß und rosa	T	d	süß
Clematis heracleifolia var. *davidiana* 'Wyevale'	Clematis, Waldrebe	blaßviolett	A	D	süß
Clematis recta	Clematis, Waldrebe	weiß	A	D	Vanille
Clematis recta 'Purpurea'	Clematis, Waldrebe	purpur	A	D	Vanille
Convallaria majalis	Maiglöckchen	weiß	T	DD	Maiglöckchen
Cosmos atrosanguineus	Kosmee, Schmuckkörbchen	dunkel rotbraun	A	D	Schokolade
Delphinium brunonianum	Rittersporn	blaß blaurot	A	d	Moschus
Dianthus arenarius	Sand-Nelke	weiß	T	D	süß
Dianthus squarrosus	Nelke	weiß	T	DD	süß
Dianthus 'Alice'	Nelke	elfenbeinweiß mit dunkelrotem Auge	T	DD	Gewürznelke
Dianthus 'Becky Robinson'	Nelke	warmes Rosa rubinrote Mitte	T	DD	Gewürznelke
Dianthus 'Bockham Perfume'	Nelke	karmesinrot	T	DD	Gewürznelke
Dianthus 'Lavender Clove'	Nelke	grau-lavendelrosa	T	DD	Gewürznelke
Dianthus 'London Delight'	Nelke	hellrosa mit kastanienbr. Mitte	T	DD	Gewürznelke
Dianthus 'Mrs Sinkins'	Nelke	strahlend weiß	T	DD	Gewürznelke
Dianthus 'Musgrave´s Pink'	Nelke	weiß mit grünem Auge	T	DD	Gewürznelke
Dianthus 'White Ladies'	Nelke	weiß mit grünlicher Mitte	T	D	Gewürznelke
Dictamnus albus	Diptam	weiß	S	D	stechend, rauchig
Dictamnus albus 'Purpureus'	Diptam	purpur-mauve	S	D	stechend, rauchig
Dodecatheon meadia	Götterblume	magentarosa	S	D	ambrosisch
Dodecatheon meadia 'Album'	Götterblume	weiß	S	D	ambrosisch
Hemerocallis lilioasphodelos (=flava)	Taglilie	zitronengelb	T	DD	Honig
Hemerocallis 'Early Sunset'	Taglilie	zartrosa	T	D	wundervoll
Hemerocallis 'Evening Bell'	Taglilie	hellgelb	T	D	wundervoll
Hemerocallis 'Evening Gown'	Taglilie	melon-apricot	T	D	sehr schön
Hemerocallis 'Fairy Charm'	Taglilie	pastellrosa-creme	T	D	auffallend
Hemerocallis 'Gentle Shepherd'	Taglilie	cremeweiß	T	DD	Honig, süß
Hemerocallis 'Golden Peace'	Taglilie	goldgelb	T	DD	intensiv Zitrone
Hemerocallis 'Grannie´s List'	Taglilie	melonfarben	T	D	sehr schön
Hemerocallis 'Hosanna'	Taglilie	apricot/goldorange	T	D	süß
Hemerocallis 'Hyperion'	Taglilie	blaß zitronengelb	T	D	köstlich, süß

1) siehe Seite 49

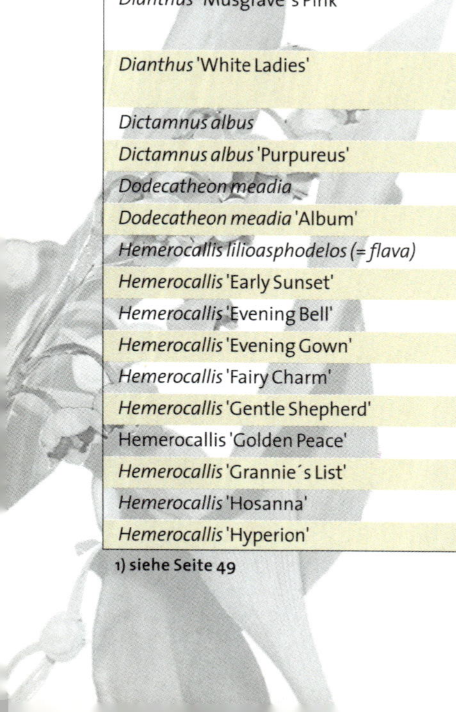

Botanischer Name/Sorte	Deutscher Name	Blüten-farbe	Duft-pfl.[1]	Duft-int.[1]	Duft-richtung
Hemerocallis 'Ming Show'	Taglilie	apricot	T	D	süß
Hemerocallis 'My Hope'	Taglilie	melonrosa	T	D	wundervoll
Hemerocallis 'Naomi Ruth'	Taglilie	pfirsichfarben	T	D	süß
Hemerocallis 'Peach Dust'	Taglilie	pfirsich mit grünl.-gelbem Schlund	T	D	wundervoll
Hemerocallis 'Persian Shrine'	Taglilie	burgunderrot	T	D	süß
Hemerocallis 'Pink Ballerina'	Taglilie	lachsrosa	T	D	wundervoll
Hemerocallis 'Psalter and Harp'	Taglilie	apricot	T	D	süß
Hemerocallis 'Shooting Star'	Taglilie	zitronengelb	T	D	Honig
Hemerocallis 'Siloam Sugar Time'	Taglilie	cremeapricot mit weinrotem Auge	T	D	sehr schön
Hemerocallis 'Springtime in Paris'	Taglilie	pfirsichrosa mit grünem Schlund	T	D	wundervoll
Hemerocallis 'Techny Perfume Delight'	Taglilie	pfirsichfarben	T	D	süß
Hemerocallis 'Tetrinas Daughter'	Taglilie	gelb	T	D	stark Zitrone
Hosta plantaginea 'Grandiflora'	Funkie	weiß	A	D	süß
Hosta 'Honeybells'	Funkie	zartlila	A	DD	süß
Hosta 'Royal Standard'	Funkie	weiß	A	DD	Lilien
Hosta 'Sugar and Cream'	Funkie	weiß und lavendel	A	D	süß
Hosta 'Summer Fragrance'	Funkie	lavendel-purpur	A	D	süß
Iris- Barbata-Nana-Gruppe 'Green Spot'	Iris, Schwertlilie	weiß / grün	A	D	Veilchen u. Bitter-mandel
Iris- Barbata-Eliator-Gruppe 'Cinnamon'	Iris, Schwertlilie	Lohfarben, mit Henna	A	d	süß
Iris- Barbata-Eliator-Gruppe 'Congratulation'	Iris, Schwertlilie	hellblau und tief-veilchenblau	A	d	süß
Iris- Barbata-Eliator-Gruppe 'Ever After'	Iris, Schwertlilie	fuchsienrosa	A	D	süß, stark
Iris- Barbata-Eliator-Gruppe 'Fancy Lady'	Iris, Schwertlilie	orange mit Hauch Mandarin	A	D	würzig
Iris- Barbata-Eliator-Gruppe 'Hurricane Lamp'	Iris, Schwertlilie	reinrosa, Bart orange	A	D	wundervoll
Iris- Barbata-Eliator-Gruppe 'Orbiter'	Iris, Schwertlilie	purpurblau	A	D	süß, stark
Iris- Barbata-Eliator-Gruppe 'Portrait of Larry'	Iris, Schwertlilie	stahlblau	A	D	herrlich
Iris- Barbata-Eliator-Gruppe 'Swirling Seas'	Iris, Schwertlilie	meerblau	A	d	süß
Iris germanica 'Florentina'	Iris, Schwertlilie	weiß	A	DD	süß; Rhizome nach Veilchen
Iris graminea	Iris, Schwertlilie	purpur	A	D	Pflaumen
Iris hoogiana	Iris, Schwertlilie	lavendel	A	d	Rosen
Iris pallida	Dalmatinische Iris	blaßlavendel	A	DD	süß
Iris pumila 'Atroviolacea'	Zwerg-Bartiris	purpur	A	D	süß
Iris pumila 'Aurea'	Zwerg-Bartiris	gelb	A	D	süß
Iris unguicularis (= stylosa) 'Mary Barnard'	Iris, Schwertlilie	violett	A	D	süß
Lunaria rediviva	Mondviole	weiß oder zartlila	T	DD	Gewürznelken

1) siehe Seite 49

Botanischer Name/Sorte	Deutscher Name	Blüten-farbe	Duft-pfl. 1)	Duft-int. 1)	Duft-richtung
Lysimachia clethroides	Entenschnabel-Felberich	weiß	A	D	Honig
Paeonia-Lactiflora-Hybride 'Alice Harding'	Päonie, Pfingstrose	cremeweiß / blaßrosa	A	d	leicht
Paeonia-Lactiflora-Hybride 'Baroness Schroeder'	Päonie, Pfingstrose	weiß	A	d	leicht
Paeonia-Lactiflora-Hybride 'Dayspring'	Päonie, Pfingstrose	hellrosa	A	d	leicht
Paeonia-Lactiflora-Hybride 'Dr. F. G. Brethour'	Päonie, Pfingstrose	weiß	A	D	herrlich
Paeonia-Lactiflora-Hybride 'Duchesse de Nemours'	Päonie, Pfingstrose	weiß	A	d	leicht
Paeonia-Lactiflora-Hybride 'Felix Crousse'	Päonie, Pfingstrose	rot	A	d	leicht
Paeonia-Lactiflora-Hybride 'Festiva Maxima'	Päonie, Pfingstrose	weiß	A	d	leicht
Paeonia-Lactiflora-Hybride 'Kelway´s Majestic'	Päonie, Pfingstrose	leuchtend rosa	A	d	leicht
Paeonia-Lactiflora-Hybride 'Kelway´s Suprème'	Päonie, Pfingstrose	zartrosa	A	d	leicht
Paeonia-Lactiflora-Hybride 'Laura Dessert'	Päonie, Pfingstrose	zartgelb mit rosa und creme	A	d	leicht
Paeonia-Lactiflora-Hybride 'Moon over Barrington'	Päonie, Pfingstrose	weiß	A	D	würzig
Paeonia-Lactiflora-Hybride 'Président Poincaré'	Päonie, Pfingstrose	karmesinrot	A	d	leicht
Paeonia-Lactiflora-Hybride 'Sarah Bernhardt'	Päonie, Pfingstrose	leuchtendrosa und silber	A	d	leicht
Paeonia-Lactiflora-Hybride 'Silver Flare'	Päonie, Pfingstrose	karminrot	A	d	leicht
Paeonia-Lactiflora-Hybride 'White Wings'	Päonie, Pfingstrose	weiß	A	d	leicht
Papaver alpinum	Alpen-Mohn	weiß	A	D	Moschus
Phlox bifida 'Colvin´s White'	Phlox, Flammenblume	weiß	T	d	süß
Phlox caespitosa	Phlox, Flammenblume	blaßlila oder auch weiß	T	d	süß
Phlox maculata 'Alpha'	Phlox, Flammenblume	lilarosa	T	D	süß und pfeffrig
Phlox maculata 'Omega'	Phlox, Flammenblume	weiß und lilarotes Auge	T	D	süß und pfeffrig
Phlox paniculata 'Balmoral'	Phlox, Flammenblume	pink	T	D	süß und pfeffrig
Phlox paniculata 'Fujiyama'	Phlox, Flammenblume	weiß	T	D	süß und pfeffrig
Phlox paniculata 'White Admiral'	Phlox, Flammenblume	weiß	T	D	süß und pfeffrig
Phlox paniculata 'Prospero'	Phlox, Flammenblume	helles lila mit weißer Zeichnung	T	D	süß und pfeffrig
Phlox 'Graf Zeppelin'	Phlox, Flammenblume	weiß u. rotes Auge	T	D	süß und pfeffrig
Phlox 'Hampton Court'	Phlox, Flammenblume	weiß	T	D	süß und pfeffrig
Phlox 'Mia Ruys'	Phlox, Flammenblume		T	d	süß und pfeffrig
Phlox 'Mother of Pearl'	Phlox, Flammenblume	rosarot und dunkles Auge	T	D	süß und pfeffrig
Primula auricula 'Argus'	Alpenaurikel	pflaumenfarbig mit weißer Mitte	A	D	süß/würzig
Primula auricula 'Blue Velvet'	Alpenaurikel	blaurot mit weißer Mitte	A	D	süß/würzig

1) siehe Seite 49

Botanischer Name/Sorte	Deutscher Name	Blüten-farbe	Duft-pfl. 1)	Duft-int. 1)	Duft-richtung
Primula auricula 'Bookham Firefly'	Alpenaurikel	karminrot mit weißer Mitte	A	D	süß/würzig
Primula auricula 'Old Yellow Dusty Miller'	Alpenaurikel	gelb	A	D	süß/würzig
Primula latifolia (= viscosa)	Primel	purpurrosa oder cremefarben	A	D	süß
Telekia speciosa	Telekie	gelb	S	D	intensiv
Trillium chloropetalum	Dreiblatt	weiß, gelb oder purpur	A	D	süß
Trillium luteum	Dreiblatt	zitronengelb	A	D	süß
Viola-Cornuta-Hybride 'Buttercup'	Duft-Stiefmütterchen	dunkelgelb	T	DD	Vanille
Viola-Cornuta-Hybride 'Little David'	Duft-Stiefmütterchen	creme	T	DD	Vanille
Viola-Cornuta-Hybride 'Luna'	Duft-Stiefmütterchen	hellgelb	T	DD	Vanille
Viola-Cornuta-Hybride 'Rebecca'	Duft-Stiefmütterchen	creme und violett gefleckt außen	T	D	Vanille
Viola odorata	Duftveilchen	dunkelblau	T	DD	Veilchen
Viola odorata 'Admiral Avellan'	Duftveilchen	purpurrot	T	DD	Veilchen
Viola odorata 'Alba'	Duftveilchen	weiß	T	D	Veilchen
Viola odorata 'Alba Plena de Cheuvreuse'	Duftveilchen	weiß	T	D	Veilchen
Viola odorata 'Baronne Alice de Rothschild'	Duftveilchen	tiefblau	T	D	Veilchen
Viola odorata 'Coeur d´Alsace'	Duftveilchen	lachsrosa	T	D	Veilchen
Viola odorata 'Countess of Shaftsbury'	Duftveilchen	mittelblau, innen rosa	T	DD	Veilchen
Viola odorata 'John Raddenbury'	Duftveilchen	mittelblau und weißes Auge	T	DD	Veilchen
Viola odorata 'Königin Charlotte'	Duftveilchen	blasses Indigo	T	D	Veilchen
Viola odorata 'Lydia Groves'	Duftveilchen	bonbonrosa	T	D	süß
Viola odorata 'Mrs David Lloyd George'	Duftveilchen	blau mit ver-schieden-farbiger Rosette	T	D	Veilchen
Viola odorata 'Mrs R. Barton'	Duftveilchen	weiß und mauve gesprenkelt	T	D	Veilchen
Viola odorata 'Pamela Zambra'	Duftveilchen	purpur/blau	T	DD	Veilchen
Viola odorata 'Princess of Wales'	Duftveilchen	violett	T	DD	Veilchen
Viola odorata 'Reine des Blanches'	Duftveilchen	weiß	T	D	Veilchen
Viola odorata 'The Czar'	Duftveilchen	purpurviolett	T	D	Veilchen
Viola suavis 'Comte Brazza' (= 'White Parma', 'Swanley White')	Parmaveilchen	weiß mit blauem Schimmer	T	DD	süß
Viola suavis 'Lady Hume Campbell' (= 'Parme de Toulouse')	Parmaveilchen	mauve	T	DD	süß
Viola suavis 'Marie Louise'	Parmaveilchen	dunkel mauve/ lavendel, weißes Auge	T	DD	süß

1) siehe Seite 49

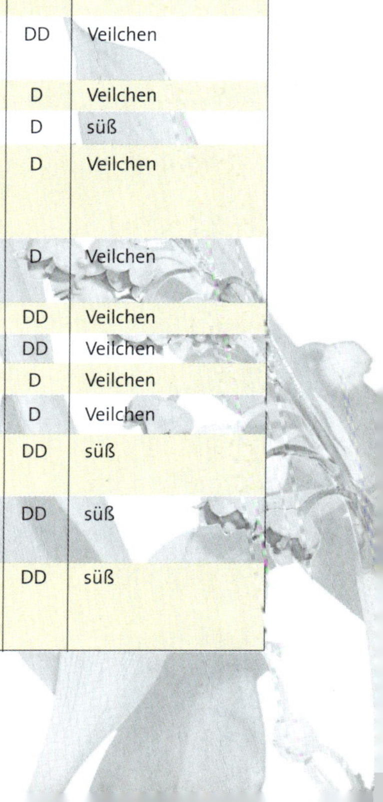

Zwiebel- und Knollenpflanzen

Man könnte meinen, daß es bei den Zwiebelpflanzen nicht so sehr auf den Duft ankommt, da viele von ihnen in einer Jahreszeit blühen, in der sich ihr Duft in der Kälte der Luft nicht voll entfalten kann und man den Garten ohnehin seltener nutzt. Weit gefehlt!

Erstens gibt es genügend Pflanzen dieser Gruppe, die im Sommer und sogar im Herbst blühen – etwa die Lilien mit ihren süßen Honigdüften und *Acidanthera bicolor* var. *murielae*, die Sterngladiole, die mit ihrem exotischen Duft den ganzen Herbstgarten einhüllt. Zweitens lassen sich Schneeglöckchen, Narzissen und Hyazinthen in Töpfen oder Gläsern vorziehen und somit ihre Düfte ins Zimmer holen, um sie konzentrierter genießen zu können, sozusagen als vorgezogenes Dufterlebnis. Ich halte zwar nichts von Ostereiern kurz nach Weihnachten oder von Lebkuchen im August, bei Blumen aber bin ich nicht so konsequent und mache zuweilen schon mal eine Ausnahme. Drittens sind die Düfte besonders der Frühlingszwiebelgewächse zwar oft zarter und weniger intensiv, da man aber um diese Jahreszeit noch nicht verwöhnt ist, ist man empfänglicher für feine Nuancen. Und die gibt es in vielfältigster Weise: Honig- und Vanilledüfte, Düfte nach Gewürznelken, Bittermandeln und Veilchen, fruchtig, süß, balsamisch und exotisch sind in der Palette zu finden.

Von der Sterngladiole duftet selbst eine einzige Blüte wunderbar exotisch, und das im Herbst.

Ist der Garten groß und weitläufig, bieten sich Arten an, die zum Verwildern geeignet sind. Das sieht entzückend aus, ist sogar von Vorteil, wenn die Pflanzen außer Kontrolle geraten, und beim Duft kann man dann aus dem Vollen schöpfen. Das bekannte englische Bluebell ist das beste Beispiel dafür, in einem Blumenkasten dagegen würde es lächerlich wirken. Traubenhyazinthen mit ihrem balsamischen Duft wiederum sind uns auf der Fensterbank viel näher.

Ich könnte mir meinen Frühlingsgarten ohne die vielen duftenden Narzissen nicht mehr vorstellen. Sie werden von Jahr zu Jahr üppiger und schöner und verdecken so anmutig die noch kahlen Triebe der Rosen. Waren sie anfangs verloren im grünen Raum des Gartens, wäre der Garten heute verloren ohne den Charme und die Heiterkeit dieser Frühlingsblüher.

S *Acidanthera bicolor* var. *murielae* (Syn. *Gladiolus callianthus* 'Murielae') STERNGLADIOLE

Süß, exotisch, mit einer würzigen Note – dieser Duft ist der dominanteste unseres Herbstgartens und besonders intensiv in den Nachmittagsstunden. Lockere Ähren mit bis zu zehn reinweißen Blüten heben sich sehr gut von den langgestreckten Blättern ab. Wegen ihrer langen, dünnen Röhre biegen sich die Blüten graziös nach unten, so daß der dunkle, purpurfarbene Schlundfleck nicht immer zu sehen ist. Die Sterngladiole stammt aus den trockenen, heißen Gebieten Afrikas und braucht auch bei uns einen sonnigen, warmen Platz. Es ist ratsam, ihre Knollen, sobald die Blätter verwelkt sind, wie Gladiolen zu überwintern. Höhe: bis 1,20 m. D D

S *Cardiocrinum giganteum*
RIESENLILIE

Betörend süß, aber keineswegs schwül duften die strahlendweißen, anfangs grünlich schimmernden Blüten. Innerhalb von vier Monaten wächst aus der Zwiebel eine Riesenlilie mit einem kräftigen Stengel heran, an dessen Sproßspitze bis zu 20 trompetenförmige, innen rötlich gestreifte Blüten hängen. Bei der Bildung der riesigen, bis zu 20 cm langen Blüten verbraucht die Zwiebel all ihre Reserven und stirbt anschließend ab. Sie bildet jedoch rechtzeitig kleine Brutzwiebeln, die dann aber drei bis vier Jahre brauchen, um zur Blüte zu kommen. Nach der Blüte erscheinen sehr dekorative Samenkapseln, die die Attraktivität dieser Riesin erheblich verlängern. Höhe: bis 3 m. D D

A *Galanthus allenii*
SCHNEEGLÖCKCHEN

Diese Art ist ein Juwel unter den Schneeglöckchen, mit dem charakteristischen Duft der Bittermandeln. Schöne große Blüten – deren innere Blütenblätter die übliche grüne Zeichnung nicht an der Basis, sondern am Rand haben, und beim Austrieb gerollte Blätter erhöhen seinen Reiz. Es blüht relativ spät. Bevor man diese Rarität in größeren Mengen bestellt, sollte man sich besser erst nach dem Preis erkundigen. Es war schon immer etwas teurer, einen besonderen Geschmack zu haben, aber hier ist es auch die Vermehrung, die sehr schwierig ist. Höhe: 6–10 cm. D

S *Hyacinthoides non-scripta*
HASENGLÖCKCHEN, »BLUEBELL«

Sein wohltuender, balsamischer Duft füllt im Frühjahr ganze Wälder. Das Hasenglöckchen oder die Waldhyazinthe ist das bekannte »Bluebell« Südenglands. Es ist himmelblau bis violettblau, es gibt aber auch rosa und weiße Sorten. Jeder Stengel trägt sechs bis zwölf Glöckchen mit je sechs Blütenblättchen, deren Spitzen wie Löckchen nach außen gebogen sind. Die Glöckchen hängen nur an einer Seite des aufrechten Stengels. Dies und der herrliche Duft ist der Hauptunterschied zu *Hyacinthoides hispanica*, mit dem es immer wieder verwechselt wird. Bluebells eignen sich zum Verwildern, sie breiten sich üppig aus und verwandeln ganze Wälder in ein blaues Meer, ein zauberhafter Anblick. Aber selbst in meinem kleinen Garten blühen sie von Mai bis in den Juni hinein, hier natürlich in Weiß, elegant und grazil, und die Kontrolle über sie habe ich noch nicht verloren. Höhe: 20–30 cm. D

T *Hyacinthus orientalis*
HYAZINTHE

Köstlich und balsamisch duften Hyazinthen, im Zimmer oft betörend. Sie kamen bereits im 17. Jahrhundert nach Deutschland, und ca. 150 Jahre später konnte man zwischen 350 Sorten wählen. So viele sind es heute nicht mehr, aber das Angebot ist noch groß genug. Einfach und gefüllt blühende, frühe und späte Sorten, in den Farben Weiß, Rosa, Rot, Orange, Gelb, Blau und Violett lassen das Herz des Hyazinthenfreundes höher schlagen. Im Garten finde ich es besonders hübsch, wenn sie in Tuffs zusammengepflanzt werden.

Frühling läßt sein blaues Band . .. Das Balsamische der »Bluebells« harmoniert großartig mit dem Fruchtigen des *Rhododendron luteum*.

'Blue Jacket' hat den typischen Hyazinthenduft.

Möchte man ihr Dufterlebnis vorwegnehmen und schon um die Weihnachtszeit oder im tristen Januar von ihren Blüten verwöhnt werden, kann man sie auf speziellen Gläsern vortreiben. Dies ist allerdings nicht ganz einfach, und mit Mißerfolgen muß man rechnen. Aber erstens sehen die Hyazinthengläser mit den bunten Hütchen sehr hübsch aus, besonders, wenn man das Glück hatte, noch viktorianische zu erstehen, und zweitens haben bei mir alle Zwiebeln mit »sitzengebliebenen« Knospen später im Garten ausgetrieben. In der Wohnung füllen zwei bis drei Blüten ein ganzes Zimmer mit ihrem schweren Duft. Höhe: 10–20 cm.

Lustig sehen die Hyazinthengläser mit ihren bunten Hütchen aus.

'Amethyst'

'Amethyst' hat einen sehr intensiven, balsamischen Duft. Ihre dichte Traube aus einfachen Blüten hat eine wunderschöne Farbe: Lilamauve. DD

'Ben Nevis'

'Ben Nevis' mit ihren cremeweißen, gefüllten Blüten taucht unseren Frühlingsgarten in einen typischen Hyazinthenduft. DD

'Delft Blue'

'Delft Blue' duftet ebenso köstlich und hat einfache Blüten in einem weichen, hellen Blau. DD

T *Lilium*

LILIEN

Lilien sind sommerblühende, dankbare Zwiebelpflanzen, die nicht nur eine Eleganz in die Rabatte bringen, sondern auch einen unvergleichlichen Duft. Er wird auch für andere Pflanzen als Duftbezeichnung gewählt. Gemeint ist dann vermutlich der süße Honigduft, mit dem sich beispielsweise die Madonnenlilie auszeichnet. Doch auch fruchtige, würzige und sehr süße Düfte und der Duft nach Jonquillen oder Jasmin sind mit im Spiel. Leider duften viele Lilien überhaupt nicht oder sogar unangenehm. Leuchtendrote oder orangefarbene Sorten haben nur in Ausnahmefällen einen angenehmen Duft. Der »Lilienduft« mit all seinen herrlichen Nuancen bleibt den weißen (oft mit andersfarbigen Markierungen), hellgelben oder purpurfarbenen Blüten vorbehalten. Keine Pflanze ist mehr in der Geschichte verankert als die Lilie. In der Schönheit der Blüten hat sie nur zwei Konkurrentinnen: die Rose und die Kamelie. Aber sie ist es, die mehr als jede andere Blume bildlich dargestellt wurde.

Lilium candidum

MADONNENLILIE

Ein süßer, intensiver Honigduft entströmt der ehrwürdigen Madonnenlilie, die vermutlich seit mindestens 3000 Jahren kuliviert wird. Sie ist der Inbegriff der Reinheit. Weit geöffnete, leuchtend reinweiße Trichterblüten erfüllen den Garten im Juni und Juli mit ihrem Duft. Wenn man Glück hat, können es bis zu zwanzig Blüten an einem Stengel sein. Im Winter wirkt ihre hellgrüne Blattrosette sehr apart, keine andere Lilie überwintert auf diese Art und Weise. Sie gilt aber auch als die launenhafteste aller Lilien. Sie wird nicht gerne verhätschelt und möchte ungestört bleiben, das Pflanzen nimmt man, im Gegensatz zu anderen Lilien, im August vor. Sie bleibt normalerweise in der Gartenkultur steril und ist leider auch anfällig für Viruskrankheiten. Im Hinblick auf diese Diva können wir uns keine Selbstzufriedenheit leisten. Höhe: 1 m – 1,80 m. DD

Lilium formosanum* var. *pricei

Diese Lilie duftet intensiv süß. Sie bringt im Spätsommer schöne lange, trompetenförmige, weiße Blüten hervor, die an der Außenseite rötlich-purpurfarben schattiert sind. Diese zwergige Form bevorzugt feuchten, sauren Boden und fühlt sich sogar in sehr kalten Gegenden wohl. In ihrer Heimat Formosa (heute Taiwan) blüht sie das ganze Jahr hindurch. Sie läßt sich leicht aus Samen ziehen und blüht schon im ersten Jahr. Auf mich wirkt sie ziemlich unproportioniert, der Stengel ist kurz, die Blüten dagegen haben eine normale Größe von ca. 20 cm. Höhe: bis 30 cm. DD

Lilium longiflorum 'White Queen'
OSTERLILIE

Der süße Duft dieser »Osterlilie« wird oft mit dem von Jasminblüten verglichen. Die reinweißen Blütenblätter sind 20 cm lang und bilden mit ihren zurückgerollten Spitzen einen wunderschönen Trichter. In den USA wird sie gern als Topfpflanze für die Osterfeiertage gezogen und kam so zu ihrem Namen, der mich immer irritierte. Meine Lieblingslilie wächst bei uns im Freien an einem geschützten Platz. Vollkommene Blüten wird sie sicher nur im Schutz eines Gewächshauses erreichen. Ich bin mit meinem Gartenergebnis jedoch sehr zufrieden. Höhe: 60–80 cm. D D

Lilium regale 'Album'
KÖNIGSLILIE

Mit herrlich fruchtig duftenden, trichterförmigen, reinweißen Blüten mit einem gelben Schimmer im Innern schmückt sich diese Königslilie. Die Sorte 'Album' ist recht selten, sie hat nicht die pinkfarbenen Zeichnungen auf der Rückseite wie die Art. Wenn man nicht gerade hoch in den 90ern ist, sollte man die Königslilien aus frischen Samen selbst ziehen. Im nächsten Frühjahr kommen sie wie Schnittlauch aus der Erde, die Samenhülle haftet noch wie ein kleines Segel daran. Im folgenden Jahr können sie ausgepflanzt werden und ein Jahr später blühen sie bereits mit ihrem überwältigenden Duft, der uns mitten im Sommer eine ganze Frühlingswiese voller Jonquillen heraufbeschwört. Höhe: 1 m – 1,50 m. D D

A *Muscari muscarimi*
TRAUBENHYAZINTHE

Der süße Blütenduft erinnert an Moschus, ist balsamisch und orientalisch. Die oberen Blüten dieser eher unscheinbaren Traubenhyazinthe sind von ganz blassem Lila, während die unteren einen Cremeton aufweisen, beide mit einem bronzefarbenen Rand. Leider verblassen die Farben sehr schnell, was dann nicht mehr so hübsch aussieht. Durch ihr fremdländisches Aussehen, aber vor allem wegen ihres wunderbaren Duftes ist sie eine Kostbarkeit. Früher waren die Zwiebeln teure Sammlerstücke, heute sind sie auch schon einmal in Blumenzwiebelkatalogen zu finden, auch unter der falschen Bezeichnung *M. ambrosiacum* oder *M. moschatum*. Es wird erzählt, daß *M. muscarimi* von türkischen Haremsdamen benutzt wurde, um ihren Liebhabern heimliche Botschaften zukommen zu lassen, – wie das vonstatten ging, wird allerdings verschwiegen. *M. macrocarpum* ist eng mit ihr verwandt, die Blüten haben ein leuchtendes Gelb und duften nicht so intensiv. Höhe: 15–20 cm. D D

Lilium regale mit ihrem fruchtigen Duft verschönt jeden Sommertag.

A *Narcissus*
NARZISSEN

Irgendwie duftend sind sie fast alle. Die meisten haben allerdings nur einen ganz leichten, kaum wahrnehmbaren Duft, oft nur etwas modrig, dann wieder süß mit einer modrigen Note, aber auch betörend süß. Und während der leichte Duft bei einer einzelnen Blüte kaum auszumachen ist, kann eine Frühlingswiese, übersät mit blühenden Narzissen, zu einem Dufterlebnis werden. Viele Sorten eignen sich zum Verwildern, was dann besonders hübsch und natürlich aussieht. Ist die Blüte vorbei, wird es etwas problematisch. Als ordentlicher Mensch ist man – besonders in einem kleinen Garten – geneigt, alles Störende sofort zu entfernen und in

Narcissus poeticus 'Actaea' duftet wunderbar süß, besonders in solch üppiger Fülle.

Süß duftende Kombination: *Narcissus jonquilla* 'Trevithian' und *Scilla siberica*. Ihr leichter Duft vereinigt sich mit dem intensiveren der zitronengelben Narzissen.

diesem Fall die verwelkten Blätter abzuschneiden. Das Ergebnis wäre eine recht kümmerliche Ausbeute im nächsten Jahr. Die Zwiebeln brauchen die Nährstoffe aus den Blättern, um gesund und blühwillig zu bleiben und Tochterzwiebeln zu bilden. Zugegeben: das einziehende Laub ist keine Augenweide, aber geschicktes Davorpflanzen von Stauden und kleineren Sträuchern kann hier Abhilfe schaffen. Auch hübsch bepflanzte Töpfe eignen sich gut zum Kaschieren.

Bei geschickter Sortenwahl läßt sich ein Garten von März bis Mai mit duftenden Narzissen füllen. Durch ihre Anmut und Grazie, vor allem aber auch durch ihre Beschwingtheit, Heiterkeit und Fröhlichkeit sind sie der Inbegriff des Frühlings.

Narcissus x _odorus_

CAMPERNELL-JONQUILLE

Diese intensiv süß duftende Art, eine Kreuzung aus der Jonquille *(N. jonquilla)* mit *N. pseudonarcissus*, ist auch unter dem Namen Campernell-Jonquille bekannt. Im April bis Mai erscheinen meist drei goldgelbe Blüten an einem Stiel. Höhe: 30 cm. D D

Narcissus poeticus 'Actaea'

DICHTERNARZISSE

Wunderbar süß duftet diese typische Dichternarzisse mit ihren großen, einfachen Blüten. Kein Wunder, daß Dichter vieler Zeitepochen sie immer wieder priesen, des Duftes und der eleganten, schlichten, vollkommenen Form wegen. Den schneeweißen Blütenkranz schmückt eine kleine, goldgelbe Krone mit feuerrotem Rand – ein herrlicher Kontrast. Bei den Dichternarzissen habe ich immer das Gefühl, sie schauen mich an, lieb und freundlich. Höhe: bis 35 cm. D D

Narcissus poeticus 'Plenus'

DICHTERNARZISSE

Einen köstlich süßen Duft besitzt die gefüllte Dichternarzisse. Die reinweiße Blüte wirkt etwas unordentlich, was ihren Charme in keiner Weise beeinträchtigt. Gelegentlich lugt das typische rote Rändchen aus der gefüllten Mitte vorwitzig hervor. Sie ist sehr selten und etwas ganz Besonderes. Höhe: bis 40 cm. D D

Narcissus-Tazetta-Hybride 'Silver Chimes'

TAZETTE, STRAUSSNARZISSE

Mit ihrem süßen Duft und hübschen, blumenstraußähnlichen Blütenstand gehört sie zu meinen liebsten Narzissen. Bis zu fünf kleine, cremeweiße, nickende Blüten erscheinen an einem Stiel. Der Name bedeutet »silbernes Glöckchen«. Sie ist eine Poetaz-Hybride, eine Kreuzung zwischen *N. poeticus* und *N. tazetta*, die – im Gegensatz zu den sonstigen Tazetta-Hybriden – bei uns auch im Freiland gedeiht. Höhe: bis 30 cm. D

Narcissus 'Avalanche'

Sie duftet wunderbar süß, und ich finde, man sieht ihr schon an, daß sie das tut. Reinweiße Blütenblätter mit einer schlichten gelben Nebenkrone verleihen der Blüte eine gewisse Vornehmheit. An ihr ist nichts zu viel, nur Weiß und Gelb in vollkommener Harmonie. Bis zu zehn dieser Traumblüten erscheinen an einem Stiel. Sie weiß besondere Zuwendung zu schätzen, z. B. einen warmen, geschützten Platz. Höhe: bis 35 cm. D

Narcissus 'Flore Pleno'

Ihr Duft ist sehr süß, allerdings mit einer leicht modrigen Note. Die entzückenden, reinweißen Blütchen haben eine anemonenförmige, gefüllte Mitte, die an der Basis etwas gelb ist. Ein bis zwei Blüten sitzen jeweils an einem Stiel. Unseren eigenen Garten schmückt sie bis weit in den Mai hinein. Höhe: bis 30 cm. D D

***Narcissus* 'Frost in May'**

Süß duften die reinweißen Blüten mit ihrer grüngelb geränderten Nebenkrone. Eine sehr hübsche Sorte, die sehr spät blüht. Solch einen Frost im Mai lasse ich mir nur zu gerne gefallen. Höhe: bis 30 cm. D

***Narcissus* 'Obdam'**

Es gibt intensiver duftende Narzissen. Zum Glück hat sie aber einen feinen, süßen Duft. Er krönt ihre großen, anmutigen, cremeweißen, gefüllten Blüten. Diese haben eine verblüffende Ähnlichkeit mit einer päonienförmigen Kamelienblüte. Oft kann der Stiel die süße Blütenlast kaum tragen. Ich habe sie zwischen Azaleen gepflanzt, dort finden sie eine natürliche Stütze. Man hat sehr lange Freude an ihrer Blütenpracht. Höhe: bis 40 cm. d

***Narcissus* 'Pencrebar'**

MINIATURNARZISSE

Herrlich süß duften die relativ kleinen, gefüllten, goldgelben Blütchen. Sie haben in ihrer Form wenig Ähnlichkeit mit dem, was man sich unter einer typischen Narzissenblüte vorstellt. Mich erinnern sie eher an die reizenden Blüten einer Banksiae-Rose. Höhe: bis 15 cm. D

Botanischer Name/Sorte	Deutscher Name	Blütenfarbe	Duftpfl. 1)	Duftint. 1)	Duftrichtung
Acidanthera bicolor var. *murielae*	Sterngladiole	weiß	S	DD	süß, exotisch
Bellevalia romana 'Rosalie'	Miniatur-Hyazinthe	pink	T	DD	sehr süß
Cardiocrinum giganteum	Riesenlilie	weiß	S	DD	süß
Crinum x *powellii* 'Album'	Hakenlilie	weiß	S	d	Veilchen
Cyclamen cilicium	Alpenveilchen	weiß oder pink	A	D	Vanille
Cyclamen creticum	Alpenveilchen	weiß oder hellrosa	A	d	Gewürznelke
Cyclamen hederifolium (= neapolitanum)	Alpenveilchen	weiß bis rosarot	A	d	süß
Cyclamen purpurascens (= europaeum)	Alpenveilchen	rosarot	A	D	süß
Galanthus allenii	Schneeglöckchen	weiß	A	D	Bittermandel
Galanthus bortkewitschianus	Schneeglöckchen	weiß	A	d	süß
Galanthus 'Brenda Troyle'	Schneeglöckchen	weiß	A	d	Honig
Galanthus 'S. Arnott'	Schneeglöckchen	weiß	A	d	Honig
Galtonia candicans	Sommerhyazinthe	weiß	A	d	süß
Hyacinthoides non-scripta	»Bluebell«, Hasenglöckchen	blau, rosa, weiß	S	D	balsamisch
Hyacinthus orientalis 'Amethyst'	Hyazinthe	lila-mauve	T	DD	balsamisch
Hyacinthus orientalis 'Anna Marie'	Hyazinthe	zartrosa	T	D	balsamisch
Hyacinthus orientalis 'Ben Nevis'	Hyazinthe	creme-weiß	T	DD	balsamisch
Hyacinthus orientalis 'Blue Jacket'	Hyazinthe	marineblau	T	D	balsamisch
Hyacinthus orientalis 'Blue Magic'	Hyazinthe	purpurviolett, weißes Inneres	T	D	balsamisch
Hyacinthus orientalis 'Carnegie'	Hyazinthe	reinweiß	T	D	balsamisch
Hyacinthus orientalis 'City of Haarlem'	Hyazinthe	gelb	T	D	balsamisch
Hyacinthus orientalis 'Delft Blue'	Hyazinthe	hellblau	T	DD	balsamisch
Hyacinthus orientalis 'Gipsy Queen'	Hyazinthe	lachs-orange	T	D	balsamisch
Hyacinthus orientalis 'Hollyhock'	Hyazinthe	leuchtend karmesinrot	T	D	balsamisch
Hyacinthus orientalis 'Jan Bos'	Hyazinthe	kirschrot	T	D	balsamisch

1) siehe Seite 49

Botanischer Name/Sorte	**Deutscher Name**	**Blüten-farbe**	**Duft-pfl.** 1)	**Duft-int.** 1)	**Duft-richtung**
Hyacinthus orientalis 'Lady Derby'	Hyazinthe	muschelrosa	T	D	balsamisch
Hyacinthus orientalis 'Princess Maria Christina'	Hyazinthe	apricot	T	D	balsamisch
Hyacinthus orientalis 'Woodstook'	Hyazinthe	dunkles Burgunderrot	T	D	balsamisch
Lilium auratum	Goldbandlilie	weiß und gelb	T	DD	würzig-süß
Lilium candidum	Madonnenlilie	weiß	T	DD	Honig
Lilium cernuum	Lilie	rosa-violett	T	D	süß
Lilium duchartrei	Marmor-Türken-bundlilie	weiß und purpur	T	D	süß
Lilium formosanum var. *pricei*	Lilie	weiß und purpur	T	DD	süß
Lilium hansonii	Lilie	orange-gelb	T	D	süß
Lilium longiflorum 'White Queen'	Osterlilie	weiß	T	DD	Jasmin
Lilium regale	Königslilie	weiß und pink	T	DD	fruchtig
Lilium regale 'Album'	Königslilie	schneeweiß mit gelbem Schlund	T	DD	fruchtig
Lilium speciosum	Lilie	weiß	T	d	leicht
Lilium speciosum 'Uchida'	Lilie	dunkelrosa	T	D	süß
Lilium x *testaceum*	Lilie	hell apricot	T	d	leicht
Lilium-Aurelianense-Hybride 'Black Dragon'	Trompetenlilie	purpur	T	D	süß
Lilium-Aurelianense-Hybride 'Limelight'	Trompetenlilie	grünlich	T	D	süß
Lilium-Aurelianense-Hybride 'Olympic Hybrids'	Trompetenlilie	creme, rosa oder gelb	T	D	süß
Lilium-Aurelianense-Hybride 'Pink Perfection'-Gruppe	Trompetenlilie	pink	T	D	süß
Lilium Orientalische Hybride 'Imperial Gold'	Lilie	weiß, gelb und rot	T	D	süß
Lilium 'Arena'	Lilie	elfenbeinweiß mit goldgelb und rot	T	D	süß
Lilium 'Egypt'	Lilie	rosa mit rot	T	D	herrlich
Lilium 'La Vie'	Lilie	reinrosa	T	D	süß
Lilium 'Nippon'	Lilie	blush mit gelb	T	D	herrlich
Lilium 'White American'	Lilie	weiß	T	DD	
Muscari botryoides	Traubenhyazinthe	blau	A	d	balsamisch
Muscari macrocarpum	Traubenhyazinthe	gelb	A	D	Moschus
Muscari muscarimi	Traubenhyazinthe	hellgelb/lila	A	DD	Moschus
Narcissus assoanus (= juncifolius)	Narzisse	goldgelb	A	d	süß
Narcissus jonquilla 'Bobbysoxer'	Narzisse	gelb	A	D	süß
Narcissus jonquilla 'Suzy'	Narzisse	gelb und orange	A	D	süß
Narcissus jonquilla 'Trevithian'	Narzisse	zitronengelb	A	D	süß
Narcissus jonquilla	Narzisse	goldgelb	A	DD	süß
Narcissus x *odorus*	Narzisse	goldgelb	A	DD	süß

1) siehe Seite 49

Botanischer Name/Sorte	Deutscher Name	Blüten-farbe	Duft-pfl. 1)	Duft-int. 1)	Duft-richtung
Narcissus papyraceus	Tazette, Straußnarzisse	weiß	A	DD	intensiv
Narcissus poeticus var. *recurvus*	Dichternarzisse	weiß	A	D	süß
Narcissus poeticus 'Actaea'	Dichternarzisse	weiß	A	DD	süß
Narcissus poeticus 'Plenus'	Narzisse	reinweiß	A	DD	sehr süß
Narcissus tazetta	Tazette, Straußnarzisse	weiß und gelb	A	D	süß
Narcissus-Tazetta-Hybride 'Cheerfulness'	Tazette, Straußnarzisse	weiß	A	d	süß
Narcissus-Tazetta-Hybride 'Geranium'	Tazette, Straußnarzisse	weiß	A	d	süß
Narcissus-Tazetta-Hybride 'Silver Chimes'	Tazette, Straußnarzisse	cremeweiß	A	D	süß
Narcissus-Tazetta-Hybride 'Yellow Cheerfulness'	Tazette, Straußnarzisse	goldgelb	A	D	süß
Narcissus 'Avalanche'	Narzisse	weiß und gelb	A	D	süß
Narcissus 'Bridal Crown'	Narzisse	weiß	A	D	süß
Narcissus 'Como'	Narzisse	weiß und gelb	A	d	leicht
Narcissus 'Flore Pleno'	Narzisse	weiß, gefüllt	A	DD	süß
Narcissus 'Frost in May'	Narzisse	weiß/grün	A	D	süß
Narcissus 'Grand Soleil d´Or'	Narzisse	goldgelb und orange	A	d	süß
Narcissus 'Obdam'	Narzisse	cremeweiß, gefüllt	A	d	süß
Narcissus 'Pencrebar'	Miniaturnarzisse	goldgelb	A	D	süß
Narcissus 'Pipit	Narzisse	zitronengelb	A	D	süß
Narcissus 'Pixie´s Sister'	Narzisse	goldgelb	A	D	süß
Narcissus 'Pride of Cornwall'	Narzisse	weiß	A	d	leicht
Narcissus 'Quail'	Narzisse	goldgelb	A	d	leicht
Narcissus 'Smyrna'	Narzisse	weiß und orange	A	d	süß
Narcissus 'Sweetness'	Narzisse	goldgelb	A	DD	sehr süß
Narcissus 'Tamar Fire'	Narzisse	gelb und rot	A	D	süß
Narcissus 'Tibet'	Narzisse	weiß	A	d	leicht
Scilla siberica	Blaustern	blau	A	d	süß
Tulipa fosteriana	Tulpe	rot und gelb	A	d	leicht
Tulipa 'Bellona'	Tulpe	goldgelb	A	d	Orangen
Tulipa 'Generaal de Wet' (= 'De Wet')	Tulpe	goldorange	A	d	Orangen
Tulipa 'Orange Favourite'	Tulpe	orange und grün	A	d	weißer Jasmin
Tulipa saxatilis	Tulpe	rosa/zartlila	A	d	leicht
Tulipa sylvestris	Tulpe	gelb und grün	A	d	süß
Tulipa 'Black Parrot'	Tulpe	dunkel-kastanienfarben	A	d	köstlich
Tulipa 'Mme Testout'	Tulpe	satin-rosa	A	d	süß
Tulipa 'Orange Parrot'	Tulpe	orange und gold	A	d	süß
Tulipa 'West Point'	Tulpe	gelb	A	d	süß

1) siehe Seite 49

Ein- und zweijährige Pflanzen

Sagt! Was füllt das Zimmer
mit Wohlgerüchen?
Reseda,
Farblos, ohne Gestalt, stilles,
bescheidenes Kraut.

GOETHE
(aus: Vier Jahreszeiten, Frühling)

Goldlack – der Inbegriff des Sommers in Duft und Farbe.

Ich muß gestehen, daß ich kein begeisterter Anhänger von Einjahresblumen bin. Lieber ziehe ich eine Pflanze über längere Zeit groß, sehe sie wachsen und von Jahr zu Jahr schöner werden. Alles andere geht – und vergeht – mir zu schnell. Ich verabschiede mich nicht so gerne von etwas Liebgewonnenem.

Was wäre aber ein Duftgarten ohne Goldlack, Levkojen und Duftwicken? Sie bringen nicht nur einen Hauch von Nostalgie in den Garten, sondern auch die herrlichsten Düfte. Sicherlich ist das Dufterlebnis am größten, wenn sie in größerer Zahl gepflanzt werden und Wellen von Wohlgerüchen in den Garten schicken. In meinen überfüllten Rabatten können sie nur vereinzelt Platz finden und müssen auf engstem Raum um die Wette duften.

Die Palette der Düfte von Ein- und Zweijährigen reicht von balsamisch über würzig und süß bis zu Vanille, Anis, Zimt und Gewürznelken. Aber selbst ein sehr süßer Duft mit einer leichten Himbeernote – eine Spur vom Veilchenduft ist auch mit im Spiel – kommt bei der Duftresede *(Reseda odorata)* vor. Dieser Duft ist so eigenständig, daß man ihn als »Mignonette«-Duft bezeichnet.

Einige der Einjährigen, wie der Duftsteinrich, säen sich Jahr für Jahr selbst aus und sorgen dafür, daß sie immer da sind. Sie tauchen oft an den unerwartetsten Stellen auf, an denen man sie nie gesät oder gepflanzt hätte.

Die Wirkung ist zuweilen so verblüffend, daß ich mich wiederholt gewundert habe, warum mir nicht diese Idee kam.

Viele Stauden, die im Süden beheimatet sind und nur dort die Winter überstehen, werden bei uns als Sommerblumen gezogen. Zweijährige Pflanzen, wie manche Levkojen, keimen im ersten Jahr und bilden Wurzeln, Stengel und Blätter, die, oft erstaunlich grün, anschließend überwintern. Im zweiten Jahr wachsen sie weiter, blühen, bilden Samen und sterben. Da sie anfangs nur Blätter und keine Blüten produzieren und meist sehr ausladend wachsen, sind sie am besten im Hintergrund einer Rabatte aufgehoben. Ist ihre »Hochzeit« gekommen, halten sie die herrlichsten Düfte bereit, obwohl sie eigentlich schon genug fürs Auge bieten.

T *Cheiranthus cheiri*

GOLDLACK

Warm und würzig, balsamisch mit einer Anisnote, so läßt sich der Duft des Goldlacks wohl am besten beschreiben. Er harmoniert in wunderbarer Weise mit den Farben, die in der Regel auch warm und satt sind und an den Orient denken lassen. Aber auch weiße Sorten gibt es. Goldlack wird meist zweijährig gezogen und bereichert deshalb schon unseren Frühlingsgarten. Allerdings duftet längst nicht jeder Goldlack, was bei der Sortenwahl zu berücksichtigen ist. Gerade bei moderneren Züchtungen ging viel von dem Charme des alten Duftes verloren. An Blütenfarben kommen Gelb, Orange, Rot und Pastell vor. Selbst Freunde von zweifarbigen Blüten werden nicht enttäuscht, und es gibt sogar eine Sorte mit cremeweißen Blüten mit dem Namen 'Ivory White'. Höhe: 25–30 cm. D D

A *Cirsium eriophorum*
WOLLIGE KRATZDISTEL

Ein leicht süßer Duft mit einem Hauch von Zimt und purpurfarbene Blütenköpfe rechtfertigen, die Wollige Kratzdistel hier aufzunehmen. Eigentlich ein Wildkraut, ist diese Art besonders dekorativ und für einen naturbelassenen Garten geeignet. Sie ist zweijährig, in milden Gegenden verhält sie sich wie eine Staude. Höhe: 1–1,50 m. d

A *Cleome hassleriana (= C. spinosa)*
SPINNENPFLANZE

Einen intensiven, süßen Duft verbreiten die ungewöhnlichen, spinnenartigen Blüten mit den weit hervorstehenden Staubgefäßen. Die Blätter, in lanzettförmige Blättchen aufgeteilt, duften würzig. Diese einjährige, schnell wachsende, buschige Pflanze bringt im Sommer weiße, rosa oder violette Farben hervor. Die Sorte 'Kirschkönigin' ist mit ihren cyclamfarbenen Blüten besonders dekorativ. Höhe: ca. 1 m. d

T *Dianthus barbatus* (Roundabout-Serie)
BARTNELKE

Sehr süß duften die Bartnelken, die meist zweijährig gezogen werden und aus einem Bauerngarten nicht wegzudenken sind. Flache Blütendolden in Weiß, Rosa oder Rot mit kleinen Blüten und einem zierenden Auge haben den Charme einer vergangenen Zeit. Die Pflanzen dieser Serie wachsen langsam und buschig. Höhe: 20 cm. D D

T *Dianthus chinensis* 'Raspberry Parfait'
KAISERNELKE

Sie duftet nicht nach Himbeeren, sondern leicht nach Gewürznelken, aber auch süß. Den Namen verdankt sie ihrer Blütenfarbe, einem Himbeerrosa mit dunklerer Mitte. Die Kaisernelken haben kleine, einzeln stehende Blüten in den unterschiedlichsten Farben, wachsen langsam und buschig. Sie sind einjährig und eignen sich besonders gut als Randbepflanzung. Höhe: 15 bis 30 cm. D

T *Erysimum*
SCHÖTERICH

Erysimum ist nahe verwandt mit dem Goldlack *(Cheiranthus)*, der von Botanikern jetzt oft in eine eigene Gattung gestellt wird, was für Gärtner eher verwirrend ist.

Cleome hassleriana 'Kirschkönigin', einmal etwas Anderes für eine duftende Rabatte.

Erysimum x allionii

Einen würzigen Duft verströmen die einfachen Blüten in einem warmen Orangeton. Sie erfreuen uns schon im Frühling. Höhe: bis 60 cm. D

Erysimum x kewense 'Harpur Crewe'

Hier ist der Anisduft nicht nur ein Hauch – er ist deutlich wahrnehmbar und dominierend. Gefüllte, goldgelbe Blüten können schon im sehr zeitigen Frühling erscheinen. Eine alte, herrliche Sorte für den Steingarten, die in einem armen Boden und in geschützter Lage sogar bei uns mehrere Jahre ausdauern kann. Höhe: bis 30 cm. D D

T *Heliotropium arborescens* 'Princess Marina'
HELIOTROP, VANILLESTRAUCH

Beim Heliotrop wird einmal wieder deutlich, wie subjektiv unser Duftempfinden ist: Für manche duftet der – auch »Vanillestrauch« genannte – Heliotrop wie ein frisch gebackener Kirschkuchen, was ihm im Englischen den Namen »Cherry Pie« einbrachte. Ich würde den Duft eher als eine Mischung aus Vanille, Honig und Bittermandeln bezeichnen. Die dunkelpurpurfarbenen Blüten von 'Princess Marina' haben ein kräftiges Parfum, und das findet man nur bei alten Sorten. Im Gewächshaus blühen diese alten Sorten ganzjährig über viele Jahre, ausgepflanzt dagegen sind sie als Einjährige zu betrachten. Leider werden sie heutzutage größtenteils

»Stell´ auf den Tisch die duftenden Reseden, …«

HERMANN VON GILM
(1812-1864)
(aus dem Gedicht »Allerseelen«)

Für Duftwicken ein idealer Platz: Hier können sie sich ausbreiten und in der warmen Sommersonne ihren süßen Vanilleduft zur Vollendung bringen.

durch Sorten wie 'Marine' ersetzt. Diese ist zwar ausgesprochen schön mit ihren flachen, dunkelviolettblauen Blütenköpfen – auch sehr anspruchslos als Einjährige –, doch ihr vanilleähnlicher Duft ist mit dem alter Sorten nicht zu vergleichen. In Verbindung mit silbrigem Laub kommt Heliotrop besonders gut zur Geltung. Höhe: bis 30 cm. D

T *Lathyrus odoratus*

DUFTWICKE

Ihr Duft ist umwerfend: süß mit einer Note von Vanille und Alten Rosen. Mit ihrem Duft und ihrem breiten Farbspektrum sind die einjährigen Duftwicken der Inbegriff des sommerlichen Bauerngartens. Leider haben viele neue Sorten zugunsten größerer Blüten, intensiverer Farben und einer ordentlicheren Form ihren wunderbaren Duft eingebüßt. Möchte man jedoch so richtig im Wickenduft schwelgen, muß man meist zu den älteren Sorten greifen. Es gibt aber auch einige neuere Sorten, die wunderbar duften: 'Noel Sutton' in einem Blau-Mauve, 'Painted Lady' in Karmesinrot und Weiß, 'Pink Cupid', die nur 15 cm hoch wird und pink-weiße Blüten trägt, und 'Appleblossom', 30 cm hoch, mit eleganten, weißen oder rosafarbenen, gefüllten Blüten. Höhe: 15 cm bis etwa 2 m. D D

T *Lobularia maritima*

DUFTSTEINRICH

Einmal ein anderer Duft: würzig wie frisches Heu. Von Weiß über Lila und Rosa bis zu Rot ist der Duftsteinrich zu haben, mit runden Blütenköpfen aus winzigen Blüten. Er wächst niedrig und kompakt und gehört zu den beliebtesten einjährigen Duftpflanzen. Die weiße Sorte 'Schneehaube' duftet wunderbar, bei den rosa-purpurfarbenen Blüten der Sorte 'Rosie O´Day' ist der herrliche Sommerduft nach frischem Heu dagegen fast verlorengegangen. Höhe: 10 cm. d – D D

T *Matthiola incana*

LEVKOJE

Die Blüten der Levkojen haben einen exotischen, intensiven Gewürznelkenduft. Er ist ausgeprägter als bei irgendeiner anderen Pflanze: schwer und aufregend. Henry Philips (1779-1840), ein englischer Gartenschriftsteller, schrieb über sie: »Obwohl weniger anmutig als die Rose und nicht so herrlich wie die Lilie, ist ihre Pracht dauerhafter, der Duft länger anhaltend und beständiger.«

Keine andere Blume, vielleicht mit Ausnahme des Goldlacks, verströmt ihren aromatischen Duft so bereitwillig in der Wärme der Sommersonne und selbst auch noch am Abend wie die Levkoje.

Diese Garten-Levkojen stammen alle von *M. incana* ab, oft auch aus Kreuzungen mit *M. sinuata*. Es gibt vier Hauptgruppen, für jede Jahreszeit eine.

Brompton-Serie
(Blütezeit: Frühling)
Die gefüllten Blüten erscheinen in Weiß, Rosa, Purpur oder Karmesin. Pflanzen dieser Serie sind zweijährig und benötigen einen Schutz im Winter. Höhe: bis 60 cm. DDD

Ten-Week-Serie
(Blütezeit: Sommer)
Zehn Wochen nach dem Aussäen stehen sie in voller Blüte. Sie wachsen schnell, aber kompakt, und die gefüllten Blüten haben ein Farbspektrum von Weiß über Rosa und Purpur bis zu Lavendel und Karmesin. Höhe: 30 cm. DDD

East-Lothian-Serie
(Blütezeit: Herbst)
Auch sie werden im März ausgesät, brauchen aber einige Wochen länger, bis sie zu blühen anfangen. Höhe: bis 30 cm. DDD

Winterblühende Levkojen
Ausgesät im Sommer, blühen sie und entfalten ihre Düfte im Winter unter Glas. Sie bringen dann besonders schöne Blüten hervor. Höhe: bis 30 cm. DDD

A *Nemesia*-Hybride 'Fragrant Cloud'
NEMESIE
Intensiv süß duften die ganz zartrosa Blüten der einjährigen Nemesie. Sie erscheinen unermüdlich von Mai bis zu den ersten Nachtfrösten – ein Gewinn für Töpfe mit Duftpflanzen. Höhe: bis 50 cm. DD

S *Reseda odorata*
DUFTRESEDE, MIGNONETTE
Süß, mit einer leichten Himbeernote, auch an Veilchen erinnernd – unvergleichlich ist der Duft der Reseden und so eigenständig, daß er selbst zur Bezeichnung wurde. Man kommt nur an warmen Sommertagen in seinen Genuß, und im Zimmer kultivierte Pflanzen erreichen nie diese Intensität. Sternförmige, kleine, grünlich-weiße oder gründgelbe Blütchen bilden lockere, sehr unscheinbare Blütenköpfe – ohne ihren Duft würde man ihnen bestimmt keinen Platz im Garten einräumen. In Südfrankreich stehen Reseden in Töpfen auf Terrassen. Auch bei uns verhelfen sie einem sonnigen Balkon zu südlichem Flair. Reseden kamen in Mode, als Napoleon der Kaiserin Joséphine Samen von seiner Ägyptischen Expedition schickte. Sie wurden so beliebt, daß sie in Frankreich »Mignonette« (Liebchen) genannt wurden – ein Name, unter dem sie oft heute noch erhältlich sind. Im Spätherbst abgeschnittene Blütenköpfe, in einem kühlen Raum in Wasser gestellt, behalten noch lange Zeit ihren herrlichen Duft. Die Sorte 'Grandiflora' hat besonders große Blütenköpfe. Höhe: bis 30 cm. DD

Nemesia 'Fragrant Cloud', ein kleiner Duftschatz.

Weiße Levkojen mit exotischem Gewürznelkenduft – auf sie möchte ich im Garten nicht verzichten.

Botanischer Name/Sorte	Deutscher Name	Blüten-farbe	Duft-pfl.[1]	Duft-int.[1]	Duft-richtung
Alyssum saxatilie	Steinkraut	weiß oder gelb	T	DD	Honig
Cheiranthus cheiri	Goldlack	gelb, orange, rot, pastell	T	DD	süß, balsamisch
Cheiranthus cheiri Bedder-Serie	Goldlack	gelb, orange, rot	T	DD	süß, balsamisch
Cheiranthus cheiri 'Ivory White'	Goldlack	cremeweiß	T	DD	süß, balsamisch
Cheiranthus cheiri Fair Lady-Serie	Goldlack	creme, rosa	T	DD	süß, balsamisch
Cirsium eriophorum	Wollige Kratzdistel	purpur	A	d	leicht süß, Zimt
Cleome hassleriana (= spinosa) 'Colour Fountain'	Spinnenpflanze	weiß, rosa oder violett	A	DD	süß
Cleome hassleriana (= spinosa) 'Helen Campbell'		weiß	A	DD	süß
Cleome hassleriana (= spinosa) 'Kirschkönigin'		cyclam	A	DD	süß
Dianthus barbatus Roundabout-Serie	Bart-Nelke	ein- oder zweifarbig	T	DD	süß
Dianthus chinensis 'Raspberry Parfait'	Kaisernelke	himbeerrosa	T	D	Gewürznelke
Dianthus 'Carolyn Hardy'	Nelke	hell lavendelrosa	T	D	Gewürznelke
Dianthus 'Jacqueline Ann'	Nelke	weiß mit kirsch-roten Flecken	T	D	Gewürznelke
Erysimum x allionii (= perofskianum)	Goldlack	orange	T	D	würzig
Erysimum x kewense 'Harpur Crewe'	Goldlack	gelb	T	DD	warm, Anis
Heliotropium arborescens 'Chatsworth'	Heliotrop, Vanillestrauch	dunkel-purpur	T	DD	Vanille
Heliotropium arborescens 'Marine'	Heliotrop, Vanillestrauch	dunkel-blau	T	d	Vanille
Heliotropium arborescens 'Princess Marina'	Heliotrop, Vanillestrauch	dunkel-purpur	T	DD	Vanille
Heliotropium arborescens 'Regal Dwarf'	Heliotrop, Vanillestrauch	dunkel-blau	T	D	Vanille
Iberis amara	Schleifenblume	weiß	A	d	süß
Lathyrus odoratus 'Appleblossom'	Duftwicke	weiß o. zartrosa	T	DD	Vanille
Lathyrus odoratus 'Noel Sutton'	Duftwicke	blau/mauve	T	DD	Vanille
Lathyrus odoratus 'Painted Lady'	Duftwicke	karminrot/weiß	T	DD	Vanille
Lathyrus odoratus 'Pink Cupid'	Duftwicke	pink/weiß	T	DD	süß
Lobularia maritima 'Rosie O´Day'	Duftsteinrich	rosa / purpur	T	d	leicht
Lobularia maritima 'Schneehaube'	Duftsteinrich	weiß	T	DD	nach frischem Heu
Matthiola incana Brompton-Serie	Levkoje	weiß, rosa, purpur, karmesin	T	DDD	Gewürznelken
Matthiola incana East-Lothian-Serie	Levkoje	weiß, gelb, apricot, rosa, lila, rot	T	DDD	Gewürznelken
Matthiola incana Ten-Week-Serie	Levkoje	weiß, rosa, purpur, lavendel, karmesin	T	DDD	Gewürznelken
Matthiola incana	Winterblühende Levkojen	weiß, gelb, apricot rosa, lila, rot	T	DDD	Gewürznelken
Nemesia 'Fragrant Cloud'	Nemesie	blaßrosa	A	DD	süß
Reseda lutea	Resede	gelb	S	d	süß
Reseda odorata	Duftresede, Mignonette	weiß-rötlich	S	DD	süß, leicht nach Himbeeren
Reseda odorata 'Grandiflora'	Duftresede, Mignonette	weiß, gelblich-grün	S	DD	leicht nach Himbeeren
Tropaeolum majus Gleam-Varietäten	Kapuzinerkresse	gelb, orange, rot	A	d	süß
Verbena rigida	Eisenkraut	blaßviolett	T	D	süß, exotisch

1) siehe Seite 49

Kräuter

Es muß nicht gleich ein ganzer Kräutergarten sein, nicht einmal ein ganzes Beet – ein kleines, sonniges Fleckchen im Garten, ein hübscher Tontopf oder ein Blumenkasten auf der Küchenfensterbank reicht völlig aus, um in herrlichen Kräuterdüften zu schwelgen. Sie werden uns überwiegend von den Blättern geschenkt, seltener auch von den Blüten. Die Düfte sind meist aromatisch und würzig; aber auch kampferartig, bitter und scharf, ohne unangenehm zu sein; fruchtig, mit deutlichem Zitronen- oder Apfelaroma; und so typisch wie bei Lavendel, Minze, Thymian und Waldmeister, deren Namen selbst zur Duftbezeichnung wurden. In den heißesten Stunden des Tages sind die Düfte der Kräuter am intensivsten.

Die ersten Gärten waren Kräutergärten. Schon früh versuchte der Mensch, seine Nahrung durch Gewürze schmackhafter zu machen, seine Gesundheit mit Heilpflanzen zu erhalten und sich an Düften zu erfreuen. Im Mittelalter mußte alles im Garten zu verwenden sein, wieviel besser haben wir es heute: Seit Generationen geschätzte Kräuter finden ein neues Interesse, ohne den Zwang, sich in allen Lebenslagen damit versorgen zu müssen.

Das Wissen um die wohltuenden Eigenschaften der Kräuter veranlaßt immer mehr Menschen, sich einen eigenen kleinen Kräutergarten anzulegen, und der Duft spielt dabei eine große Rolle. Kräuter lassen sich hervorragend in die Gartengestaltung einbeziehen. Kleine, eingefaßte Hochbeete, streng geometrisch angelegt, eignen sich für einen Stadtgarten genauso gut wie für einen Garten in ländlicher Umgebung.

Kräuterduft: Selbst das kleinste Kräutereckchen im Garten spricht all unsere Sinne an.

Solch ein erhöhtes Beet ist eine Wohltat für den Rücken; selbst vom Rollstuhl aus kann man es bearbeiten und in den Genuß der Düfte kommen.

Hübsch wirken Buchseinfassungen, mit denen man beispielsweise auch ein rundes Beet wie eine Torte in verschiedene Stücke teilen kann, die dann einzeln bepflanzt werden. Das ist allerdings schon wieder ein bißchen Arbeit. Der Buchs duftet für mein Empfinden zwar nicht, sieht jedoch sehr dekorativ aus, besonders im Winter, wenn er schneebestäubt ist. Ein Rosenstrauch in der Mitte vervollständigt das Bild und hat auch seine Berechtigung: Blütenblätter und Hagebutten finden in Küche, Haus und Keller die unterschiedlichste Verwendung, nicht zuletzt des Duftes wegen. Aber auch die

kleinste Ecke in der Nähe eines Sitzplatzes kann zum Kräutergärtchen werden, selbst wenn sie, wie in unserem Garten, nur mit Töpfen gestaltet würde. Überhaupt lassen sich Rosen gut mit duftenden Kräutern unterpflanzen, verstärken dadurch das Kräuter-Duft-Erlebnis.

Lavendel: Sein nostalgischer Duft ist in der Hitze der Mittagsstunden am intensivsten. Hier die Sorte 'Hidcote'.

Botanisch gesehen sind Kräuter unverholzte Pflanzen, die am Ende ihrer Vegetationsperiode ganz oder nur oberirdisch absterben. Werden jedoch Gewächse, die kulinarisch, medizinisch oder kosmetisch Verwendung finden, als Kräuter bezeichnet, haben auch die Rose und der Lorbeer ihre Berechtigung. Ich finde, so eng sollte man das nicht sehen und seinen »Kräutergarten« nach dem eigenen Geschmack bepflanzen, je nachdem, wie man gern seine Gerichte würzt, ob man Duftwässer und Potpourris selbst herstellt oder ob man sich einfach an den Wohlgerüchen berauschen will.

Das geflügelte Wort eines römischen Arztes: »Wie kann ein Mensch sterben, der Salbei im Garten hat«, läßt sich auf alle Kräuter anwenden, wenn wir sie auf unsere Sinne wirken lassen. Es macht unbeschreiblich große Freude, sich in aromatisch duftenden Gärten aufzuhalten – sie strahlen Ruhe, Geborgenheit und Wärme aus. Ich verbinde unwillkürlich etwas Nostalgisches mit ihnen: die zarten Grün- und Grautöne, das duftende Laub und die dekorativen, getrockneten Kräuter im Haus. Mir würde ein bißchen Romantik fehlen, meiner Küche das gewisse Etwas und dem Garten das Bodenständige.

T *Galium odoratum*
WALDMEISTER

Den typischen Waldmeisterduft, oft mit frischem Heu oder Cumarin verglichen, entwickelt das »Maikraut« besonders intensiv in leicht welkem Zustand, aber auch nach einem leichten, warmen Regen. Wenn die winzigen, weißen, zart honigduftenden Blütchen über den quirlständigen Blättern erscheinen, sollte die Ernte abgeschlossen sein. Jeder kennt diese bodendeckende Staude als wichtigen Bestandteil der Maibowle. Der Waldmeister sollte für diesen Zweck möglichst im Wald gepflückt werden (vorsichtig, ohne die Wurzeln herauszureißen) – die Blätter haben wegen des Waldbodens ein besonders intensives Aroma. Waldmeister wuchert sehr stark. Da die Ausläufer aber ganz locker im Boden sitzen, läßt er sich im Garten leicht im gewünschten Rahmen halten und wird nicht zur Plage. Höhe: bis 15 cm. D

S *Hyssopus officinalis*
YSOP

Die Blüten des Ysops duften aromatisch und werden gerne von Bienen und Schmetterlingen besucht. In Sattblau, Weiß oder Rosa sind sie eine reizvolle Ergänzung in jeder Rabatte. Das Aroma der Blätter ist frisch und erinnert an Kampfer – einmal eine andere Geschmacksvariante für Salate, Fleisch- und Wildgerichte. Ysop ist auch in Steingärten oder in einem hübschen Tontopf ein Gewinn. Höhe: bis 30 – 60 cm. D

T *Lavandula*
LAVENDEL

Ein unvergleichlicher, nostalgischer Duft – der Duft eines Sommertages in der Provence. Muß ich ihn näher beschreiben? Er ist aromatisch, herb und süß zugleich und entwickelt zur Mittagszeit in der größten Hitze durch den besonders hohen Gehalt an ätherischem Öl seinen intensivsten Duft. Auch die Blätter enthalten den Duft, der der Blüten ist jedoch feiner. Die Qualität des Duftes ist sehr vom Standort abhängig: Ein leichter, sandiger Boden, kaum Dünger und volle Sonne lassen den Lavendelduft so richtig entfalten. Kalkhaltige Erde dagegen wird den Lavendel nie zu Höchstleistungen veranlassen.
Das echte Lavendelöl wird aus den Drüsenhaaren der Blütenkelche gewonnen. Die Blüten dürfen

dazu noch nicht ganz geöffnet sein. Um einen kompakten Wuchs zu erreichen, sollte man den Lavendel im Frühjahr leicht zurückschneiden. Es gibt auch zahlreiche niedrigwachsende Sorten, die sich gut zur Einfassung von Rosenbeeten eignen. Idealerweise vertreibt der Lavendelduft auch Blattläuse und Ameisen. Parkinson, ein früher englischer Gartenschriftsteller, beschrieb den Duft als »erquickend und erfrischend, die Sinne durchdringend...«

***Lavandula angustifolia* 'Munstead'**
Die purpurblauen Blüten duften verschwenderisch. Höhe: bis 45 cm. D D

***Lavandula angustifolia* 'Nana Alba'**
Der Duft der weißen Blüten ist nicht ganz so intensiv wie bei den meisten lilafarbenen Sorten. Durch seinen kompakten, hübschen Wuchs sieht dieser Lavendel besonders entzückend in einem Topf aus. Höhe: bis 15 cm. D

T *Mentha*

Es gibt eine reizende Geschichte um den Duft der Pfefferminze. Pluto, der griechische Gott der Unterwelt, verliebte sich unsterblich in eine schöne Nymphe mit dem Namen Mintha. Seine eifersüchtige Gattin, Persephone, stampfte die Schöne in Grund und Boden (durchaus verständlich).
Um wenigstens noch etwas zu retten, verwandelte Pluto Mintha – oder, besser gesagt, das, was von ihr übrigblieb – in eine wohlriechende und heilsame Pflanze, um sich wenigstens an ihrem Duft zu laben. Das wird wohl seine Leidenschaft etwas abgekühlt haben, denn der Minzeduft gilt als vernunftfördernd, erfrischend und absolut unerotisch. Minzen sind mehrjährig, bevorzugen frischen, feuchten Boden und Halbschatten. Sie kreuzen sich gerne untereinander. So gibt es viele Arten, die teilweise schwer voneinander zu unterscheiden sind.

***Mentha x piperita* 'Citrata'**
PFEFFERMINZE
Mit ihren Düften nach Zitrone, Orangen, Lavendel oder Eau de Cologne faßte man die Minzen dieser Gruppe früher sehr passend unter *M. odorata* zusammen. Die Düfte sind sehr flüchtig und spielen der Nase manchen Streich. Und doch lassen sie sich unterscheiden. Die Eau-de-Cologne-Minze ist die Minze für Mint Julep, den Cocktail-Klassiker aus England. Aus einer Sorte mit lavendelähnlichem Duft dagegen gewinnt die Parfumindustrie falsches Lavendelöl. Höhe: bis 30 cm. D D

***Mentha x piperita* 'Mitcham'**
PFEFFERMINZE
Besonders aromatisch ist der typische Pfefferminzduft dieser Sorte. Auch die Blätter sind attraktiv: purpurrot in der Sonne, im Schatten eher kupferfarben. Höhe: 30–60 cm. D D

Mentha spicata
ÄHRENMINZE
Diese Art duftet köstlich nach Pfefferminze, enthält aber kein Menthol. Das macht sie besonders für Menschen mit empfindlichem Magen viel bekömmlicher. Höhe: 60 cm. D

Mentha requienii
KORSISCHE MINZE
Einen interessanten, minzig-würzigen Duft gibt die Korsische Minze von sich, besonders intensiv beim Darüberstreichen. Es ist eine Wonne, sie zu streicheln, und ich muß mich beherrschen, es nicht ständig zu tun. Sie hat so winzige Blättchen und wächst so niedrig, daß sie sich für Duftbänke (siehe Seite 44), zum Begrünen kleinerer Flächen und für Töpfe eignet, aber natürlich auch als Gewürz. Im Sommer erscheinen kleine, violette Blütchen. Sie liebt Sonne und Feuchtigkeit, sollte aber im Winter abgedeckt werden. Höhe: bis 1 cm. D D

T *Nepeta sibirica*

KATZENMINZE
Der aromatische, frisch-würzige Duft scheint von Katzen sehr geliebt zu werden, deshalb auch der Name Katzenminze. Ich mag den Duft aber auch sehr gerne, und die langen, quirlähnlichen Blütenstände in leuchtendem Blau sehen in einer Rabatte hinreißend aus. Es gibt auch Sorten mit

Was wäre *Nepeta sibirica* ohne ihren aromatischen, frisch-würzigen Duft?

Tanacetum parthenium, **das Mutterkraut, ist ein entzückende Pflanze mit aromatisch scharfem Duft.**

Thymian – die karminroten Blüten des *Thymus serpyllum* 'Coccineus' duften intensiv.

zartgelben, rosa und purpurfarbenen Blüten.
N. 'Six Hills Giant' ist eine kräftige Sorte für kühlere Gegenden. *N. cataria* var. *citriodora* duftet deutlich nach Zitronen und sie schmückt sich bei regelmäßigem Rückschnitt bis in den Herbst hinein mit blauweiß gesprenkelten Blüten. Höhe: etwa 90 cm. D D

T ***Origanum vulgare*** **'Compactum'**
OREGANO

Süß und leicht pfeffrig duften sowohl Blätter als auch Blüten des Wilden Majorans. Die Blüten sind ein Eldorado für Bienen und Schmetterlinge, und für uns ist eine Pizza ohne diesen charakteristischen Duft nicht denkbar. Die Sorte 'Compactum' ist eine besonders würzige Auslese, wächst niedrig und kompakt und bildet hübsche Kissen. Die lilarosa Blütchen sind im Vordergrund einer Rabatte eine Zierde für sich. Höhe: 15 cm. D D

T ***Salvia officinalis*** **'Purpurascens'**
SALBEI

Frisch und würzig ist der Duft des Gewürzsalbei. Wer einmal ein »Saltimbocca alla Romana« gegessen hat, wird den herrlichen Duft auch im Garten nicht mehr missen mögen. Salbei steht in dem Ruf, ein langes Leben zu gewährleisten. Redensarten wie »Wer ewig leben will, der esse Salbei im Mai« gibt es nicht wenige. Die wolligen, graugrünen Blätter der Sorte 'Purpurascens' sind zunächst purpurfarben überhaucht. Der immergrüne, kleine Halbstrauch schmückt sich im Sommer zusätzlich mit blauvioletten Blütentrauben – ein Kleinod in jedem Kräutergarten oder Beet. Höhe: bis 70 cm. D D

T ***Satureja montana***
BOHNENKRAUT

Den herrlich würzigen Duft des Bohnenkrauts möchte ich in meinem Garten nicht mehr missen, auch wenn ich so gut wie nie Bohnen koche. Ich finde den Duft an einem warmen Sommertag so wunderbar nostalgisch. Die zartlila, zuweilen auch weißlichen Blüten dieses Berg- oder Winter-Bohnenkrauts werden im Vordergrund einer Rabatte den Duft noch hervorheben. Höhe: bis 40 cm. D D

T ***Tanacetum parthenium***
MUTTERKRAUT

Aromatisch scharf ist der Duft des Mutterkrauts. Diese hübsche, buschige Pflanze mit ihren gelappten Blättern wird meist als Einjährige beschrieben, die sich leicht versamt. In unserem Garten ist sie ganz einfach immer vorhanden. Der auch als Gartenkamille bezeichnete Korbblütler hat entzückende Blütchen, die wie Mini-Margeriten aussehen. Sie erscheinen im Juli und blühen noch Ende Dezember. Im winterlichen Kräutergarten braucht man selbst auf Blüten nicht zu verzichten. Die Sorte 'Aureum' hat goldgelbe Blätter. Höhe: bis 40 cm. D D

T ***Thymus***
THYMIAN

Alle Thymian-Arten besitzen das uns vertraute Aroma, das jedoch häufig durch andere Duftnoten ergänzt wird, besonders durch Zitrone und Orange. In Südfrankreich kommen sechs unterschiedliche Duftvarianten vor, die ihr charakteristisches Aroma ätherischen Ölen, wie Geraniol und Linalol verdanken. Ein duftender Garten wäre um vieles ärmer, hätte er nicht wenigstens eine Thymian-Art zu bieten. Haben Sie schon einmal auf einer Duftbank aus Quendel *(Thymus serpyllum)* oder dem nur 5 cm hoch werdenden *T. polytrichus* gesessen? Ihr Duft kommt erst so richtig zur Geltung, wenn die Blättchen betreten oder »besessen« werden.

Thymus caespititius

Hier kommt zum Thymian- noch ein zarter Orangenduft hinzu, unwiderstehlich an einem heißen Sommertag. Die Blättchen sind sehr schmal, und als Blütenfarben gibt es Weiß, Rosa oder Lila. Höhe: bis 5 cm. D D

Thymus x citriodorus **'Silver Queen'**
ZITRONENTHYMIAN

Zunächst steigt frisches Zitronenaroma in die Nase, dann stellt sich der vertraute, würzige Duft ein. 'Silver Queen' hat sehr reizvolle, silbrig-panaschierte Blätter und zartrosa Blütchen – ein kleines Juwel für jeden Duftgarten. Höhe: etwa 20 cm. D D

Gattung/Art/Sorte	Deutscher Name	Farbe	Duft-pfl. 1)	Duft-int. 1)	Duft-richtung Blätter	Duft-richtung Blüten
Artemisia abrotanum	Eberraute, Beifuß	gelblich	T	D	süß, zitronig	
Artemisia absinthium 'Lambrook Silver'	Absinth, Wermut	graugelb	T	D	streng	
Calamintha nepeta ssp. *nepeta*	Steinquendel	lavendel	T	D	Minze	
Chamaemelum nobile 'Treneague'	Römische Kamille	(blüht nicht)	T	D	fruchtig	
Galium odoratum	Waldmeister	weiß	T	D	Waldmeister	Honig
Hyssopus officinalis	Ysop	sattblau	S	D	Kampfer	aromatisch
Hyssopus officinalis 'Albus'	Ysop	weiß	S	D	Kampfer	aromatisch
Lavandula angustifolia 'Hidcote'	Lavendel	dunkel purpur	T	DD	aromatisch	aromatisch
Lavandula angustifolia 'Munstead'	Lavendel	purpurblau	T	DD	aromatisch	aromatisch
Lavandula angustifolia 'Nana Alba'	Lavendel	weiß	T	D	aromatisch	aromatisch
Melissa officinalis	Zitronenmelisse	hellgelb	T	D	zitronig	
Mentha x *piperita* var. *piperita*	Echte Pfefferminze	hellblau	T	D	Minze	
Mentha x *piperita* 'Citrata'	Orangen-, Zitronen-Minze	lavendel	T	DD	fruchtig	
Mentha x *piperita* 'Mitcham'	Pfefferminze	rötlich-lila	T	DD	erfrischend	
Mentha pulegium ssp. *repens*	Polei-Minze	lila	T	DD	Minze	
Mentha requienii	Korsische Minze	violett	T	DD	Minze	
Mentha spicata	Minze	rosa/weiß	T	D	Minze	
Mentha suaveolens 'Variegata'	Ananas- oder Apfelminze	rosa-weiß	T	D	Ananas	
Mentha x *villosa* f. *alopecuroides* 'Bowles Mint'	Minze	pink	T	D	fruchtig	
Nepeta cataria var. *citriodora*	Zitronenduft-Katzenminze	weiß/blau	T	DD	Zitrone	
Nepeta sibirica	Katzenminze	leuchtendblau	T	DD	frisch-würzig	
Nepeta 'Six Hills Giant'	Katzenminze	lavendelblau	T	D	frisch-würzig	
Ocimum basilicum 'Dark Opal'	Basilikum	weiß, pink	T	DD	aromatisch	
Origanum vulgare 'Aureum'	Goldblättriger Oregano	pink	T	DD	süß, pfeffrig	süß, pfeffrig
Origanum vulgare 'Compactum'	Oregano, Wilder Majoran, Dost	lilarosa	T	DD	süß, pfeffrig	süß, pfeffrig
Rosmarinus officinalis 'Miss Jessopp´s Upright'	Rosmarin	blaßviolett	T	DD	würzig	
Ruta graveolens 'Jackman´s Blue'	Blaublättrige Gartenraute	gelb	T	D	scharf	
Salvia officinalis 'Purpurascens'	Rotblättriger Gewürz-Salbei	blau-purpur	T	DD	aromatisch	
Salvia officinalis 'Icterina'	panaschierter Salbei	blau-purpur	T	DD	aromatisch	
Santolina chamaecyparissus ssp. *chamaecyparissus*	Scheinzypressen-Heiligenkraut	goldgelb	S	D	scharf	
Satureja montana	Berg-Bohnenkraut	weiß	T	DD	würzig	
Tanacetum (=Chrysanthemum) parthenium 'Aureum'	Gelbblättriges Mutterkraut	weiß	T	DD	aromatisch	
Teucrium chamaedrys	Edel-Gamander	purpur	S	D	scharf arom.	
Thymus caespititius (= azoricus)	Thymian	weiß, lila o. rosa	T	DD	Orangen	
Thymus serpyllum var. *coccineus*	Feldthymian, Quendel	karminrot	T	DD	Thymian	
Thymus serpyllum 'Pink Chintz'	Feldthymian, Quendel	blaßrosa	T	DD	Thymian	
Thymus serpyllum 'Snow Drift'	Feldthymian, Quendel	reinweiß	T	DD	Thymian	
Thymus x *citriodorus* 'Golden King'	Zitronenthymian	weiß/lila	T	DD	Zitrone	
Thymus x *citriodorus* 'Silver Queen'	Zitronenthymian	weiß/lila	T	DD	Zitrone	

1) siehe Seite 49

Pflanzen für Wasser, Sumpfzone und Teichrand

Was für eine Verschwendung, eine herrlich duftende Seerose mitten in einem großen Teich. Die Insekten werden das anders sehen, aber für uns Menschen scheint der Duft unerreichbar. Es sei denn, das Gewässer ist groß genug, daß man sich gemächlich in einem Kahn vorbeitreiben lassen kann. Doch wer hat schon einen Seerosenteich in den Ausmaßen von Monets Giverny. In meinem Teich kann *Nymphaea odorata* var. *minor* durchaus in der Mitte ihren köstlich süßen Duft verströmen. Ich kann ihn trotzdem genießen, denn mein Wässerchen ist nicht größer als 1,2 m x 0,6 m, nicht viel mehr als eine Pfütze – hier verneige ich mich gerne vor den Resten des Paradieses.

***Houttuynia cordata* 'Plena' besitzt fruchtig duftendes Laub.**

Wasser bringt im doppelten Sinn Leben in den Garten: Es lebt für sich und zieht Leben an. Es ist, als öffne man die Tür zu einer neuen Welt. Die Düfte spielen dabei eine nicht zu unterschätzende Rolle. Sehr viele duftende Pflanzen für Gewässer oder Sumpfzonen gibt es allerdings nicht. Ich habe deshalb auch die Pflanzen, die eigentlich in die Kapitel »Pflanzen mit duftendem Laub« (siehe Seite 121 ff.), »Pflanzen, die nachts duften« (siehe Seite 119 ff.) und auch die zu den Exoten zählende Lotosblume hier aufgenommen. So können wir in Düften schwelgen, die von süß über balsamisch, nach Zitrone oder deren bitterer Schale bis hin zum Anis- und Zimtaroma gehen. Wird der Teichrand mit in das Duftkonzept einbezogen, ist die Auswahl an Düften viel größer. Kalmus, Primeln und die Sumpfblume sorgen für einen duftenden Übergang vom Wasser zu den trockeneren Teilen. Viele Stauden, auch Iris-Arten, fühlen sich mit feuchten Füßen durchaus wohl. Rund um jeden Teich, und sei er noch so klein, läßt sich ein Feuchtgebiet schaffen. Oft reicht es aus, diesen Bereich etwas feuchter zu halten als den übrigen Garten.

Auch ein winziges Wasserbecken sollte nach einigen Jahren völlig geleert, gründlich gesäubert und mit den geteilten Pflanzen neu gestaltet werden. Fast alle Wasserpflanzen wuchern und müssen ihre Grenzen gezeigt bekommen. Zugegeben, es ist keine schöne Arbeit, bis zu den Ellenbogen im Schlamm zu wühlen. Ich muß dabei immer an einen Ausspruch von René Rapin (17. Jahrhundert) denken, ohne ihn allerdings nachvollziehen zu können: »Was früher als Knechtsarbeit angesehen, ist jetzt Herrenwerk und Erholung.« Aber selbst das kleinste bißchen Wasser macht unglaublich viel Freude, und sei es nur ein Trog oder eine Schale auf dem Balkon. Es gibt kleine, duftende Seerosen, außerdem entzückende Primeln, die sich für eine »Umrandung« eignen. Das Dufter-

Nelumbo nucifera, die Lotosblume, Sinnbild für Reinheit und Wahrheit, braucht mit ihrem feinen Teerosenduft auch bei uns kein unerfüllter Wunsch zu bleiben.

lebnis ist natürlich intensiver, wenn sich die Pflanzen in größeren oder gar natürlichen Teichen im Überfluß entfalten können. Bei einem Miniteich dagegen sind wir dem Duft einer einzelnen Pflanze näher. Und selbst er kann uns in die »Szene am Bach« aus Beethovens »Pastorale« versetzen:

Stille, Sonne, Glücksgefühl,
Flimmern der warmen Luft.

S *Acorus calamus* 'Variegatus'
KALMUS

Ein süßlicher, an Zimt erinnernder Duft entweicht beim Reiben oder Brechen der schwertförmigen Blätter des Kalmus. Der Duft der Rhizome soll noch intensiver sein – nur, man hat nicht allzuviel davon. Die leuchtend grünen Blätter dieser Sorte mit den cremeweißen Streifen wirken dekorativer als die Art. Im Sommer erscheinen grünlichgelbe Blütenkolben. Für niedriges Wasser (nicht tiefer als 20 cm) oder den Teichrand. Größe: 60–90 cm, 60 cm breit. d

T *Aponogetum distachyos*
WASSERÄHRE

Wunderbar balsamisch, mit einem Hauch von Vanille, duftet die Wasserähre – besonders intensiv am Abend und besonders intensiv in einer größeren Menge. Da sie sich freudig ausbreitet, hat man zwar mit dem Duft kein Problem, mit der Menge schon eher. Die gabelförmigen, weißen Blüten mit ihren hübschen schwarzen Staubbeuteln tauchen den ganzen Sommer über aus dem Wasser auf. Für den Teich. Größe: 10 cm hoch und 1,20 m breit. D

S *Houttuynia cordata*

Ihr Duft wird unterschiedlich empfunden: für viele sehr ungewöhnlich und orangenähnlich, für mich haben die zerdrückten Blätter eher den aromatischen Duft einer Zitronenschale. Der hübsche, immergrüne, mehrjährige Bodendecker mit seinen herzförmigen Blättern wuchert im sehr feuchten Boden stark. An einem trockeneren Standort hält er sich in seiner Wuchsfreudigkeit mehr zurück. 'Plena' hat kleine, gefüllte, reinweiße Blüten, die von den Brakteen dekorativ umhüllt werden. Die Blätter in dunklem Flaschengrün färben sich im Herbst purpurn. 'Chameleon' hat grüngelb panaschierte Blätter. – Sumpfzone oder Teichrand. Höhe: 15–30 cm. D

S *Nelumbo nucifera*
LOTOSBLUME

Ein süß fruchtiger Teerosenduft entsteigt der heiligen Lotosblume – dem Sinnbild für Reinheit und Wahrheit, in China Symbol für die Ewigkeit, da sie Knospen, Blüten und Fruchtstände zur gleichen Zeit trägt. Die symmetrisch perfekten Blüten stehen – genau wie die Blätter, die in den Tropen 1 m Durchmesser erreichen können – weit über der Wasserfläche, im Gegensatz zu den Seerosen. Die Blüten – weiß oder in verschiedenen Rosatönen – öffnen sich im Sonnenlicht und schließen ihre Kelche am späten Nachmittag wieder. Nach jüngsten Erkenntnissen haben sie die wunderbare Fähigkeit, nicht nur Wärme zu produzieren, sondern die Temperatur auch erstaunlich präzise zu regeln. Die »Heizung« fängt ein bis zwei Tage, bevor sich die Knospe öffnet, zu »laufen« an und bleibt dann einige Tage »eingeschaltet«. Während dieser Zeit ist die Lotosblüte befruchtungsfähig und ihr Duft am wärmsten.

Im Garten der Villa Taranto am Lago Maggiore kann man den Anblick eines ganzen Teichs voller Lotosblumen genießen – ein zarter Duft weht

Primula florindae, ein deutlich zitroniger Duftgenuß, besonders am Abend.

leise darüber hinweg. Aber warum denn in die Ferne schweifen: Auch in der Wilhelma in Stuttgart können wir in Lotosblüten schwelgen. Und selbst im Garten brauchen wir nicht auf die edlen Blüten mit ihrem feinen Duft zu verzichten, wenn man den Pflanzen in der kälteren Jahreszeit den Schutz eines Gewächshauses geben kann. In einem Wasserbottich auf dem sonnigsten Platz der Terrasse hat man gute Chancen, die Lotosblume zum Blühen zu bringen. Je heißer der Sommer, desto besser. Sollte man der glückliche Besitzer eines Hauspools sein, wäre dieses Umfeld der ideale Platz für soviel Schönheit. Möchte man die Lotosblume im Freien kultivieren, braucht sie 60 cm tiefes, stilles Wasser und mindestens einen halben Tag lang direktes Sonnenlicht. Welkende Blätter sollten entfernt werden, Blüten dagegen nicht – es wäre schade um die dekorativen Fruchtstände. Für Teich oder Trog, Wassertiefe: 60 cm. Größe: bis 1,20 m breit. Mindesttemperatur: 5°C. D

A *Nymphaea odorata* var. *minor*
SEEROSE

Köstlich süß duften die kleinen, sternförmigen, weißen Blüten dieser Seerose. Die goldfarbenen Staubgefäße erhöhen noch ihren Reiz. Die Blüten haben einen Durchmesser von ca. 10 cm, die herzförmigen Blätter sind etwa 15 cm groß. Ein Juwel für ein kleines Wasser, auch wunderschön für ein umfunktioniertes Faß oder eine tiefere Schale. Für Teiche mit einer Wassertiefe von 30–70 cm. D

A *Primula florindae*

Intensiv nach Zitrone duften die gepuderten, schwefelgelben Blüten dieser großen Primel. Eine größere Anpflanzung nimmt man schon von weitem wahr, besonders deutlich am Abend. Sie blüht relativ spät, im Hochsommer und ist ein Gewinn für einen größeren Teichrand, was Anmut und Duft betrifft. Für den Teichrand. Größe: 90 cm hoch, 1,20 m breit. D

Botanischer Name/Sorte	Deutscher Name	Farbe	Duftpfl. 1)	Duftint. 1)	Duftrichtung		Standort
					Blätter	Blüten	
Acorus calamus 'Variegatus'	Kalmus	grüngelb	S	d	Zimt		Sumpfzone/Teichrand
Aponogeton distachyos	Wasserähre	weiß	T	D		balsamisch	Teich
Houttuynia cordata 'Chameleon'		weiß	S	D	Zitrusschale		Sumpfzone/Teichrand
Houttuynia cordata 'Plena'		weiß	S	D	Zitrusschale		Sumpfzone/Teichrand
Limnanthes douglasii	Sumpfblume	weiß/gelb	S	D		süß	äußerer Teichrand
Nelumbo nucifera 'Alba'	Lotosblume	weiß	S	D		süß, fruchtig	Teich, nicht winterhart!
Nelumbo nucifera 'Maggie Belle Slocum'	Lotosblume	pink	S	D		süß, fruchtig	Teich, nicht winterhart!
Nelumbo nucifera 'Rosea Plena'	Lotosblume	rosarot und gelb	S	D		süß, fruchtig	Teich, nicht winterhart!
Nymphaea odorata var. *minor*	Seerose	weiß	A	D		köstlich süß	Teich
Nymphaea odorata 'Sulphurea'	Seerose	schwefelgelb	A	D		süß	Teich
Nymphaea 'Blue Beauty'	Seerose	blau	A	D		fruchtig	Teich, nicht winterhart!
Nymphaea 'General Pershing'	Seerose	rosa	A	D		fruchtig	Teich, nicht winterhart!
Nymphaea 'Laydekeri Lilacea'	Seerose	lilarosa	A	D		süß	Teich
Nymphaea 'Rose Arey'	Seerose	rosarot	A	D		süß	Teich
Primula alpicola	Primel	weiß, gelb, violett oder purpur	A	D		Zitrone	Teichrand
Primula anisodora	Etagenprimel	dunkel karmin	A	D		Anis	Teichrand
Primula florindae	Primel	schwefelgelb	A	D		Zitrone	Teichrand
Primula reidii var. *williamsii*	Primel	weiß oder blaßblau	A	D		süß	Teichrand

1) siehe Seite 49

Exoten

'Scentuous', ein exotischer Kamelientraum mit hinreißenden Blüten und feinstem Honigduft.

Mit Abstand die größte Attraktion in unserem Vorgarten sind ab Mitte März vier Zitronenbäumchen. Keine andere Pflanze, auch nicht die Strauchpäonien mit ihren spektakulären Blüten, hat jemals so viel Bewunderung, Interesse, aber auch ungläubiges Staunen hervorgerufen wie die in Blüte stehenden Zitronen mit ihren reifen, dicken, gelben Früchten – und das zur gleichen Zeit. Was ist es, das diese Anziehungskraft ausmacht? Es kann nicht nur damit zu tun haben, daß es eine Frucht ist – ein Spalierapfel würde längst nicht so beachtet werden. Es muß das Exotische sein, das Flair und die Sehnsucht nach dem Süden, und der Duft der Blüten spielt dabei eine nicht zu unterschätzende Rolle.

Ein bißchen Urlaubsstimmung zu Hause, das Wiedererkennen von fremdartigen Düften, mit denen wir angenehme Erinnerungen verbinden, hebt die Stimmung und läßt die Seele baumeln. Die meisten dieser Sonnenkinder können in unserem Klimabereich nur in Töpfen kultiviert werden, deren Unterbringung im Winter jedoch gewisse Grenzen setzt. Ideal ist natürlich ein Gewächshaus oder Kalthaus, in dem die Pflanzen hell und kühl, aber frostfrei stehen können. Aber nicht jeder hat diese Möglichkeiten, ich auch nicht; doch wo ein Wille ist, ist auch ein Weg. Bei uns erfüllt eine umfunktionierte Garage diesen Zweck, mit einer thermostatgesteuerten, kleinen Heizung, einem Fenster und einer großen Glastür, die das ausgediente Rolltor ersetzt. Pflanzleuchten sorgen für die notwendige Helligkeit. Aber auch ein Treppenhaus, ein Dachstübchen oder die Fensterbank können sich durchaus als Überwinterungsplatz geeignet erweisen.

Und noch etwas: Mut zum Risiko gehört zum Gärtnern mit Exoten dazu. Viele sogenannte Exoten sind winterhärter, als man glaubt. Meine *Dregea sinensis*, deren Mindesttemperatur mit 5 °C angegeben wird, hat sogar den extremen Winter 1996/97 (28 Frosttage ohne Unterbrechung, mit Temperaturen bis –18 °C) bestens überstanden – an einer Südwand und mit einer dicken Abdeckung im Wurzelbereich. Sicherlich eine Ausnahme, aber ihr süßer, weicher Hopfenduft war mir die Mühe wert. Und da sie so tapfer ausgehalten hat, hätte ich sie auch im Kapitel »Kletterpflanzen« beschreiben können.

'Quintessence', ein Kleinod mit Blüten ätherischer Schönheit und herrlichstem Honigduft – etwas Besonderes bei Kamelien.

Als Topfpflanzen stehen die Exoten im Sommer sowieso im Freien, bei uns von Mitte März bis Mitte November. Da heißt es natürlich wässern, je nach Wetter, Topf und Pflanze auch zweimal am Tag, wie beim Oleander. Doch die meisten Topfpflanzen vertrocknen bei Regenwetter, so paradox das klingt. Wie oft habe ich schon gedacht: Es regnet, wie herrlich, mindestens zwei Stunden Wässern gespart, ohne daß mir bewußt war, wie viele meiner vielen Töpfe im Regenschatten stehen. Man muß sich überlegen, ob man gewillt ist, die zusätzliche Arbeit auf sich zu nehmen. Doch die Belohnung fällt großzügig aus: exotische, schwere, wunderbare Blütendüfte, die sich unter warmen, feuchten Bedingungen besonders gut entfalten.

EXOTISCHE DÜFTE IM ZIMMER

Auch im Wohnbereich kann man sich das Leben auf diese Art ebenso versüßen. Wie schön, sich die Stimmung des Gartens mit seinen Düften ins Zimmer holen zu können. Dort können jedoch auch an sich angenehme Düfte, wie bei der Wachsblume (*Hoya*) und einigen Orchideen, sehr aufdringlich wirken. Im Freien ist der berauschende Duft der Tuberosen ein Erlebnis, in einem kleinen Raum ist es für mich ein Zuviel an Duft. Dann nützt nur noch ein geöffnetes Fenster.

Die Düfte der exotischen Pflanzen lassen mich immer wieder ins Schwärmen geraten. Sinnlich sind sie alle, berauschend sind viele, doch das ist eine Frage der Konzentration. Die Palette umfaßt orientalische, exotische, aromatische, süße und weiche, aber auch fruchtige und würzige Düfte. Ungeahnte Genüsse bringen Duftnoten wie Honig, Vanille, Zitrone und Orangenblüten, Bittermandel, Jasmin, Hopfen, Maiglöckchen und Veilchen. Sogar der Duft nach leckerem Weihnachtsgebäck kommt bei einer Orchidee vor. Bei geschickter Wahl läßt sich der Duftzauber des Südens das ganze Jahr über in Haus und Garten holen, von morgens bis spät in den Abend hinein. Pflanzen, die ihre Blütendüfte nur oder besonders intensiv nachts entfalten, habe ich in einem eigenen Kapitel zusammengefaßt (siehe Seite 119 ff.).

Bei den Beschreibungen habe ich die Mindesttemperatur angegeben, die die Pflanze zum Wachsen braucht. Kurzfristig aushalten kann sie mindestens 5 °C weniger, zuweilen auch leichten Frost.

A *Camellia*

KAMELIE

Die wunderschönen, oft exotisch anmutenden Blüten der Kamelien verwöhnen uns nicht gerade mit Düften. Eigentlich erstaunlich, wo doch das köstlich duftende Öl der Samen seit Jahrhunderten in der Parfumindustrie begehrt war. Aber zum Glück gibt es *C. lutchuensis*, die mit ihrem intensiven Honigduft zum Züchten verwendet wird. Viele ihrer Hybriden haben diesen herrlichen Duft. Auch mit anderen Wildarten versucht man, den Duft in die Kamelien zu bringen. All diese Hybriden sind in unseren Klimazonen nicht für das Freiland geeignet. Deshalb habe ich sie hier eingeordnet, denn in den kalten Monaten müssen sie frostfrei überwintert werden.
Duftende Sorten von *C. japonica* gibt es wenige. Sie sind winterhärter, aber zurückhaltender im Duft. Es ist sicherlich nur eine Frage der Zeit, bis wir auch bei Kamelien im Freiland nicht immer wieder enttäuscht sein müssen, wenn wir uns erwar-

tungsvoll zu einer Blüte herabgeneigt haben. Anders ist es bei *C. sasanqua*. Sie duftet, und sie ist winterhärter als allgemein angenommen. Aber mit ihrem Duft ist das so eine Sache: manche empfinden ihn als modrig und muffig, für mich enthält er den ganzen Zauber des Orients.

C. lutchuensis

Sie hat den intensivsten Duft aller Kamelien, als würde ein Glas herrlich duftenden Honigs geöffnet. Die zierlichen, weißen, einfachen, kleinen Blütchen hängen wie Glöckchen an den dünnen Zweigen. Sie ist die Kamelie mit den kleinsten Blättern, sie werden nur 3 cm lang. Ein wunderbar duftendes, charmantes Kleinod für einen schönen Topf. Höhe: bis 1 m. Mindesttemperatur: 5 °C. D D

C. sasanqua 'Narumigata'

Süß und herb zugleich ist der Duft der schalenförmigen, weißen Blüten mit einem Hauch von Rosa am Rand. Sie blüht, wie alle Sasanquas, im Herbst, und sie ist durchaus für die Kultur im Freien geeignet (bei uns hat sie den extremen Winter 1996/97 im Freien gut überstanden). Bei dieser Blütezeit kann es natürlich vorkommen, daß die herrlich duftenden aparten Blüten einem ersten Frost zum Opfer fallen. Aber es gibt ein »nächstes Jahr«. Größe: 1,50 m hoch und breit. Mindesttemperatur: 0 °C. D D

'Quintessence'

Sie bezaubert mit ihrem intensiven Honigduft, kein Wunder bei einer Lutchuensis-Hybride. Aus zierlichen, spitzen, rosagetönten Knospen – allein schon eine Zierde für sich – entfalten sich für Kamelien kleine, weiße, einfache Blütenglocken. Durch ihren grazilen, überhängenden und trotzdem dichten Wuchs wäre sie einmal eine andere Bepflanzung für eine Ampel: außergewöhnlich und elitär. Größe: 30 cm hoch, 40 cm breit; Mindesttemperatur: 5 °C. D D

'Scentuous'

Auch hier erfreut uns der charakteristische Duft von *C. lutchuensis*, schließlich verpflichtet so ein vielversprechender Name. Kleine, halbgefüllte, weiße Blüten mit einem rosa Schimmer auf der Rückseite der Blütenblätter verleihen der Pflanze ein hübsches, lockeres Aussehen. Leider blüht sie manchmal etwas zögerlich. Höhe: bis 1,50 m. Mindesttemperatur: 5 °C. D

'Winter's Star'

Orientalisch, fein und weich, ohne den geringsten modrigen Unterton, duften die Blüten dieser von Ackerman gezüchteten Hybride. Das weiche und doch kräftige Rosa ist wie die Morgenröte am Winterhimmel. Ein lockeres Büschel gelber Staubgefäße wird von sieben unterschiedlich großen, gewellten Blütenblättern umgeben. In Amerika wird ihre Winterhärte mit -25 °C angegeben, über ihre Winterhärte in Deutschland liegen noch keine ausreichenden Erfahrungen vor. Sie könnte der Durchbruch für duftende, winterharte Kamelien sein. Über ihre Höhe kann ich noch nichts sagen, meine Pflanze ist noch zu jung, was sie allerdings nicht daran hinderte, sich über und über mit duftenden Blüten zu schmücken. Mindesttemperatur: noch nicht bekannt. D

S *Carissa macrocarpa* 'Tuttlei'

NATALPFLAUME

Orientalisch duftende, reinweiße, wachsartige, kleine Blüten erscheinen vom Frühling bis zum Sommer. Der Herbst bietet dunkelrote, fleischige, eßbare Früchte, die ihr den Namen Natalpflaume einbrachten. Sie schmecken wirklich lecker. Ein immergrüner, dichter, breitwachsender Strauch mit ledrigem, glänzend grünem Laub. Bei zu kühler Überwinterung verliert er oft Blätter, treibt im Frühling aber wieder aus. Höhe: bis 2 m. Mindesttemperatur: 10 °C. D D

Ceanothus 'Gloire de Versailles' – es lohnt sich, nach einer duftenden Sorte wie dieser zu suchen und ihr ein sonniges Plätzchen zu reservieren.

A *Ceanothus*

SÄCKELBLUME

Süß und weich kann die Säckelblume duften, aber nur wenige Sorten duften überhaupt. Vom Sommer bis zum Herbst zeigt sich ein wahres Blütenmeer. Die blaßblauen Rispen der relativ winterharten Sorte 'Gloire de Versailles' und die violettblauen der relativ neuen 'Dark Star', die sogar nach Honig duftet, sehen sehr dekorativ vor einer Backsteinmauer aus. Die Wand sollte in voller Sonne

Citrus aurantium, **die Bitterorange, hat exotisch duftende Blüten und Früchte.**

Zitronenblüten bringen mit ihrem Duft südliches Flair in unseren Garten.

und geschützt liegen. Höhe: bis 5 m. Mindesttemperatur: –5 °C bis –10 °C. D

T *Citrus*

Zitruspflanzen vermitteln ein mediterranes Flair. Der exotisch süße Duft der kleinen, weißen, recht unscheinbaren Blüten schmiegt sich zärtlich um die Sträucher, an denen zur gleichen Zeit die leuchtenden Früchte verlocken. Die Sträucher oder kleinen Bäume sind immergrün, jedenfalls bei richtiger Überwinterung. Leicht feucht und um 10 °C gehalten, werfen sie die Blätter nicht ab und behalten ein gefälligeres Aussehen, als wenn sie ihr Wachstum völlig eingestellt haben. Ein kahler Zitronenbaum, nur mit den gelben Früchten, sieht zwar sehr erbarmungswürdig aus, für die Pflanze ist das aber kein Problem. Meine Zitronen sind die unkompliziertesten Topfpflanzen, die ich habe. Und es wundert mich immer wieder, warum sie bei uns im Vorgarten wie ein Weltwunder bestaunt werden.

Zur Zeit Friedrichs des Großen (1712-86) standen in der Orangerie in Sanssouci 800 verschiedene *Citrus*-Bäumchen, in Herrenhausen bei Hannover sollen es etwa um die gleiche Zeit 400 gewesen sein. Nun, das waren andere Verhältnisse, und uns kann ein einziges Bäumchen ungeahnte Genüsse bescheren. Mehrzellige Ölbehälter in Blüten, Blättern und Früchten sind die Ursache für den intensiven Duft der Blüten, den aromatischen Duft der Blätter und den Geschmack der Früchte. Von der Blüte bis zur reifen Frucht vergehen ungefähr eineinhalb Jahre. Das wertvolle und teure Neroliöl wird aus dem oberen Teil der Blütenblätter gewonnen. Der süße Duft dringt tief in die Seele, stabilisiert und baut auf. Das aus dem unteren Teil und den Kelchblättern gewonnene Öl entspricht mehr dem »Petit Grain«, das aus Blättern, Zweigen und unreifen Früchten gewonnen wird. Der Duft ist blumig, frisch und belebend. Ich empfinde den Duft der Citrus-Blüten als eine gelungene Kombination aus beiden Richtungen, er paßt gut zu Rosen, Jasmin und Lavendel.

Jeder hat sicherlich schon mal versucht, aus einem Zitruskern eine Pflanze zu ziehen. Nur: Bei Sämlingen kann man kaum vor 10-15 Jahren mit Blüten rechnen. Wenn man nicht so lange warten möchte und außerdem eine sortenechte Pflanze wünscht, kauft man am besten veredelte Sorten.

Citrus aurantium

POMERANZE

Die Pomeranze oder Bitterorange hat intensiv duftende Früchte und Blüten, die bevorzugt für die Gewinnung von Neroliöl verwendet werden, einem der Hauptbestandteile von Kölnisch Wasser. Aus den kleinen, bitteren Früchten läßt sich eine köstliche Marmelade zubereiten. Die Pomeranze ist eine der winterhärtesten *Citrus*-Arten. Höhe: bis 4 m. D D

Citrus bergamia

BERGAMOTTE

Süß duften die kleinen, weißen Blüten der Bergamotte, einem Mittelding zwischen Bitterorange und Zitrone. Die dekorativen Pflanzen wirken zarter als Orangen- und Zitronenbäume. Aus der Schale der – ungenießbaren – noch grünen Früchte wird das Bergamottöl gewonnen, hochbegehrt in der Parfumindustrie. Der Duft der smaragdgrünen Essenz ist fruchtig und lebendig, blumig und warm. Höhe: bis 3 m. Mindesttemperatur: 0 °C. D D

Citrus limon 'Quattro Stagioni'

ZITRONE

In den kleinen, wachsartigen, weißen Blüten ist der ganze Duft des Südens enthalten. Eine geöffnete Blüte erfüllt mit ihrem berauschenden Duft unseren gesamten Vorgarten. Diese »Zitrone der vier Jahreszeiten« blüht und fruchtet unermüdlich – richtige Überwinterung vorausgesetzt. Meine vier Bäumchen versorgen uns das ganze Jahr über mit herrlichen, großen, saftigen Früchten, die viel weniger sauer sind als die gekauften. Kein Wunder, sie dürfen an der Pflanze reifen und werden nur bei Bedarf gepflückt. Höhe: bis 3 m. Mindesttemperatur: 10 °C. D D

S *Cyphomandra betacea*

BAUMTOMATE

Der Duft der winzigen, sternförmigen Blüten der Baumtomate ist umwerfend und unbeschreiblich schön, im wahrsten Sinne des Wortes. Sie haben ein exquisites Parfum, bei dem es mir schwerfällt, es zu definieren. Es ist süß und weich und doch sehr eigenständig, ein bißchen vom Duft der Tomaten meine ich auch wahrzunehmen. Genauso extravagant ist die Farbe der Blüten: ein sehr blasses Cremerosa, schillernd wie bei einer Muschel. Die orangeroten Früchte sind eßbar. Eine Duftwolke für ein Gewächshaus. Höhe: 2 m. Mindesttemperatur: 5 °C. D D

S *Dregea sinensis*

Einen süßen, weichen Duft, wie beim Hopfen, verströmt diese sich windende, verholzende Kletterpflanze. Dolden aus cremeweißen, im Innern purpurrosa gesprenkelten, sehr lang gestielten Blüten erscheinen den ganzen Sommer über. Auch die oval-herzförmigen Blätter und die interessanten, an ein Flügelpaar erinnernden Samenkapseln sind eine Zierde. Mit einem Schutz im Wurzelbereich an einem sonnigen Standort hält sie meiner Erfahrung nach erstaunlich niedrige Temperaturen aus. Höhe: bis 3 m. Mindesttemperatur: 0 °C. D D

T *Gardenia augusta* 'Fortuniana'

GARDENIE

Würzig süß mit einer fruchtigen Note, die an sonnengereifte Aprikosen erinnert, duften die großen, dichtgefüllten weißen Blüten. Wenn mich ihr Duft nicht so faszinieren würde, hätte ich es sicherlich mit dieser Diva aufgegeben. Mit keiner Pflanze hatte ich jemals so viele Mißerfolge, war so frustriert und deprimiert und so hilflos. Aber auch nie so hartnäckig. Es dauerte eine Weile, bis ich merkte, daß Gardenien sich im Halbschatten viel wohler fühlen, besser wachsen und blühen als in voller Sonne. Selbst der Schatten ist für sie kein Problem. Die Sonne am Spätnachmittag allerdings genießen sie sehr, ihr Duft ist dann noch intensiver. Auch das glänzende, dunkelgrüne Laub ist im Schatten viel saftiger. Bei uns stehen die Töpfe von Mitte März bis zum Herbst im Freien, in der übrigen Zeit werden sie frostfrei überwintert. Ich hatte mit dieser Methode mehr Glück als im Zimmer. Sie blühen dann natürlich später, ab Anfang August ohne Unterbrechung bis in den Oktober hinein – aber sie blühen, und zwar jedes Jahr aufs Neue. Was man im Blumengeschäft oder Gartencenter angeboten bekommt, ist oft diese Sorte, oft unter dem Namen *Gardenia jasminoides* 'Fortunei'. Höhe: bis 1,50 m. Mindesttemperatur: 5 °C. D D

T *Jasminum sambac*

ARABISCHER JASMIN

Intensiv orientalisch duftet der Arabische Jasmin – wie könnte es auch anders sein. Aus den wachsweißen, 2,5 cm großen Blüten wird der herrliche Jasmintee zubereitet. Diese immergrüne, schlingende oder kriechende Kletterpflanze mit ihren leuchtend dunkelgrünen Blättern blüht den ganzen Sommer über und macht selbst im Winter keine Pause, wenn die Temperatur hoch genug ist. Höhe: 2 m. Mindesttemperatur: 10 °C. D D

T *Lantana*-Camara-Hybriden

WANDELRÖSCHEN

Der köstliche weiche, süße Duft ist nur in Sorten mit weißen, hellgelben, rosa oder lilafarbenen Blüten enthalten. Orangefarbene oder rote Sorten haben ganz wenig oder gar keinen Duft, ein Beispiel, wo das Pigment an die Stelle des Duftes tritt. Sie lieben volle Sonne, im Winter möchten sie hell stehen, bei 5 bis 10 °C, und werden in der Regel als Hochstämmchen gezogen. Der deutsche Name »Wandelröschen« kommt von der Eigenschaft, daß die Blüten während ihrer Entwicklung die Farbe wechseln, z. B. von rosa zu lila. Höhe: 1-2 m. Mindesttemperatur: 5 °C. D

***Dregea sinensis*, auch unter dem Namen »Wattakaka« zu finden, hat einen wunderbar weichen Duft.**

Dieser Traum in Duft und Farbe ist auch bei uns zu verwirklichen. Oleander fühlt sich in Töpfen sehr wohl und kann eine stattliche Größe erreichen.

S *Michelia figo*

Der Duft der kleinen, magnolienähnlichen, cremefarbenen Blüten mit purpurfarbenen Markierungen wird als bananenähnlich beschrieben – meine Pflanze tanzt hier jedoch eindeutig aus der Reihe. Sie blüht dunkel-purpurfarben und duftet intensiv nach Himbeerbonbons. In keinem Nachschlagewerk ist eine unifarbene Sorte oder Art angegeben, außer in Weiß. *Michelia figo* scheint für Überraschungen gut zu sein. Mußte ausgerechnet ich in meinem weißen Garten diese seltene Farbe erwischen? Aus ungewöhnlich hübschen, seidig behaarten Knospen kommen eher unscheinbare Blüten zum Vorschein, aber mit welchem Duft! Fruchtig süß ist er allemal, und für welche Frucht er sich entscheidet, liegt wohl letztendlich an der Farbe. Der immergrüne, buschige Strauch mit seinen hellgrünen, glänzenden Blättern wird jedem schönen Terrakottatopf gerecht und wird in unseren Breiten nie zu einem Baum heranwachsen. Höhe: bis 3 m. Mindesttemperatur: 5 °C. D D

A *Nerium oleander*

OLEANDER

Mit seinem weichen, süßen und zarten Duft ist der Oleander der Inbegriff mediterraner Flora. Der Duft ist hier nicht selbstverständlich, es lohnt sich, nach einer einfach blühenden, duftenden Sorte zu suchen. Die trichterförmigen Blüten erscheinen in endständigen Rispen den ganzen Sommer über. Neben den ursprünglichen Farben Weiß und Rosa gibt es auch dunkelrote und lachsfarbene Sorten mit süßem Duft. Der immergrüne, schmale Strauch mit seinen ledrigen, graugrünen, schmalen Blättern ist sehr pflegeleicht – während der Wachstumszeit braucht er jedoch viel Wasser, und das heißt oft zweimal täglich. Alle Teile enthalten einen sehr giftigen, milchigen Saft, der bei den Einwohnern von Zentralafrika als Gift für Pfeil und Speer verwendet wurde. Höhe: 2 m und mehr. Mindesttemperatur: 0 °C. D

T *Osmanthus fragrans*

DUFTBLÜTE

Den Duft des Orients holen wir uns mit den kleinen, weißen Blüten vom Sommer bis zum Herbst in den Garten. Anschließend erscheinen 1 cm lange, schwarzblaue Früchte. Sehr hübsch ist das dunkelgrüne, glänzende Laub. In China wurden die Blüten dazu verwendet, dem Tee ein orientalisches Aroma zu verleihen, daher der englische Name »Sweet Tea«. Höhe: bis 3 m. Mindesttemperatur: 0 °C. D D

A *Plumbago auriculata*

BLEIWURZ

Mit ihren nach Vanille duftenden Blüten ist die Bleiwurz eine der wenigen blauen Pflanzen, die einen intensiven Duft besitzen. Eine Kletterpflanze, deren Kultur in unseren Breiten nur im Topf möglich ist. Sie kann schon im Spätfrühling an einen sonnigen, geschützten Platz im Garten gestellt werden und bringt während des ganzen Sommers unermüdlich primelartige, azur-hellblaue Blüten hervor. Im Frühjahr sollten die vor-

Plumeria alba, der Frangipani, mit überwältigendem, exotischem Jasminduft. Um bei uns so zu blühen, muß der Sommer schon sehr heiß sein.

jährigen Triebe ausgedünnt und eingekürzt werden. Durch die Begrenzung der Wurzeln im Topf wächst *Plumbago* niedrig und buschig. Höhe: bis 3 m. Mindesttemperatur: 0 °C. D

S *Plumeria*

FRANGIPANI

Einen überwältigenden, warmen Jasminduft verströmen die trichterförmigen, wachsähnlichen weißen Blüten. Der Name »Frangipani« geht auf einen italienischen Fürsten des 12. Jahrhunderts zurück, der ein Parfum kreierte, das offensichtlich an den umwerfenden Duft dieses tropischen Gewächses erinnerte. – Die sommergrünen Pflanzen mit den sukkulenten Trieben, an denen die Blüten in endständigen Trugdolden erscheinen, werden natürlich im Topf keine Bäume von 7 m Höhe. Zum Glück, wo sollte man sonst im Winter damit hin? Welches Zimmer ist schon so hoch, denn sie möchte es hell und nicht kühler als 12 °C haben. Ihre Schönheit entwickelt diese »Duftwolke« nur in warmen Sommern und am wärmsten und sonnigsten Standort. Die heißesten Stunden des Tages sind ihr gerade recht. Im Sommer muß sie reichlich gegossen werden, aber auch immer wieder abtrocknen können. – Voraussetzung für einen Blütenansatz ist die strikte Einhaltung einer Ruhephase von November bis Mai, in der nur ganz wenig gegossen wird. Sie verliert dann zwar alle Blätter und sieht trostlos aus, aber die Blüte entschädigt mit ihrem Duft mehr als reichlich für den deprimierenden Anblick während der Ruhephase. Da die Neigung, sich selbst zu verzweigen, sehr gering ist, sollte der Haupttrieb zur Bildung einer Krone in der gewünschten Höhe mehrmals gestutzt werden. Ich beschreibe das hier so ausführlich, weil ich mit meiner ersten Pflanze ziemlich hilflos und alleingelassen war und einen gehörigen Schrecken bekam, als ich im Winter nichts als diesen kahlen Trieb sah. – Die Blüten dienen zur Parfumgewinnung und zur Herstellung von Blütenketten. In Ländern wie Thailand, Indien oder Indonesien wird *Plumeria* aus religiösen Gründen nicht in Privatgärten gepflanzt. Dort ist sie als Symbol der Unsterblichkeit Tempelanlagen und Friedhöfen vorbehalten. Glücklicherweise hindert uns kein Glaube und kein Aberglaube daran, es mit dieser herrlichen Pflanze zu versuchen. – Neben zwei weißen Arten mit gelbem Auge, *P. alba* und *P. rubra* f. *acutifolia*, gibt es auch *P. rubra*, deren Blüten meist rosa, gelegentlich auch gelb oder auch rotbronze gefärbt sind. Höhe: bis 3 m. Mindesttemperatur: 12 °C. D D D

S *Polianthes tuberosa*

TUBEROSE

Der berauschende Duft der Tuberose ist etwas ganz Besonderes.

Ausgesprochen exotisch, balsamisch, honigartig süß, berauschend und sinnlich – vielleicht die am intensivsten duftende Blüte überhaupt. Eine einzige Tuberose kann einen ganzen Raum in einen duftenden Blumengarten verwandeln, in einem kleinen Zimmer oft an der Grenze des Erträglichen. Die reinweißen, wachsähnlichen, trichterförmigen Blüten öffnen sich flach wie Sterne. Sie liefern einen der teuersten und edelsten natürlichen Duftstoffe und gehören zu den wenigen Pflanzen, deren Duft noch durch Enfleurage gewonnen wird. – Tuberosen sind knollenbildende Stauden. Aus einer Rosette von schmalen, aufrecht stehenden Blättern bildet sich ein etwa 60 cm hoher Blütenstiel, dessen Spitze die Blütenähre schmückt. Sie sind bei uns nicht winterhart und stehen deshalb alle in Töpfen, ab Mai im Freien und so sonnig wie möglich. Um schön zu blühen, benötigen sie eine Temperatur von 20 °C. Da sich die Blüte recht spät entwickelt, ab August, ist

Romneya coulteri **wird mit ihren weißen, transparenten Blüten ihrem deutschen Namen »Kalifornischer Mohn« gerecht. Als Zugabe verwöhnt sie uns mit einem intensiven süßen Duft.**

mit ihr immer ein Wettlauf mit der Zeit und dem Wetter verbunden. Ich wünsche mir immer einen milden, sonnigen und langen schönen Herbst, nicht nur der Tuberose zuliebe. Die Knollen werden wie Dahlien überwintert, im zeitigen Frühjahr getopft und so sonnig wie möglich gestellt. – Die Sorte 'The Pearl' hat eine besonders hübsche, halbgefüllte Blüten mit noch betörenderem Duft, soweit das überhaupt möglich ist. Sie braucht allerdings, wie viele gefüllte Blüten, etwas länger zu ihrer Toilette. Höhe: 60 cm. Mindesttemperatur: 15 °C. DDD

T *Trachelospermum jasminoides*

STERNJASMIN

Die sehr süß duftenden, reinweißen, kleinen Blüten erinnern mich an kleine Windmühlrädchen. Sie erscheinen unermüdlich den ganzen Sommer über. In milden Gegenden, an einer geschützten Stelle, kann dieser immergrüne Schlingstrauch mit seinem glänzenden, dunkelgrünen Laub ins Freie gepflanzt werden. Wo immer er mit der Erde in Berührung kommt, bildet er von den Blattachseln aus Wurzeln. Bei uns steht er im Topf und ist dadurch in seinem Wachstum eingeschränkt. Höhe: bis 9 m. Mindesttemperatur: -5 °C. DD

S *Zingiber officinalis*

INGWER

Im wahrsten Sinne des Wortes atemberaubend ist der Duft und der Geschmack der Ingwerwurzeln. Die Ingwerpflanze wird im Topf etwa 1 m hoch, die schmalen Blätter sind 15 cm lang., die Hochblätter sind hellgrün bis ockerfarben und die Blüte gelbgrün mit einem dunklen Purpur, das gelb gefleckt ist. Aus dem dicken Wurzelstock, der oberhalb der Erde liegt, wird das Gewürz gewonnen. Für mich als Teeliebhaberin gehört zum Tee ein Stückchen Ingwer. Es ist allerdings Geschmackssache, entweder man mag ihn oder man mag ihn nicht. Auf mich wirkt der Duft einer frisch aufgebrühten Tasse Ingwer-Tees trotz seiner Schärfe warm und wohltuend – er weckt meine Lebensgeister. Wen wundert es, daß auch die Ingwerpflanze zu meinen Exoten gehört – nichts als eine schöne Spielerei. Höhe: ca. 1 m. Mindesttemperatur: 0 °C. DD

Botanischer Name/Sorte	Deutscher Name	Farbe	Duft-pfl. 1)	Duft-Int. 1)	Duft-richtung
Brugmansia (=Datura) 'Knightii'	Engelstrompete	weiß	T	DD	Lilien
Camellia forrestii	Kamelie	weiß	A	D	Honig
Camellia-Higo-Gruppe 'Scented Sun'	Kamelie	rosa und weiß gestreift	A	D	süß
Camellia japonica 'Scentsation'	Kamelie	pink	A	d	süß
Camellia lutchuensis	Kamelie	weiß	A	DD	himmlisch Honig
Camellia 'Fragrant Joy'	Kamelie	dunkel lavendelrosa	A	DD	Honig
Camellia 'Fragrant Pink'	Kamelie	dunkles Pink	A	DD	wie *Osmanthus*, süß
Camellia 'High Fragrance'	Kamelie	cremerosa, dunkelrosa gerandet	A	D	Honig
Camellia 'Koto-no-kaori'	Kamelie	pink	A	D	Honig
Camellia 'Minato-no-akebono'	Kamelie	rosa und dunkler	A	D	Honig
Camellia 'Minato-no-Haru'	Kamelie	dunkelrosa	A	D	Honig
Camellia 'Quintessence'	Kamelie	weiß mit rosa	A	DD	süß wie Honig
Camellia 'Scented Gem'	Kamelie	fuchsienrot	A	D	Honig
Camellia 'Scentuous'	Kamelie	weiß	A	D	süß
Camellia 'Souza's Pavlova'	Kamelie	reinrosa	A	D	Honig
Camellia 'Spring Mist'	Kamelie	blaßrosa	A	D	sehr süß
Camellia 'Winter's Star'	Kamelie	rosa	A	D	Honig und leicht orientalisch
Camellia sasanqua 'Fragrans'	Kamelie	weiß	A	DD	orientalisch

1) siehe Seite 49

Botanischer Name/Sorte	Deutscher Name	Farbe	Duft-pfl. 1)	Duft-Int. 1)	Duft-richtung
Camellia sasanqua 'Fragrant Sweet'	Kamelie	weiß	A	D	süß
Camellia sasanqua 'Fuji-no-mine'	Kamelie	weiß	A	D	orientalisch
Camellia sasanqua 'Kenkyo'	Kamelie	weiß	A	D	orientalisch
Camellia sasanqua 'Lago dei Cigni'	Kamelie	weiß	A	D	angenehm frisch orientalisch
Camellia sasanqua 'Narumigata'	Kamelie	weiß mit rosa	A	DD	orientalisch/Honig
Camellia sasanqua 'Sasanqua Ben'	Kamelie	weiß	A	D	orientalisch
Camellia sasanqua 'Setsugekka'	Kamelie	weiß	A	D	orientalisch
Camellia sasanqua 'Snowflake'	Kamelie	weiß	A	D	orientalisch süß
Camellia sasanqua 'White Lady'	Kamelie	weiß	A	D	orientalisch und süß
Camellia synaptica	Kamelie	weiß	A	D	intensiv nach Honig
Camellia-Wabisuke-Gruppe 'Showa Wabisuke'	Kamelie	weiß und rosa	A	D	Honig
Carissa macrocarpa (= grandiflora) 'Tuttlei'	Natalpflaume, Wachsbaum	weiß	S	DD	orientalisch
Ceanothus x *delilianus* 'Gloire de Versailles'	Säckelblume	blaßblau	A	D	weich, süß
Ceanothus 'Dark Star'	Säckelblume	violettblau	A	D	Honig
Citrus aurantium	Pomeranze	weiß	T	DD	exotisch, süß
Citrus bergamia	Bergamotte	weiß	T	DD	exotisch, süß
Citrus limon 'Meyeri'	Zitrone	weiß	T	DD	exotisch, süß
Citrus limon 'Quattro Stagioni'	Zitrone	weiß	T	DD	exotisch, süß
Citrus reticulata	Mandarine	weiß	T	DD	exotisch, süß
Citrus sinensis 'Quattro Stagioni'	Orange	weiß	T	DD	exotisch, süß
Clematis cirrhosa var. *balearica*	Clematis Waldrebe	cremefarben	A	D	Zitrone
Clethra arborea	Scheineller, Maiglöckchenbaum	weiß	S	D	Maiglöckchen
Cyclamen persicum	Duft-Alpenveilchen	weiß, rosa, purpur	A	D	Maiglöckchen
Cyclamen-Persicum-Hybride 'Scentsation'	Duft-Alpenveilchen	rosa, karmin, rot	A	D	süß
Cyphomandra betacea (=crassicaulis)	Baumtomate	blaß cremerosa	S	DD	süß, tomatenähnlich
Dregea sinensis	Wattakaka	weiß, zartlila	S	DD	Hopfen
Erica x *veitchii* 'Exeter'	Heide	weiß	A	D	Honig
Eucharis x *grandiflora*	Amazonaslilie	weiß	S	DD	exotisch
Exacum affine	Persisches Veilchen	blau, weiß	T	D	Maiglöckchen
Gardenia augusta 'Fortuniana'	Gardenie	weiß	T	DD	würzig, süß, Aprikosen
Gardenia radicans	Gardenie	weiß	T	DD	würzig
Gordonia lasianthus	Gordonie	weiß	S	D	fruchtig
Hedychium gardnerianum	Ingwerlilie	zitronengelb	S	DD	exotisch
Hoya australis	Wachsblume	weiß mit rot	T	DD	exotisch
Hoya carnosa	Fleischigblättrige Wachsblume	weiß mit rosa	T	D	Honig
Hoya lanceolata ssp. *bella*	Wachsblume	weiß mit amethyst	T	DD	süß
Hymenocallis narcissiflora	Schönhäutchen	weiß	S	DD	süß
Jasminum polyanthum	Jasmin	weiß	T	DD	intensiv
Jasminum sambac	Arabischer Jasmin	weiß	T	DD	orientalisch

1) siehe Seite 49

Botanischer Name/Sorte	Deutscher Name	Farbe	Duft-pfl.[1]	Duft-Int.[1]	Duft-richtung
Lantana-Camara-Hybriden	Montevideo-Wandelröschen	weiß, rosa, gelb, violett	T	D	weich, süß; Laub nach Minze
Lavandula stoechas 'Alba'	Schopflavendel	purpur	T	DD	Lavendel; auch Laub
Lomatia tinctoria	–	cremefarben	S	DD	nach Vanille
Mandevilla laxa	Chilenischer Jasmin	weiß	S	DD	süß
Michelia doltsopa	–	cremefarben	S	DD	orientalisch
Michelia figo	–	cremefarben/purpur	S	DD	Banane / Himbeer-bonbons
Miltoniopsis roezlii	Stiefmütterchen-Orchidee	weiß mit purpur und gelb	S	DD	süß, leicht bitter, unvergleichlich
Murraya paniculata	Orangenraute	weiß	S	DD	Jasmin
Myrtus lechleriana (= *Amomyrtus luma*)	Myrte	weiß	T	D	würzig/süß; Laub würzig
Nerium oleander 'Casablanca'	Oleander	weiß	A	D	weich/süß
Nerium oleander 'Petite Pink'	Oleander	hellrosa	A	D	weich/süß
Nerium oleander 'Petite Salmon'	Oleander	lachsrosa	A	D	weich/süß
Nerium oleander 'Ruby Lace'	Oleander	dunkelrot	A	D	weich/süß
Nerium oleander 'Soeur Agnes'	Oleander	weiß	A	D	weich/süß
Osmanthus fragrans	Duftblüte	creme	T	DD	orientalisch
Osmoglossum pulchellum	Maiglöckchen-Orchidee	weiß	S	DD	Maiglöckchen
Pancratium maritimum	Pankrazlilie	weiß	S	DD	süß
Passiflora capsularis 'Vanilla Cream'	Passionsblume	weiß	S	DD	Vanille
Pittosporum tobira	Klebsame	weiß	S	DD	exotisch, Orangen-blüten
Plumbago auriculata (= *capensis*)	Bleiwurz	blau	A	D	Vanille
Plumeria alba	Frangipani	weiß mit gelbem Auge	S	DDD	Jasmin
Plumeria rubra	Frangipani	gelb, rosa, rotbronze	S	DDD	Jasmin
Plumeria rubra f. *acutifolia*	Frangipani	weiß mit gelbem Auge	S	DDD	Jasmin
Polianthes tuberosa	Tuberose	weiß	S	DD	exotisch
Polianthes tuberosa 'The Pearl'	Tuberose	weiß	S	DDD	exotisch
Primula auricula 'C. G. Haysom'	Alpenaurikel	weiß gerandet	A	D	süß, fruchtig
Primula auricula 'Chloë'	Alpenaurikel	grün gerandet	A	D	süß, fruchtig
Romneya coulteri 'White Cloud'	Kalifornischer Mohn	weiß	S	DD	süß
Stephanotis floribunda	Kranzschlinge, Madagaskar-Jasmin	weiß	T	DD	exotisch
Stewartia sinensis	Scheinkamelie	weiß	S	D	süß
Trachelospermum jasminoides	Sternjasmin	weiß	T	DD	süß
Viburnum odoratissimum	Schneeball	reinweiß	T	DD	süß
Vitex agnus-castus	Mönchspfeffer	violett	S	D	süß
Zingiber officinalis	Ingwer	gelbgrün	S	DD	aromatisch

1) siehe Seite 49

Pflanzen, die nachts duften

Die Nacht hat ihre Geheimnisse und ihre Düfte. Ein ganz besonderer Zauber liegt über dem Garten, wenn die Dämmerung ihre Flügel ausbreitet und wie zum Schutz alles Störende von uns fernhält. Erlebt man einmal ganz bewußt, am besten allein, wie die Natur schlafen geht, die Blüten sich schließen, der abendliche Gesang der Vögel mehr und mehr nachläßt, bis auch die letzte Amsel sich zur Ruhe begibt, wird man durch die unglaublich schöne Stimmung belohnt. Unsere Sinne sind zunehmend auf das Hören und das Riechen ausgerichtet. Die Farben sind mit dem Dunkel der Nacht eins geworden, nur die weißen Blüten leuchten noch lange geisterhaft und glitzern wie Sterne. Sie verwandeln den Garten in einen wahren Mondscheingarten.

Und gerade in diesen geheimnisvollen Stunden verströmen einige Blüten ihre verführerischsten Düfte – Düfte, die die Schwermut des Abends unterstreichen: schwer bis exotisch betäubend, süß, nach Honig und Gewürznelken, aber auch aromatisch und zitronig. Diese Düfte entfalten sich besonders an einem geschützten Platz, vor einer warmen Mauer, die die Hitze des Tages gespeichert hat und nun abgibt, oder dort, wo keine kalten Winde die Düfte zerwehen. Ideal läßt sich die Abendstimmung am sommerlichen Sitzplatz genießen – was gibt es Schöneres als gemütlich den Tag ausklingen zu lassen, eingehüllt von wohligen Düften?

Meist sind es Blüten mit hellen Farben, die die betörendsten Düfte besitzen, und meist werden sie von Nachtfaltern besucht. Oft sind es tropische Pflanzen, die bei uns im Winter den Schutz eines Gewächshauses benötigen. Im Sommer jedoch verwandeln sie Gärten in ein Reich zum Träumen – wenn dann noch eine Nachtigall singt ...

A S *Gladiolus tristis*
GLADIOLE

Der intensive Gewürznelkenduft ist nur abends wahrnehmbar, obwohl sich die 6 cm langen Blüten am Tage öffnen. Aus diesem Grund ist ihr köstlicher Duft vielen Menschen unbekannt. Dieses Kleinod stammt aus Südafrika und wirkt eigentlich nicht wie eine herkömmliche Gladiole: Zwischen schmalen Blättern erscheinen im Frühling lockere Ähren mit zwanzig cremefarbenen Blüten mit grünen und kastanienbraunen Markierungen. Sie wirkt sehr grazil und allein wegen ihres Duftes lohnt es sich, zum Nachtschwärmer zu werden. Höhe: ca. 50 cm. Mindesttemperatur: 0 °C. D D

T *Hesperis matronalis*
NACHTVIOLE

Abends intensiv nach Gewürznelken duften die purpur- und lilafarbenen, aber auch weißen Blüten der Nachtviole. Eigenartigerweise erinnert mich morgens der leichte Duft der weißen Sorte an Veilchen. Der Gattungsname ist vom griechischen *hesperos* (Abend) abgeleitet. Die Staude liebt volle Sonne. Sie neigt dazu, an der Basis zu verholzen und sollte deshalb alle zwei Jahre neu aus Samen gezogen werden. Sie sät sich fleißig selbst aus. Auf ihren abendlichen Duftgenuß sollte weder im Bauerngarten noch in einer Rabatte verzichtet werden. – »Die gefüllte weiße Nachtviole steht in voller Blüte, und ihre weiche Weißschattierung ist etwas ganz Besonderes ... weißer als das Grau einer Auster und grauer als grünlich schimmerndes Porzellan.« Hier so liebevoll von E. A. Bowles (1865-1954) – englischer Gartengestalter, Schriftsteller und Pflanzenspezialist – beschrieben, ist sie als *Hesperis matronalis* var. *albiflora* 'Alba Plena' heute noch in Kultur. Höhe: 60–90 cm. D D

Wie schön ist es, beim Nachhausekommen vom warmen Gewürznelkenduft der Nachtviole begrüßt zu werden

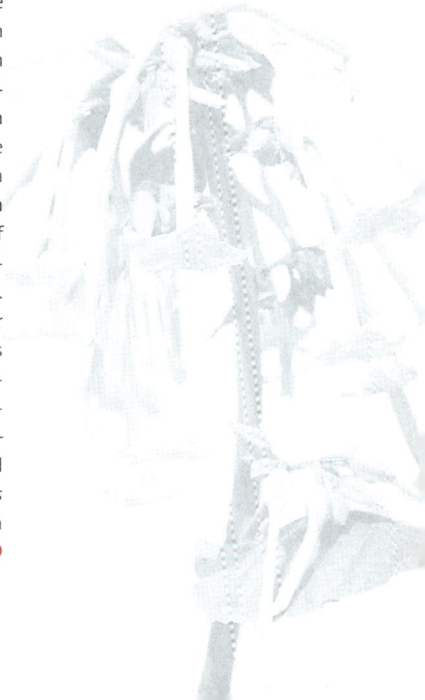

Der Ziertabak *(Nicotiana sylvestris)* duftet abends exotisch, bei Sonnenschein dagegen schließen sich die Blüten.

A *Hoya carnosa*

WACHSBLUME

Süß und würzig zugleich, fast ein bißchen nach Weihrauch, duften die Blüten der Wachsblume. Sie sehen etwas künstlich aus – weiße, oft auch zartrosa überhauchte Sterne mit roter Nebenkrone erscheinen in Dolden vom Sommer bis zum Herbst. Es ist wichtig, beim Entfernen der verwelkten Blüten vorsichtig zu sein, da die Blütendolden in den oberen Blattachseln gebildet werden und nicht verletzt werden dürfen. Ein eleganter, immergrüner Schlingstrauch für ein Gewächshaus. Höhe: bis 5 m. Mindesttemperatur: 5 °C. D D

T *Matthiola longipetala* ssp. *bicornis*

LEVKOJE

Wenn es Nacht wird, duftet diese Levkoje so intensiv nach Gewürznelken, daß ihr »Dasein« schon von weitem wahrgenommen wird. Die lockeren Ähren aus grünweißen, mauve- oder pinkfarbenen Blüten sind nicht sonderlich umwerfend, das Gegenteil ist beim Duft der Fall. Sie hat ihren großen Auftritt erst am Abend. Hat sich diese Einjährige einmal im Garten angesiedelt, ist sie immer da, so fleißig sät sie sich selbst aus. Höhe: 30 cm. D D

T *Nicotiana sylvestris*

ZIERTABAK

Exotisch duften die weißen Trichterblüten des Ziertabaks, die an den Triebenden dicht zusammenstehen. Diese besonders dekorative Art hat hübsches, leuchtendes Laub und einen stattlichen Wuchs und blüht unermüdlich den ganzen Sommer über. Sie wird meist einjährig gezogen, ist in milden Gegenden aber auch als kurzlebige Staude zu betrachten. Höhe: bis 1,50 m. D D

S *Pamianthe peruviana*

Einen exquisiten, exotischen Duft verströmt dieses Zwiebelgewächs aus Peru, besonders kräftig am Abend. In der Intensität des Duftes kann sie durchaus mit der Tuberose konkurrieren, sozusagen deren Rolle am Abend übernehmen. An einem aufrechten Blütenstengel öffnet sie zu Frühlingsbeginn zwei bis vier riesige Blüten mit einem Durchmesser von 12 cm und 20 cm Länge. Die offene, glockenförmige Blütenkrone ist weiß mit cremefarbenem Schimmer und hat deutliche grüne Streifen im Innern. Die Pflanze stellt keine besonderen Ansprüche, in einem nicht zu warmen Gewächshaus blüht sie regelmäßig. Ihre kurzen Ausläufer kann man vorsichtig abtrennen, sobald sie groß genug sind, um selbst eine neue Zwiebel zu bilden. Einmal eine andere »Königin der Nacht«. Höhe: bis 1 m. Mindesttemperatur: 12 °C. D D D

Botanischer Name/Sorte	Deutscher Name	Farbe	Duftpfl.[1)]	Duft-Int.[1)]	Duftrichtung
Abronia umbellata	Sandverbene, Saftkrieche	rosarot	T	D	süß
Brugmansia (=Datura) suaveolens	Datura, Engelstrompete	weiß	T	DD	süß
Gladiolus tristis	Gladiole	cremefarben	A/S	DD	Gewürznelken
Hemerocallis citrina	Taglilie	zitronengelb	T	D	süß
Hesperis matronalis	Nachtviole	purpur, lila oder weiß	T	DD	Gewürznelken
Hoya carnosa	Wachsblume	weiß mit rot	A	DD	süß und würzig
Lonicera periclymenum 'Graham Thomas'*)	Geißblatt	weiß	T	DD	Honig
Matthiola longipetala ssp. *bicornis*	Levkoje	grünweiß, gelb oder pink	T	DD	Gewürznelken
Nicotiana alata	Ziertabak	weiß	T	DD	exotisch
Nicotiana sylvestris	Ziertabak	weiß	T	DD	exotisch
Oenothera biennis	Nachtkerze	leuchtend gelb	T	D	Zitrone
Pamianthe peruviana	–	weiß	S	DDD	exotisch
Verbena-Hybriden	Eisenkraut	weiß, rosa, violett	A	DD	exotisch
Yucca whipplei	Palmlilie	cremeweiß	T	D	süß
Zaluzianskya capensis	Sternbalsam	weiß	S	DD	aromatisch

1) siehe Seite 49; *)siehe auch Seite 60

Pflanzen mit duftendem Laub

Zwischen herrschenden und strahlenden Pflanzen braucht man auch stille und dienende, Pflanzen, von denen man überrascht ist, wozu sie fähig sind. Anders als die Blüten geben die Blätter ihr Aroma nicht ohne »Anstoß« frei: Die Zellen müssen erst zerstört werden. Ist das ätherische Öl in der Nähe der Blattoberfläche gespeichert, genügt es oft schon, wenn die Musik des Himmels – der Wind – zu singen beginnt; auch intensive Sonnenstrahlen, ein heftiger Regen oder ein leichtes Vorbeistreifen können uns in einen Duftrausch versetzen. Aber es ist ganz unterschiedlich, wie stark die Zerstörung sein muß. Duftpelargonien geben ihr Aroma schon beim der geringsten Berührung frei, während bei Pflanzen mit festen Blättern, bei denen das ätherische Öl tief im Innern in Kapseln eingeschlossen ist – wie beispielsweise beim Lorbeer – die Blätter richtig zerdrückt werden müssen. Es gibt allerdings auch eine weniger brutale Möglichkeit: In getrocknetem Zustand entweicht das Aroma freiwillig.

Das ätherische Öl hat oft eine schützende und heilende Wirkung bei Blattverletzungen, die ja zwangsläufig auftreten. Aber das ist längst nicht der einzige Selbstzweck. Den Schutz vor Krankheiten und dem Gefressenwerden habe ich schon im Kapitel »Was ist überhaupt Duft?« (siehe Seite 13 ff.) erwähnt. Pflanzen mit duftendem Laub kommen oft aus Ländern mit enormen Temperaturschwankungen zwischen Tag und Nacht. Freigeworden durch die Hitze des Tages, legt sich das ätherische Öl als Schutzfilm über das Laub und verhindert so am Tage eine zu starke Verdunstung und nachts ein zu plötzliches Absinken der Temperatur. Man hat vor einiger Zeit herausgefunden, daß Blattdüfte – obwohl das Laub normalerweise im Fortpflanzungszyklus keine Rolle spielt – sehr wohl bestäubende Insekten anlocken können. Die ätherischen Öle von Duftpelargonien oder Minzen sind daher auch an den Blättern, die den Blütenstand umgeben, konzentrierter und blumiger.

FÜLLE DER BLATTDÜFTE

Während die Blütendüfte aus komplexen Kombinationen verschiedener Substanzen bestehen, sind Blattdüfte relativ einfach in der Zusammensetzung. Und trotzdem, oder vielleicht sogar deswegen, gibt es eine erstaunliche Vielfalt. Allein mit einer kompletten Kollektion von Duftpelargonien bleiben nur wenig Duftwünsche offen; exotische Blütendüfte sind hier nicht zu finden, auch Vanille habe ich nicht entdecken können. Den fruchtigen Düften ist oft eine bittere oder würzige Note beigemischt, ihnen fehlt das Liebliche. Dafür werden wir mehr als reichlich mit sehr interessanten Düften entschädigt.

Die Palette der Blattdüfte ist riesig. Ganz nach Lust und Laune können wir zwischen süß, balsamisch, aromatisch, würzig, harzig und fruchtig wählen, aber auch

nach Moschus, Karamel, Weihrauch, Bittermandeln, Kampfer, Hopfen, Rosen, Zimt, Muskat, Anis, Heu, Minze, Zitronen, Orangen, Aprikosen, Pfirsichen, Ananas, Äpfeln, Schwarzen Johannisbeeren und sogar nach einem frischen Obstkuchen kann das Laub duften. – Das Glück ist grenzenlos, wenn außer dem Laub auch noch die Blüten duften, wie bei der Orangenblume *(Choisya ternata)*, bei *Magnolia salicifolia* oder dem Lorbeer *(Laurus nobilis)*.

Die Zitronenverbene verdankt ihren treffenden Namen dem Duft ihres zarten Laubes.

Pflanzen mit duftendem Laub sollte man stets in Reichweite haben. Unwillkürlich nehme ich beim Vorbeigehen hier und dort ein Blatt in die Hand, streiche darüber oder zerdrücke es und erfreue mich an dem Duft – und bin immer aufs Neue erstaunt und überrascht.

S *Aloysia triphylla (= Lippia citriodora)*

ZITRONENVERBENE

Wie künstliches Zitronenaroma duftet das zartgrüne, weiche Laub der Zitronenverbene schon allein beim Anfassen. Im warmen Klima des Mittelmeers wird der sommergrüne Strauch 3 m hoch. Bei mir im Topf bleibt er natürlich wesentlich kleiner. Im Winter verliert er von einem Tag zum anderen alle Blätter. Das wirkt fürchterlich deprimierend, ist aber völlig normal. In voller Sonne entwickeln die Blätter ihr süßestes Aroma. Die winzigen, weißen bis zartlila getönten Blüten erscheinen im Sommer ohne jeglichen Duft. Vor hundert Jahren war die Zitronenverbene eine beliebte Zimmerpflanze, heute muß man danach suchen. Aber es lohnt sich, selbst für Tees, Desserts und Potpourris ist sie ein Genuß. Höhe: bis 3 m. Mindesttemperatur: 5 °C. D D

S *Cercidiphyllum japonicum*

KATSURABAUM

Einen wunderbaren Karamelduft geben die herabfallenden Blätter des Katsurabaums von sich, der sich noch verstärkt, wenn man durch das raschelnde Laub läuft. Ein herrliches Dufterlebnis. Dieses fernöstliche Kleinod wird ausschließlich wegen seines Laubes kultiviert. Die herzförmigen Blätter sind in der Jugendzeit bronzefarben, werden dann bläulichgrün, um sich im Herbst in ein gelbes, später orangefarbenes und schließlich rotes Kleid zu hüllen. In saurem Boden entwickelt sich die Blattfärbung am besten. Als Solitär an einem sonnigen oder halbschattigen Standort, geschützt vor kalten, austrocknenden Winden, ein unvergeßliches Erlebnis für Augen und Nase. – *Cercidiphyllum japonicum* f. *pendulum* ist eine entzückende Trauerform, die mit ihren 6 m Höhe auch für kleinere Gärten in Frage kommt. Höhe: bis 10 m in 20 Jahren, über 20 m in freier Natur. D

S *Choisya ternata*

ORANGENBLUME

Blüten und Blätter duften nach Orangen, die Blüten zarter und süßer, die Blätter kräftiger, intensiver und herber. Sie wird sehr zu recht auch Orangenblume oder Mexikanische Orange genannt. Ich wundere mich immer wieder, wie wenig sie bei uns bekannt ist. Dabei ist sie mit das Anspruchsloseste, das ich im Garten habe, dafür ein Genuß auch für die Seele. In klimatisch günstigen Lagen ist sie winterhart, sie hat bei uns den extremen Winter 1996/97 sehr gut überstanden. Das einzige, das ihr zu schaffen macht, sind schwere Schneelasten, dann brechen ihre Zweige sehr leicht. Der immergrüne Strauch wächst buschig und ist sehr regenerierungsfähig. Die weichen, glänzenden Blätter bestehen jeweils aus drei Blättchen und sind sehr dekorativ. Die weißen, sternförmigen Blütchen erscheinen im späten Frühling, ihnen folgt im Herbst eine zweite, allerdings nicht so üppige Blüte. *Choisya ternata* läßt sich ganz einfach aus halbausgereiften Stecklingen vermehren, das gelingt auch Anfängern. Im Spätsommer geschnitten und in ein dunkles Glas mit Wasser gestellt, bewurzeln die Stecklinge schnell, genau wie beim Oleander. Ich hatte mit dieser Pflanze bisher nur Erfolgserlebnisse: Krankheiten und Schädlinge sind ihr durch ihr duftendes Laub fremd, und sie ist das ganze Jahr hindurch sowohl eine Augenweide als auch ein Duftgenuß. Höhe: bis 3 m. D

S *Drimys winteri*

WINTERRINDE

Bei der Winterrinde duften die cremeweißen, jasminähnlichen Blüten auch wie Jasmin, die großen, graugrünen Blätter und die reizvolle Rinde haben einen aromatischen Duft. Die duftenden Blütendolden erscheinen vom Frühjahr bis zum Frühsommer, der Duft der Blätter wird beim Zerdrücken frei und erfreut uns das ganze Jahr über. Die öligen Finger sollten aber keinesfalls mit den Schleimhäuten in Berührung kommen, und schon gar nicht mit den Augen. Der immergrüne, große Strauch braucht einen geschützten Platz in einer klimatisch bevorzugten Gegend. Höhe: 4 m und mehr. Mindesttemperatur: – 5 °C d

A Farne

Wer sich einen Duftgarten anlegen möchte, sollte die Farne nicht übergehen, denn sonst fehlt eine Komponente, wenn auch eine sehr dezente. Der Duft schwankt zwischen Heu, balsamisch und leicht modrig und kommt nur bei Farnen vor, allenfalls noch bei Schachtelhalmen und Moosen. Er ist schwer einzuordnen und könnte als »urweltlich« bezeichnet werden. Er wird nur frei, wenn die Wedel verletzt werden, sei es beim Vorbeistreifen oder durch einen kräftigen Wind. War das der Duft, der vor Millionen von Jahren durch die damaligen Wälder zog? Ein kleiner Farn im Garten ist jedoch nicht in der Lage, dieses eigenständige Dufterlebnis heraufzubeschwören – wohl aber ein Spaziergang durch einen Wald, unterpflanzt mit duftenden Farnen.

Dryopteris aemula

Sein Duft von frisch geschnittenem Gras verlieh ihm den Namen »Heuduft-Farn«. Im Herbst, wenn die Blätter braun und trocken werden, wird der Duft auch ohne äußere Einflüsse frei. Die Wedel werden 15 – 80 cm lang. d

Dryopteris fragrans

Balsamisch herb duften die relativ kleinen Wedel dieses Wurmfarns. Sie werden 8–20 cm lang. d

T *Hypericum androsaemum*

JOHANNISKRAUT

Die Blätter des Johanniskrauts sind mit durchsichtigen Pünktchen besetzt, die beim Zerreiben den aromatisch-harzigen Duft freigeben. Sie werden zu Johanni, der Sommersonnenwende, gesammelt. Der laubabwerfende, buschige Strauch hat dünne, eiförmige, mittelgrüne Blätter. Im Hochsommer erscheinen hübsche, gelbe, stern- oder schalenförmige Blüten, denen rote, beerenähnliche Früchte folgen, die sich später schwarz färben. Aber die Blätter sind es, die den Duft verströmen, und nicht die Blüten. Höhe: 75 cm. D

Monarda didyma mit ihrem interessanten Bergamotteduft ist auch eine Augenweide.

T *Laurus nobilis*

LORBEERBAUM

Aromatisch und typisch duften die schmalen, mattglänzenden Blätter des Echten Lorbeers. Die eher unscheinbaren, cremefarbenen Blütchen duften leicht nach Honig und bringen kleine, schwarze Beeren hervor, die jeder als Gewürz kennt. Der Echte Lorbeer ist ein immergrüner kleiner Baum, der zwar als relativ winterhart gilt, auf jeden Fall aber einen geschützten, sonnigen Standort braucht. Bei sehr niedrigen Temperaturen leiden die Blätter und es kann das gefürchtete »barksplitting« auftreten: Die Rinde platzt, Leitungsbahnen werden zerrissen und der natürliche Schutz ist nicht mehr gewährleistet Deswegen steht er bei uns, als Hochstamm gezogen und in Kugelform geschnitten, in einem großen, schlichten Tontopf, der notfalls im Winter hereingeholt werden kann. Er läßt sich gut in Form schneiden, und der »Abfall« versorgt nicht nur mich eine ganze Weile in der Küche. Höhe: 1–3 m (je nach Schnitt). D / d

S *Monarda didyma*

INDIANERNESSEL

Besonders das junge Laub der Indianernessel duftet intensiv nach Bergamotte, aber auch Stiele und Wurzeln haben diesen aromatischen Duft, den Orangen ähnlich. Die große Staude ist aber nicht nur wegen ihres Duftes eine Attraktion für jeden Garten. Ihre quirlständigen Blütenblätter

Das Laub der Duftpelargonie 'Chocolate Peppermint' duftet nach Pfefferminze und sieht aus, als wäre es mit Schokolade verziert.

lassen die Blüte wie einen kleinen Kronleuchter aussehen. Sie ist äußerst dekorativ, ob in einem leuchtenden Rot, oder in Rosa, Zartlila oder Weiß, selbst noch, wenn die Blütenblätter abgefallen sind. Die übriggebliebene hellgrüne Kugel ist eine Zierde für sich. Diese Bergamotte-Staude, wie sie auch genannt wird, liebt Sonne und fruchtbaren, feuchten Boden. – Die getrockneten Blätter finden in Potpourris Verwendung, damit man den Duft des Sommers auch in der kalten Jahreszeit nicht vergißt. Blätter und Blüten sind eine raffinierte Zutat für Sommersalate. Dieses Juwel bietet jedoch auch so genug, ich muß es nicht unbedingt noch aufessen. Höhe: 1 m. D

T *Pelargonium*

DUFTPELARGONIEN

Im Volksmund werden Pelargonien meist fälschlich als Geranien bezeichnet, botanisch gehören sie aber zur Gattung *Pelargonium*. Unter ihnen gibt es viele Arten mit duftenden Blättern. Reibt man die Blätter, verströmen sie einen angenehmen Duft, oft genügt auch eine leichte Luftbewegung. – Duftpelargonien sind groß im Vortäuschen falscher Tatsachen. Sie haben nicht die geringsten Hemmungen, sich mit fremden Federn zu schmücken, mit den Düften von Früchten, Gewürzen, Nadelbäumen oder Kräutern. Sie imitieren Erdbeeren, Äpfel, Zitronen, Aprikosen, Pfirsiche und Kokosnüsse oder schlüpfen in die Haut von Ingwer, Muskat oder Zimt. 'Chocolate Peppermint' erinnert sowohl im Aussehen als auch im Duft an mit Schokolade überzogene Pfefferminzplätzchen, und der Rosenduft einiger Arten, wie etwa *P. graveolens*, ist dem echten Rosenduft so ähnlich, daß er oft zur Herstellung eines preiswerteren »Rosenöls« verwendet wird. Dafür ist das Geraniol verantwortlich, das sowohl in den Blüten der Rose als auch in den Pelargonienblättern enthalten ist. In viktorianischer Zeit wurden Duftpelargonien sehr geschätzt und auf Treppenstufen gestellt, so daß beim Vorbeistreifen mit den langen Kleidern der köstliche Duft frei wurde und in alle Teile des Hauses drang.

Der Standort sollte das ganze Jahr über hell, sonnig und luftig sein. Im Winter stehen sie am besten an einem kühlen Fensterplatz. So hat man auch dann die herrlichen Düfte in der Nähe. Die kleinen, unregelmäßigen Blütensterne in Mauve, Pink, Purpur, Rot oder Weiß erscheinen im Sommer. Obwohl sie in ihrer duftigen Fülle äußerst reizvoll aussehen und die Heiterkeit des Sommers veranschaulichen, spielen sie nur die zweite Geige. Ich kenne nur eine Art, *P. triste*, bei der Blätter **und** Blüten duften.

'Joy Lucille'

Die hellgrünen, tief eingeschnittenen, samtigen Blätter duften beim Zerreiben intensiv nach Pfefferminze. Kleine, weiße Blüten mit dunkellila Maserung sehen aus wie kleine Stiefmütterchen. Der Wuchs ist sehr ausladend. Größe: 50 cm hoch, 1 m breit. D

'Lilian Pottinger'

Die dreigeteilten, zartgrünen, weichen Blätter haben einen würzigen, muskatähnlichen Duft. Obwohl nicht duftend, tragen die winzigen, weißen Blüten wesentlich dazu bei, daß diese Sorte mit zu meinen Lieblingen gehört. Sie erscheinen unermüdlich den ganzen Sommer über. Der Wuchs ist anmutig und sehr zierlich und eignet sich hervorragend für eine Ampelbepflanzung. Größe: 20 cm hoch und breit. D

'Prince of Orange'

Die kleinen, dunkelgrünen Blättchen mit ihrem frischen Orangenduft machen sie zu einer der hübschesten Duftpelargonien, und die Büschel mauvefarbener Blüten sind das Tüpfelchen auf dem i. Größe: bis 30 cm hoch, bis 20 cm breit. D

Pelargonium triste

Hier duften Laub und Blüten. Die Blätter, ähnlich denen von Karotten, haben ein harziges Aroma, während die Blüten süß duften, besonders in der Dämmerung. Sie erscheinen im Sommer und haben durch ihre bräunlich-gelbgrüne Farbe zu dem Namen »Trauriges Pelargonium« geführt. Eine einzige Pflanze erfüllt mit ihrem Duft einen ganzen Raum. Als Ausgleich für ihre schwermütige Blütenfarbe wurde ihr ein wunderbar süßer Duft geschenkt. Diese knollige Art muß im Winter völlig trocken gehalten werden. Höhe: bis 45 cm. D

A *Rhododendron rubiginosum*

RHODODENDRON

Nach Zitrone mit einer würzigen Komponente duften die dunkelgrünen Blätter mit den rotbraunen Schüppchen auf der Unterseite. Die trichterförmigen, rosa-mauvefarbenen Blüten mit den braunen Punkten erscheinen im späten Frühling. Dieser recht groß werdende Rhododendron gedeiht auch in voller Sonne und ist besonders winterhart wie alle Arten mit duftendem Laub. Da viele Rhododendren mit duftenden Blüten für unsere Winter nicht geeignet sind, kann man sich mit den Blättern den Duft in den Garten holen. Und ihn kann man länger genießen als den Blütenduft. Die Sorte *R. rubiginosum* 'Album' ist mit ihren weißen Blüten besonders schön. Höhe: bis 6 m. D

A *Rosa rubiginosa*

SCHOTTISCHE ZAUNROSE

Sie ist die Rose mit dem intensivsten Blätterduft. Der Duft nach reifen Äpfeln ist an einem heißen Sommertag besonders deutlich, und an einem feuchtwarmen Abend kann er den ganzen Garten füllen. Noch intensiver ist er, wenn man die Blätter mit den Fingern zerdrückt. Ein nach Süden oder Westen gelegener Standort ist ideal, so können warme und feuchte Winde den Duft weitertragen. Er entströmt den Drüsen an der Unterseite der Blätter, aber auch die Spitzen der jungen Triebe duften herrlich. Den zahlreichen, einfachen, rosafarbenen Blüten folgt eine Fülle leuchtend roter Hagebutten. – Von dieser Art stammen mehrere Sorten ab: 'Lady Penzance' (Blüten gelb), 'Lord Penzance' (rosagelb), 'Lucy Ashton' (weiß mit rotem Rand), 'Manning´s Blush' (zartrosa) oder 'Meg Merrilies' (karmesinrot) – alle mit duftendem Laub, aber bei keiner so intensiv wie bei *R. rubiginosa* selbst. Höhe: etwa 2 m. D

Schon ein kleiner Zweig des Abendländischen Lebensbaumes duftet angenehm fruchtig und würzig. Um wieviel größer ist das Dufterlebnis einer großen Konifere!

T *Salvia elegans* 'Scarlet Pineapple'

ANANAS-SALBEI

Herrlich nach Ananas, und nicht nach Salbei, duften beim Zerreiben die tiefgrünen, weichen Blätter. Im Sommer wächst dieses Kleinod unter den Aromapflanzen zu einem stattlichen Busch heran, und im Oktober bringt er in Windeseile viele schmale Rispen scharlachroter Blüten hervor. Dieser Salbei stammt aus Mexico und überlebt bei uns die ersten Nachtfröste nicht. Er sollte deshalb spätestens Anfang November hereingeholt werden, entweder in den Wintergarten oder ins Zimmer, wo wir an seinen leuchtenden Blüten bis weit in den Januar hinein unsere Freude haben können. Im Herbst geschnittene Stecklinge bewurzeln innerhalb weniger Tage und sehen in der Vase entzückend aus. Außerdem ergeben die frisch gepflückten Blätter einen köstlichen Tee. Höhe: 90 cm. D D

T *Thuja occidentalis*

LEBENSBAUM

Angenehm fruchtig, mit einer ganzen Palette von Kräuterdüften – wie Salbei, Basilikum und der bitteren Note des Wermut – präsentieren sich alle Sorten dieses Lebensbaums. Eine attraktive Konifere für den Duftgarten, als Solitär, als immergrüner Hintergrund oder als Sicht- und Windschutz. Und hier ist es sogar ein Genuß, wenn der Wind durchfegt und den typischen, schwer einzuordnenden Duft freisetzt. Höhe: 1 bis 10 m, je nach Sorte. D

Botanischer Name/Sorte	Deutscher Name	Farbe Laub	Farbe Blüten	Kat. 1)	Laub		Blüten	
					Duft-int. 1)	Duft-richtung	Duft-int. 1)	Duft richtung
Abies balsamea	Balsam-Tanne			T	D	balsamisch		
Agrimonia procera (= odorata)	Großer Odermennig		gelb	A	D	Aprikose	D	Aprikose
Aloysia triphylla (= Lippia citriodora)	Zitronenstrauch, Zitronenverbene	hellgrün		S	DD	Zitronenschale		
Betula lenta	Zucker-Birke			A	D	aromatisch		
Calycanthus floridus	Echter Gewürzstrauch; Carolina-Nelkenpfeffer	dunkelgrün	bräunlich -rot	A	D	Kampfer; auch Holz und Wurzeln	D	Obstsalat
Camphorosma monspeliaca		graugrün		S	D	Kampfer		
Carya tomentosa	Hickorynuß	goldgelb im Herbst		S	D	süß, harzig		
Cedrus deodara 'Aurea'	Himalaya-Zeder	goldgelb		T	D	schwarze Johannisbeeren		
Cedrus libani	Libanon-Zeder	grün		T	D	balsamisch, mild		
Cercidiphyllum japonicum	Katsurabaum	bronzefarben/ Herbstfärbung		S	D	Karamel		
Chamaecyparis lawsoniana 'Columnaris'	Scheinzypresse	graublau		T	D	harzig		
Chamaecyparis lawsoniana 'Green Pillar'	Scheinzypresse	sattgrün		T	D	harzig		
Chamaecyparis lawsoniana 'Lane'	Scheinzypresse	goldfarben		T	D	harzig		
Chamaecyparis lawsoniana 'Pembury Blue'	Scheinzypresse	blaugrün		T	D	harzig		
Chamaecyparis obtusa 'Crippsii'	Hinoki-Scheinzypresse	goldgelb		T	D	harzig		
Choisya ternata	Orangenblume	leuchtend grün	weiß	S	D	Orangen	d	süß
Choisya ternata 'Sundance'	Orangenblume	goldfarben	weiß	S	D	Orangen	d	süß
Comptonia peregrina	Farnmyrte			S	D	würzig		
Cupressus arizonica				T	D	fruchtig (leicht nach Grapefruit)		
Drimys winteri	Winterrinde		elfenbein-weiß	S	d	aromatisch; auch Rinde	D	Jasmin
Dryopteris aemula	Wurmfarn			A	d	Heu		
Dryopteris fragrans	Wurmfarn			A	d	balsamisch		
Filipendula ulmaria	Mädesüß		cremeweiß	T	D	aromatisch	D	schwer
Gaultheria procumbens	Scheinbeere	rot im Winter	rostig-weiß	T	D	aromatisch; ganze Pflanze	D	aromatisch
Geranium macrorrhizum 'Album'	Storchschnabel			A	D	Rosen		
Geranium macrorrhizum 'Ingwersen´s Variety'	Storchschnabel			A	D	Rosen		
Hebe cupressoides					A		D	harzig
Helichrysum ledifolium	Currypflanze, Strohblume			T	D	Obstkuchen		
Hypericum androsaemum	Johanniskraut			T	D	aromatisch		
Juniperus communis	Wacholder			T	D	fruchtig/scharf		
Juniperus sabina	Wacholder			T	D	fruchtig / scharf		
Laurus nobilis	Lorbeerbaum		hellgelb	T	D	Lorbeer	d	Honig
Ledum palustre	Sumpfporst			S	D	aromatisch		
Lindera benzoin	Fieberstrauch			S	D	würzig		
Magnolia salicifolia 'Jermyns'	Magnolie		weiß	A	D	Anis	D	süß
Magnolia salicifolia	Magnolie		weiß	A	D	Anis	D	süß

1) siehe Seite 49

Botanischer Name/Sorte	Deutscher Name	Farbe Laub	Farbe Blüten	Kat. 1)	Laub Duft-int. 1)	Laub Duft-richtung	Blüten Duft-int. 1)	Blüten Duft richtung
Monarda didyma	Indianernessel, Goldmelisse			S	D	Orange		
Myrtus communis	Myrte		weiß	T	D	aromatisch	d	würzig, süß
Olearia macrodonta	Baumaster	graugrün	weiß	S	D	Moschus	D	Honig
Olearia moschata	Baumaster	graugrün	weiß	S	D	Moschus	D	Moschus
Pelargonium capitatum 'Snowflake'	Rosenduft-Pelargonie	grün m. weißer Zeichnung		T	D	Rose		
Pelargonium crispum 'Peach Cream'	Duftpelargonie			T	D	Pfirsich		
Pelargonium graveolens	Duftpelargonie			T	D	Zitrone / Rose		
Pelargonium graveolens 'Joy Lucille'	Duftpelargonie			T	D	Pfefferminze		
Pelargonium graveolens 'Lady Plymouth'	Duftpelargonie			T	D	Rose und Zimt		
Pelargonium jatrophifolium	Duftpelargonie			T	D	süß und Muskat		
Pelargonium odoratissimum	Zitronenblatt-Pelargonie			T	D	Äpfel		
Pelargonium quercifolium	Eichblatt-Pelargonie			T	D	balsamisch		
Pelargonium tomentosum	Pfefferminz-Pelargonie			T	D	Pfefferminze		
Pelargonium triste	Duftpelargonie		bräunlich-gelb	T	D	harzig	D	süß
Pelargonium 'Chocolate Peppermint'	Duftpelargonie	grün mit braunen Flecken		T	D	Pfefferminze		
Pelargonium 'Lilian Pottinger'	Duftpelargonie			T	D	Muskat		
Pelargonium 'Mabel Grey'	Duftpelargonie			T	D	Zitrone		
Pelargonium 'Old Spice'	Duftpelargonie			T	D	würzig		
Pelargonium 'Prince of Orange'	Duftpelargonie			T	D	Orange		
Pelargonium 'Sweet Mimosa'	Duftpelargonie			T	D	süß		
Pinus sylvestris 'Watereri'	Kiefer			T	D	Kiefer		
Populus trichocarpa	Balsam-Pappel			A	D	süß, balsamisch		
Prostanthera rotundifolia	Minzbusch		violett	S	D	Minze	d	leicht
Ptelea trifoliata	Lederstrauch	dunkelgrün	grünlich	S	D	Hopfen	d	Geißblatt
Rhododendron glaucophyllum	Rhododendron			A	D	harzig		
Rhododendron hippophaeoides	Rhododendron			A	D	würzig		
Rhododendron rubiginosum	Rhododendron			A	D	Zitrone		
Rhododendron traillianum	Rhododendron			A	DD	exotisch, rauchig		
Rhus aromatica	Essigbaum, Sumach			T	DD	betörend harzig		
Rosa primula	Weihrauch-Rose			A	D	Weihrauch		
Rosa rubiginosa und ihre Sorten	Schottische Zaunrose			A	D	Äpfel		
Rubus odoratus	Brombeere		rosa	T	D	harzig	d	leicht
Salix pentandra	Lorbeer-Weide			A	D	süß		
Salvia discolor	Salbei			T	DD	Johannisbeeren		
Salvia elegans 'Scarlet Pineapple'	Salbei			T	DD	Ananas		
Salvia viridis (= horminum) 'Oxford Blue'	Salbei			T	D	würzig		
Thuja koraiensis	Lebensbaum			T	D	Bittermandeln		
Thuja occidentalis	Lebensbaum			T	D	fruchtig		
Thuja plicata	Lebensbaum			T	D	fruchtig/harzig		

1) siehe Seite 49

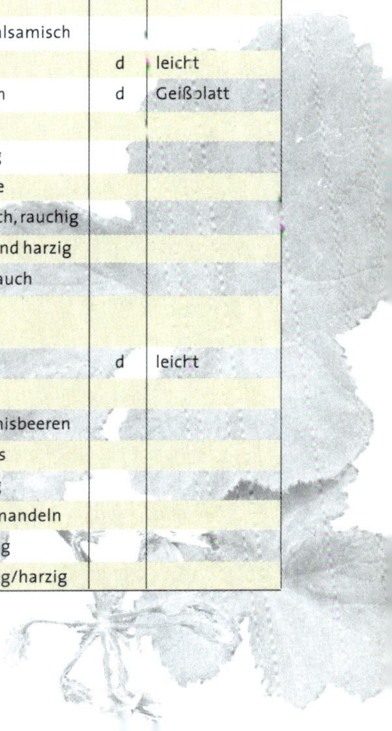

Duftende Pflanzen, die im Winter blühen

Es ist kaum zu glauben, aber dieses Geißblatt blüht mitten im Winter, hier im Bild im Dezember. Selbst eine einzelne Blüte von *Lonicera* x *purpusii* 'Winter Beauty' duftet intensiv nach Veilchen.

Bevor ich mein kleines Paradies, den Garten, hatte, stieg mir beim Gedanken an den Winter unwillkürlich der Duft von Bratäpfeln und frisch gebackenen Lebkuchen in die Nase. Wie hat sich das inzwischen geändert! Der Duft bei winterblühenden Pflanzen ist überraschend, ungewöhnlich und wird doch von Jahr zu Jahr aufs Neue vergessen. Deswegen wird er viel intensiver empfunden als Düfte in anderen Jahreszeiten. Die Freude über die ersten Farben im Garten ist auch tiefer, da man ihr Leuchten vorher eine Weile entbehren mußte. Nur: den Duft muß man gar nicht entbehren, er ist nur subtiler. Unsere Augen und unsere Seele können ein Ausruhen wohl brauchen, ein Besinnen auf feinere Töne, die im Crescendo des Sommers ihren Höhepunkt fanden.

Ein Jahr, das seinem Ende entgegenblüht, kann sehr reizvolle Düfte hervorbringen. Sie stimmen vielleicht ein bißchen melancholisch, ein Grund zum Traurigsein ist jedoch nicht gegeben. Auch dem langen Winter kann man zu seinem Recht im Garten verhelfen und gleichzeitig sich selbst ein bißchen verwöhnen. In den Gärten des **November**, dieses braunen Monats voll milder Kraft und feuchter Stille, blüht noch der Herbstflor. Die Sterngladiole durchtränkt noch die Luft exotisch süß und würzig. Doch der Schneeball mit seinem süß-nussigen Duft, und auch *Iris unguicularis*, süß und fruchtig duftend, sind schon zur Stelle, bereit, keine Lücke entstehen zu lassen. Die herbstblühenden Kamelien (siehe das Kapitel »Exoten«, Seite 110ff.), möchte ich hier jedoch nicht übergehen. Ihre orientalischen Düfte vermitteln in einem milden Frühwinter etwas Zauberhaftes, fast Unwirkliches.

Der **Dezember** ist meist der ruhige, graue Monat des Winters, und oft auch der Düsterste. Und doch beginnt jetzt die Blütezeit bei der Zaubernuß *(Hamamelis)* – süß oder auch nach Vanille duftend –, Winterblüte *(Chimonanthus)* – Duft süß und würzig –, den süß duftenden Arten der Christrose und von *Sarcococca*, diesem Zwerg unter den Sträuchern mit seinem unglaublichen Honigduft. Das Geißblatt *Lonicera* x *purpusii* 'Winter Beauty' läßt durch den Veilchenduft vereinzelter Blüten schon jetzt ein Frühlingsahnen aufkommen.

Januar, der eigentliche Schneemonat, ist der blendend hellste, ein Licht am Ende eines Tunnels. Der Seidelbast mit seinem süßen Gewürznelkenduft tanzt jetzt auch noch mit im Reigen der Winterdüfte. All die Düfte klingen unterschiedlich mit anderen zusammen – in der Schneeluft anders als in Verbindung mit feuchter Erde.

Der **Februar** kann noch ganz im Bann des Winters liegen, und doch sieht man den Garten schon mit anderen Augen an.

Clematis armandii gesellt sich mit ihrem Bittermandelduft hinzu und, nicht zu vergessen, die Honig- und Maiglöckchendüfte der Mahonien. Nach einem eben erlebten Frühling im Herzen wandelt man plötzlich wieder durch knirschenden Schnee. Aber es steckt schon ein leises Gelächter darin, man nimmt ihn schon nicht mehr ganz so ernst.

WOHIN MIT DEN WINTERDÜFTEN

Die meisten duftenden Winterblüten erscheinen während milder Perioden. Vielleicht erwachen dann ja potentielle Bestäuber aus ihrem Winterschlaf und haben Lust auf eine kleine Zwischenmahlzeit. Was auch immer der Grund sein mag, Tatsache ist, daß das Dufterlebnis um so größer ist, je milder die Temperaturen sind. Doch was nützt ein herrlich nach Honig duftender *Sarcococca* im entferntesten Winkel des Gartens? An der Eingangstür dagegen kann man solch einen köstlichen Duft mehrmals täglich genießen. Er läßt an kommende, freundlichere Zeiten denken und sorgt gleichzeitig dafür, den Winter in guter Erinnerung zu behalten. *Hamamelis* oder *Viburnum* dagegen können ruhig etwas entfernter plaziert werden, ihre Düfte können ein wenig abgeschwächt werden, um nicht zu sehr zu dominieren. Man sollte jedoch beachten, aus welcher Richtung der Winterwind hauptsächlich weht. Der Nachbar würde sich zwar freuen, aber schließlich hat man selbst dafür »bezahlt«, vor allem mit Geduld.

Beim Pflanzen ist es wichtig, alle Winterdüfte in der Nähe von Wegen, Durchgängen oder unter ein Fenster zu plazieren. Es wäre zu schade, diesen Schätzen nicht nahe sein zu können, und der kostbare Duft ginge verloren. Er wird im Winter viel eher wahrgenommen, man ist noch nicht verwöhnt, und selbst die kleinste Andeutung wird freudig begrüßt. Die meisten winterblühenden Sträucher tolerieren Schatten; von einem Sonnenstrahl getroffen, kommen sie aber erst richtig zur Geltung.

Der Winter ist die längste Jahreszeit, man sollte ihr wenigstens vor den Fenstern einen Platz gönnen. Selbst durch einen Blumenkasten vor dem Fenster läßt sich ein Stückchen Garten, und mit ihm der Winterduft, ins Haus holen. Und aus dem Schnee geschnittene Seidelbastzweige blühen im Zimmer auf und verströmen leise ihren fremdartigen Duft, während draußen die Flocken fallen.

Viele der winterblühenden Kostbarkeiten zeichnen sich durch einen besonders intensiven Honigduft aus. Doch auch Düfte wie süß, fruchtig, würzig und nussig, nach Maiglöckchen, Veilchen, Nelken, Bittermandeln, Vanille und sogar Weihrauch können den Garten im Winter verlockender machen.

Seit über zehn Jahren mache ich mir Gartennotizen – ich wäre verloren ohne sie. Es ist erstaunlich, wie schnell man etwas vergißt, und mit Sätzen wie »so früh / so lange hat das noch nie geblüht« bin ich vorsichtig geworden. Eines ist jedoch sicher: Jeder Winter verläuft anders, und mit ihm die Blütezeiten und natürlich auch die Düfte – in ihrer Intensität und oft sogar in ihrem Bouquet.

Clematis armandii mit ihrem Bittermandelduft – kein Bild aus dem sonnigen Süden, sondern an unserer geschützten Hauswand, wo sie schon im Februar blüht.

Die Monatsangaben bei den folgenden Beschreibungen können nur Anhaltspunkte dafür sein, in welche Periode des Winters die Blütezeit normalerweise fällt. Sie geben nicht Beginn und Ende der Blütezeit an.

S *Abeliophyllum distichum*

SCHNEEFORSYTHIE

Süß und honigartig duften die reinweißen, sternförmigen Blütchen der Schneeforsythie. Sie öffnen sich aus zartgelben Knospen an den noch blattlosen Stengeln. Die Pflanze ist winterhart, benötigt aber viel Sonne und sollte an einen geschützten Platz gesetzt werden. Bei uns wächst sie – außer in einer Rabatte – auch in einem schönen Tontopf, während ihrer »Hochzeit« direkt am Gartentor. Nach der Blüte ist sie nicht mehr so interessant, sie muß sich dann mit einem weniger prominenten Platz begnügen. Höhe: 1,20 m; Januar bis März. D D

T *Chimonanthus praecox*

WINTERBLÜTE

Der süß-würzige Duft der Winterblüte gehört zu den feinsten dieser Jahreszeit. Wird er jedoch längere Zeit intensiv eingeatmet, stellt sich das gleiche Phänomen ein wie bei Veilchen: Er geht für uns verloren. Die Winterblüte liebt die Wärme, schon im Sommer, sonst setzt sie keine Knospen an. Und im Winter benötigt dieser Strauch eine längere, milde Periode, um zu blühen – wichtiger als eine kurze, sehr milde. Ist der Winter nach ihrem Geschmack, erscheinen die glockenförmigen, wachsgelben Blüten, innen purpur getönt, in großer Fülle. Für den »Rest« des Jahres sieht die Winterblüte allerdings etwas armselig aus, sie versöhnt uns jedoch mit angenehm würzig duftenden Blättern und Zweigen. Höhe: 2,50 m; Dezember bis Februar. D

A *Clematis armandii*

CLEMATIS, WALDREBE

Ihr Duft nach Bittermandeln wird an einem milden Sonnentag zu einem exotisch süßen Dufterlebnis. Die cremefarbenen, manchmal rosa überhauchten, etwa 4 cm großen Blüten hüllen mit ihrem Duft unseren ganzen Vorgarten ein. An einem Standort in Süd- oder Südwestlage, im Schutz anderer Pflanzen, fühlt sie sich besonders wohl und ist dann immergrün, ein wichtiger Aspekt. Das attraktive, lange, ledrige Laub ist eine Zierde für sich. – Kaum hat an unserem Klettergerüst *Lonicera* x *purpusii* 'Winter Beauty' ihren Höhepunkt überschritten, fängt diese Clematis an zu blühen, in milden Wintern Ende Februar. Und das alles zu einer Zeit, in der die Rosen nicht das Geringste zu bieten haben und an so prominenter Stelle immer ein Ärgernis für mich waren. Ich kann mir keinen schöneren Lückenbüßer vorstellen. – Die Sorte 'Snowdrift' hat reinweiße Blüten, während sie bei 'Apple Blossom' rosa sind. Höhe: 5 m; Februar/März. D D

T *Daphne*

SEIDELBAST

In der griechischen Mythologie flüchtete die Nymphe Daphne vor den unwillkommenen Aufmerksamkeiten Apolls. Auf ihr Flehen wurde sie in einen Lorbeerbaum verwandelt, oder er wuchs an der Stelle, an der die schöne Daphne von der Erde aufgenommen wurde. Die nach ihr benannte Gattung ist nun nicht der Lorbeer, sondern der Seidelbast. Wegen seiner Blattform kam es zu dieser Namensübertragung. – Die Gattung Seidelbast umfaßt etwa 70 immergrüne und laubabwerfende Sträucher, viele davon blühen im Winter und sind besonders für kleinere Gärten geeignet. Ihr Duft gehört im Winter einfach mit dazu, allein wegen seiner Raffinesse – wunderbar süß mit einer Andeutung von Gewürznelken.

Daphne bholua 'Gurkha'

Sie hat den typischen Seidelbastduft und weiße, purpurgefleckte Blüten. Sie wirft ihr Laub ab und ist recht winterhart. Höhe: 2 m; Dezember bis März. D D

Daphne mezereum

Dieser uns vertraute Seidelbast hat auch das herrliche Aroma und erfreut uns mit sternförmigen, purpurroten Blüten an den noch kahlen Trieben (bei der Sorte 'Bowles Variety' sind die Blüten reinweiß). Es ist verlockend, sich die duftenden Zweige ins Haus zu holen – aber unklug. Dieser Seidelbast verabscheut einen Schnitt in jeder Beziehung, besonders aber während der Blüte. Man sollte ihn im Garten lassen, um dort den Winter zu verschönern. – Ich habe einmal gelesen, daß die Lebensdauer von *D. mezereum* begrenzt ist. Sie kann sich an ihrem Standort noch so glücklich fühlen, nach sieben Jahren haucht sie ihr Leben aus. So tragisch wie das klingt, ist es aber auch nicht. Rechtzeitig vorher hat sie für genügend Sämlinge rund um ihren Stamm gesorgt – so kann es einen nahtlosen Übergang geben. Ich konnte diese Erfahrung noch nicht machen, denn meine Pflanze ist noch zu jung. Höhe: 1,20 m; Januar bis März. D D

Daphne mezereum – der Duft des Seidelbasts gehört einfach zum Winter dazu – raffiniert, wunderbar süß und mit einem Hauch von Gewürznelken.

Daphne odora

Bei ihr mischt sich ein fruchtiger Anteil mit der Süße des Duftes, der dadurch besonders kräftig wird. Die kleinen Büschel purpur- oder mauvefarbener oder weißer Blüten schmücken diesen hervorragenden, immergrünen Strauch. Er benötigt einen geschützten, warmen Platz im Garten und weiß eine Abdeckung bei sehr niedrigen Temperaturen zu schätzen. Höhe: etwa 1 m; Januar bis März. D D

T *Hamamelis*

ZAUBERNUSS

Längst nicht alle Zaubernüsse duften, und wenn, haben sie meist nur einen leichten Duft. Das legendäre süße Parfum mit würzigen oder fruchtigen Nuancen ist am ehesten bei den gelbblühenden Sorten zu finden. Rote oder kupferfarbene Blüten sind meist duftlos oder haben ein strenges Aroma. Die spinnenartigen Blüten sehen an den kahlen Zweigen für meinen Geschmack etwas kurios aus. Die haselnußartigen Blätter nehmen im Herbst eine leuchtende Färbung an. Ein ausgezeichneter Strauch, der mit wenig Pflege vor allem an dunklen Wintertagen mit Duft und Farbe erfreut. Höhe: bis 4 m; Dezember bis März.

Hamamelis x *intermedia* 'Boskoop'

Süß duften die goldgelben Blüten, die an der Basis eine rote Färbung zeigen. Diese Sorte blüht besonders früh. D

Hamamelis x *intermedia* 'Moonlight'

In die Süße ihres Duftes mischt sich eine fruchtige Note. Die hellgelben Blüten sind sehr groß. D

Hamamelis mollis **'Coombe Wood'**
Mit ihren berauschend intensiv süß und vanilleähnlich duftenden goldgelben Blüten ist diese Zaubernuß ein Hauptdarsteller im winterlichen Garten. D D

Mitten im Winter verströmen die leuchtend gelben Blütentrauben der Mahonie (*Mahonia aquifolium*) ihren köstlichen Honigduft.

Hamamelis mollis **'Brevipetala'**
Dieser Duft ist anders: schwer, an Weihrauch erinnernd. Die dichten, kurzen Blütenbüschel haben eine goldgelbe Tönung mit einer Spur von Orange. D

A ***Helleborus odorus***
CHRISTROSE
Sie wird die »süßduftende Christrose« genannt, denn der Duft ist bei Christrosen eine Ausnahme. Die schalenförmigen, grünlich-weißen Blüten, die so verschämt nach unten schauen, haben das bei dem herrlich süßen Duft gar nicht nötig. Im Halbschatten, auch am Fuß einer Nordwand, fühlt sie sich ausgesprochen wohl. Ihr Laub ist das ganze Jahr hindurch eine Freude. Höhe: etwa 30 cm; Dezember bis Februar. D

A ***Iris unguicularis***
IRIS, SCHWERTLILIE
Der köstlichste Duft aller winterblühenden Iris-Arten wird mit »wie der erste Frühlingshauch« beschrieben – nur: Wie duftet er? Für mich duften die herrlichen, violetten Blüten mit ihrem sattgelben Band süß und fruchtig zugleich. Zwischen den schmalen, immergrünen Blättern erscheinen sie einzeln, gut geschützt vor den rauhen Winterwinden. Sie blüht unermüdlich von Februar bis in den April hinein. Am wohlsten fühlt sie sich an einem sonnigen Platz am Fuß einer Mauer, geschützt und trocken. Und am schönsten blüht sie, wenn dem Winter ein langer, trockener Sommer und Herbst vorausgingen, so daß ihre Rhizome gut ausreifen konnten. Die Blüten der Sorte 'Walter Butt' duften ganz besonders intensiv, sind sehr groß und haben eine hinreißende Farbe: blaß lavendelfarben, fast grau. Sie ist eine der ersten, die blüht, manchmal schon im Spätherbst. Höhe: 30 cm; November bis April. D D

A ***Lonicera*** **x *purpusii*** **'Winter Beauty'**
GEISSBLATT
Einen intensiven Duft, an Veilchen erinnernd, bringt dieses Geißblatt in den Garten – besonders wahrnehmbar an windstillen Tagen, fast unwirklich in dieser Jahreszeit. Obwohl die kleinen, weißen Blüten recht unscheinbar sind, fallen sie auf. Im Spätfrühling, wenn es Blüten in Hülle und Fülle gibt, würde man sie kaum bemerken. Am besten zieht man diese Winterschönheit an einem Spalier unterhalb eines Fensters, dann kann man ihren Duft aus nächster Nähe genießen. Bei uns ist sie halbimmergrün, ihr schönes, mattgrünes Laub ist das ganze Jahr über eine Zierde. Sie setzt selten Früchte an, wenn ja, sind sie leuchtend rot. Höhe: 2 m; Dezember bis Februar. D D

T ***Mahonia***
MAHONIE
Mahonien gehören mit zu den Anwärtern auf den Titel »Miss Duft« – sie sind sozusagen in der Endauswahl. Den ganzen Winter über bringen sie Blüten hervor, um im Februar in Hochform zu sein, Blüten und Duft sind dann überwältigend. Ihr immergrünes, glänzendes, ilexartiges Laub ist das ganze Jahr eine Zierde, – wenn es nicht gerade von Mehltau befallen ist, was leider allzu oft vorkommt.

Mahonia aquifolium **'Smaragd'**
Ihr köstlicher, süßer Honigduft gehört zu den eindrucksvollsten des Vorfrühlings. Die kurzen, dichten Trauben rundlicher, glockiger, leuchtend gelber Blüten und die sich im Winter oft rot oder violett färbenden Blätter machen diesen kompakten Strauch als Solitär sehr geeignet. Die großen, kugeligen, blauschwarzen Früchte gaben ihm den englischen Namen »Oregon Grape«. Höhe: 60 cm; Februar bis März. D D

Mahonia japonica
Nicht weniger überwältigend, aber eindeutig nach Maiglöckchen duften die Rispen voller kleiner, hellgelber Blütenglöckchen. Eine wunderschöne Art, die besonders früh blüht und weniger anfällig für Mehltau ist. Sie gehört eigentlich in jeden winterlichen Duftgarten – wenn er nicht ein weißes oder anderes Farbkonzept hat. Höhe: 2 m; Dezember bis März. D D

T *Sarcococca*
FLEISCHBEERE

Als wir einmal bei einer Kamelienausstellung den großen Raum betraten, waren wir umhüllt von dem wunderbarsten Honigduft. Mein Gott, dachte ich, welche Kamelie hat diesen umwerfenden Duft! Die kleine *Camellia lutchuensis* duftet zwar herrlich nach Honig, – aber raumfüllend? Es war keine Kamelie, die für dieses Dufterlebnis verantwortlich war, nein, drei kleine *Sarcococca*-Pflanzen haben das Wunder vollbracht, unscheinbar und kaum sichtbar. Ich habe nun einige Arten im Garten verteilt, und ein kleiner Strauch vor dem Kellerfenster verströmt seinen Duft nicht nur im Vorgarten, sondern auch im gesamten Kellerbereich. *Sarcococca*-Arten sind klein, oft sehr klein, immergrün und haben winzige, cremefarbene Blüten, die zuweilen rosa getönt sind. Sobald der Frühling naht, beginnen sie jedoch zu welken.

Sarcococca humilis
Ein verschwenderischer Honigduft entströmt den Büscheln kleiner Blütchen, für mich der herrlichste aller Winterdüfte. Der Winter ist wahrlich nicht meine Jahreszeit, und ich meide die Konfrontation mit der Kälte, wo ich nur kann, aber der Duft von *Sarcococca humilis* läßt mich viel öfter einen Gang durch den Garten machen. Höhe: etwa 50 cm; Dezember bis März. DDD

Sarcococca ruscifolia
Ihre cremeweißen Blütenbüschel duften auch sehr intensiv, jedoch nach Maiglöckchen. Es ist erstaunlich, zu welchen Leistungen so kleine Blüten fähig sind, die ohne den Duft leicht übersehen würden. Diese Art hat winzige, dunkelgrüne, ovale Blättchen und braucht einen sehr geschützten Platz. Ich habe meine Pflanze aus Samen gezogen. Das geht recht einfach, und der Erfolg macht schon ein bißchen stolz, aber die Geduld wird dabei auf eine harte Probe gestellt – bis zum blühenden Pflänzchen vergehen mindestens vier Jahre. Höhe: bis 1 m; Dezember bis März. DD

Ein Lichtblick in der tristen Jahreszeit: die Blüten des Duft-Schneeballs (*Viburnum* x *bodnantense* 'Dawn') – marzipanähnlich duftend, und hier noch mit Raureif »gezuckert«.

A *Viburnum* x *bodnantense*
SCHNEEBALL

Süß und nussig, an Marzipan erinnernd, duften die Blütenbüschel des Schneeballs, Juwelen in der Winterzeit. Die wie aus Porzellan geformten Blüten erscheinen an noch blattlosen Zweigen von November an. Ein aufrecht wachsender Strauch mit ovalen, gezähnten Blättern, erst bronzefarben, dann grün. Höhe: bis 3 m; November bis Februar.

Viburnum x *bodnantense* 'Charles Lamont'
schmückt sich mit Blütenbüscheln in einem leuchtendem Rosa. DD

Viburnum x *bodnantense* 'Dawn'
hat dunkelrosa Blüten, die mit der Zeit verblassen, wodurch die dunkelrosa Zeichnung deutlicher wird. Auch die Staubgefäße sind rosa. Die Sorte ist sehr starkwüchsig und hat besonders großes Laub. DD

Viburnum x *bodnantense* 'Deben'
Zart rosafarbene Knospen öffnen sich zu weißen Blüten mit cremefarbenen Staubgefäßen. Im Sommer würden sie kaum auffallen, im Winter dagegen sind sie eine Seltenheit, eine Kostbarkeit, die mit ihrem zauberhaften Duft uns die dunkelsten Tage versüßt.' DD

Läuten diese wunderbaren Düfte nun das Ende des Duftjahres ein? Geht es Ihnen wie den Musikern in Haydns Abschiedssinfonie, die ihre Instrumente einpacken, die Kerzen ausblasen und einer nach dem anderen verschwinden? Nur zwei Geiger bleiben übrig – seufzend und kümmerlich beenden sie das Stück. Oh nein! Es gibt kein Ende, und schon gar kein kümmerliches. Gerade die letzten Düfte des Gartenjahres sind warm und tief, als wollten sie uns mit ihrer Wärme einhüllen, bis die Auferstehungsdüfte des Frühlings zur Stelle sind.

Botanischer Name/Sorte	Deutscher Name	Blüten-farbe	Duft-pfl.[1]	Duft-int.[1]	Duft-richtung
Abeliophyllum distichum	Schneeforsythie	weiß	S	DD	süß
Chimonanthus praecox	Winterblüte	gelb	T	D	würzig-süß
Clematis armandii	Clematis, Waldrebe	weiß/rötlich	A	DD	Bittermandeln
Clematis armandii 'Apple Blossom'	Clematis, Waldrebe	rosa	A	DD	Bittermandeln
Clematis armandii 'Snowdrift'	Clematis, Waldrebe	reinweiß	A	DD	Bittermandeln
Crocus chrysanthus	Krokus	violett, gelb oder weiß	T	D	Honig
Crocus longiflorus	Krokus	blauviolett	T	D	süß/fruchtig
Daphne bholua 'Ghurka'	Seidelbast	weiß mit purpur	T	DD	süß/Gewürznelken
Daphne mezereum	Seidelbast	purpurrot	T	DD	süß/Gewürznelken
Daphne mezereum 'Bowles Variety'	Seidelbast	reinweiß	T	DD	süß/Gewürznelken
Daphne odora	Seidelbast	purpur und weiß	T	DD	süß/fruchtig
Hamamelis x *intermedia* 'Aurora'	Zaubernuß	hellgelb	T	D	süß
Hamamelis x *intermedia* 'Boskoop'	Zaubernuß	goldgelb	T	D	süß/fruchtig
Hamamelis x *intermedia* 'Moonlight'	Zaubernuß	hellgelb	T	D	süß
Hamamelis x *intermedia* 'Pallida'	Zaubernuß	schwefelgelb	T	D	süß
Hamamelis mollis 'Brevipetala'	Zaubernuß	goldgelb	T	D	weihrauchähnlich
Hamamelis mollis 'Coombe Wood'	Zaubernuß	goldgelb	T	DD	Vanille
Hamamelis mollis 'Jerym´s Gold'	Zaubernuß	goldgelb	T	D	süß
Hamamelis mollis 'Wisley Suprème'	Zaubernuß	hellgelb	T	D	süß
Helleborus cyclophyllus	Christrose	grün/gelb	A	D	süß
Helleborus odorus	Christrose	grünlich/weiß	A	D	süß
Iris reticulata 'J. S. Dijt'	Iris, Schwertlilie	purpur	A	DD	süß
Iris reticulata 'Natascha'	Iris, Schwertlilie	weiß	A	DD	Veilchen
Iris unguicularis (=stylosa) 'Walter Butt'	Iris, Schwertlilie	lavendel-grau	A	DD	süß
Iris unguicularis (=stylosa)	Iris, Schwertlilie	violett	A	DD	süß/fruchtig
Leucojum vernum	Märzbecher	weiß	A	D	Veilchen
Lonicera fragrantissima	Geißblatt	cremeweiß	A	DD	süß
Lonicera x *purpusii* 'Winter Beauty'	Geißblatt	weiß	A	DD	Veilchen
Mahonia aquifolium 'Smaragd'	Mahonie	gelb	T	DD	süß/Honig
Mahonia japonica	Mahonie	hellgelb	T	DD	Maiglöckchen
Sarcococca confusa	Fleischbeere	cremeweiß	T	DD	Honig
Sarcococca hookeriana	Fleischbeere	cremeweiß	T	DD	Honig
Sarcococca humilis (= hookeriana var. *humilis)*	Fleischbeere	weiß/rosa	T	DDD	Honig
Sarcococca ruscifolia	Fleischbeere	cremeweiß	T	DD	fruchtig
Stachyurus praecox	–	grünlich-gelb	S	D	Honig
Viburnum x *bodnantense* 'Charles Lamont'	Schneeball	leuchtend rosa	A	DD	süß-nussig
Viburnum x *bodnantense* 'Dawn'	Schneeball	dunkelrosa rosa	A	DD	süß-nussig
Viburnum x *bodnantense* 'Deben'	Schneeball	weiß/rosa	A	DD	süß-nussig

1) siehe Seite 49

AUSGEWÄHLTE BEZUGSQUELLEN

Gärtnereien oder Baumschulen, die sich ausschließlich auf Duftpflanzen spezialisiert hätten, sind meines Wissens sehr selten. Viele typische Duftpflanzen sind in guten Gartencentern und Baumschulen erhältlich. Seltene oder ausnahmsweise duftende Pflanzen sind aber oft nur schwer zu bekommen. Wertvolle Informationen über Bezugsquellen enthalten der PPP Index und der Plant Finder (siehe Weiterführende Literatur, Seite 136).
Besonders gute Erfahrungen habe ich gemacht mit:

DUFT- UND WÜRZKRÄUTER

SYRINGA-Samen,
B. Dittrich, Postf. 1147,
78245 Hilzingen-Binningen (bei Singen),
Tel. 07739-1452, Fax 07739-677;
Ausgezeichneter Katalog. Schaugarten. Der Inhaber ist Autor des BLV-Buches "Duftpflanzen" (siehe Literatur-Verzeichnis)

EXOTEN

Burkhard HOLM
Alte Bahn 206, 47551 Bedburg-Hau, Louisendorf, Tel. 02824-3167, Fax 02824-3207, duftende Orchideen

Baumschulen HUBEN
Schriesheimer Fußweg 7, 68526 Ladenburg, Tel. 06203-9280-0, Fax - 9280-80, Exotische Kübelpflanzen, duftende Kamelien

G. KOITZSCH
Arheilger Str. 16, 64390 Erzhausen bei Darmstadt, Tel. 06150-6147, Fax 06150-8329, Exotische Kübelpflanzen, viele davon mit herrlichem Duft

Orchideen RÖHL
Stemweg 14, 59494 Soest-Paradiese, Tel. 02921-6038, duftende Orchideen

Otto EISENHUT
CH-6575 San Nazzaro/Schweiz, (oberh. Lago Maggiore), Tel. 0041-91-7951867, Fax 0041-91-7953029, duftende Kamelien, Zitrusfrüchte, Wisteria, Magnolien (kein Versand)

NUCCIO´S Nurseries
PO Box 6160, Altadena, California 91003, USA; Tel. 001-626-794-3383, Fax 001-626-794-7170, duftende Kamelien

KLETTERPFLANZEN

MÜNSTER Baumschulen
Bullendorf 20, 25335 Altenmoor / Elmshorn, Tel. 04121-5356, duftende Clematis

Torsten ULMER
Hevener Str. 18, 58455 Witten,
Tel. 02302-26276, Fax 02302-26276,
duftende Passionsblumen

PFLANZEN MIT DUFTENDEM LAUB

Eva Margit VOGLER
Falltorstr. 19, 35440 Linden,
Tel. 06403-71276, Duftende Salbeisorten, Kräuter und Duftpelagonien

SWANLAND Nurseries
Beech Hill Road, Swanland, Nr Hull,
East Yorkshire HU14 3QY, England
Tel. 0044-1482-633670,
Fax 0044-1482-634064, Großes Sortiment an Duftpelargonien

RHS Enterprises Ltd.
The Royal Horticultural Society´s Garden, WISLEY Woking, Surrey GU23 6QB, England; direkt an M25, Junction 10; große Auswahl auch an duftenden Pflanzen, besonders Kräutern (kein Versand)

ROSEN

Ingwer J. JENSEN
Am Schloßpark 2b, 24960 Glücksburg
Tel. 04631-60100, Fax 04631-2080

LACON
J.-S. Piazolostr. 4a, 68759 Hockenheim
Tel. 06205-4001, Fax 06205-18574

Walter SCHULTHEIS Rosenhof
61231 Bad Nauheim-Steinfurth, Tel. 06032-81013, Fax 06032-85890

David AUSTIN Roses Ltd.
Bowling Green Lane, Albrighton, Wolverhampton, West Midlands WV7 3HB, England, Tel. 0044-1902-373931, Fax -1902-372142

VEILCHEN

Staudengärtnerei Dieter GAISSMAYER
Jungviehweide 3, 89257 Illertissen,
Tel. 07303-7258, Fax 07303-42181
Herrliche Duft- und Aromapflanzen, liebevoller Katalog

YARDLEY´s Devon Violet Nursery
Rattery, South Brent, Devon TQ10 9LG
England, Tel. 0044-1364-643033,
Fax 0044-1364-643033

ZWIEBEL- UND KNOLLENPFLANZEN

Albrecht HOCH
Potsdamer Str. 40, 14163 Berlin
Tel. 030-8026251, Fax 030-802622
Pflanzenspezialitäten, besonders Blumenzwiebeln, Iris und Päonien

P. DE JAGER & Sons Ltd.
Staplehurst Road, Marden, Kent TN12 9BP, England, Tel. 0044-1622-831235,
Fax -1622-832416, duftende Narzissen

John MORLEY
North Green Only, Stoven, Beccles, Suffolk NR34 8DG, England, duftende Schneeglöckchen

J. WALKER Bulbs
A Division of O. A. Taylor & Suns Bulbs Ltd., Washway House Farm, Holbeach, Spalding, Lincs. PE12 7PP, England, Tel 0044-1406-426216, Fax 0044-1406-425468, duftende Narzissen

Duftgärten

Besondere Duftgärten gibt es selten. Ein schönes Beispiel ist der Schaugarten der Syringa-Gärtnerei in Hilzingen-Binningen (siehe Bezugsquellenverzeichnis). Schon eher gibt es als »Duftweg« oder ähnlich bezeichnete Teile größerer Gärten. Als »Duftgärten« kann man aber durchaus alle Rosengärten ansehen, in denen vorwiegend Alte/Historische Rosen oder Englische Rosen gepflanzt sind. Auch die meisten »Kräutergärten« darf man ruhig als Duftgärten bezeichnen. Eine sehr ausführliche Zusammenstellung solcher Duftgärten ist in »Schöne Duftpflanzen« von Jakob Stiglmayr zu finden (siehe Literatur Seite 137). Für besonders lohnend halte ich den Duftgarten der Parfumfirma Fragonard in Grasse/Frankreich. In Deutschland gefielen mir die Straße der Wild- und Strauchrosen auf der Insel Mainau und der Burggarten der Burg Hayn in der Dreieich (bei Frankfurt am Main), ein duftender Kräuter- und Rosengarten. Im Rosarium Dortmund ist ein Duftgarten im Aufbau.

WEITERFÜHRENDE LITERATUR

Allgemeine Nachschlagewerke und Sammelwerke, Englisch

Bonar, Ann:
Gardening for Fragrance, London (Ward Lock) 1990

Bonar, Ann:
Fragrance, London (Charles Letts) 1992

Brickell, Christopher (Hrsg.):
The Royal Horticultural Society A-Z Encyclopedia of Garden Plants, 2 Bände, London/ New York/ Stuttgart/ Moskau (Dorling Kindersley) 1996

Genders, Roy:
Scented Flora of the World, London (Robert Hale) 1977 und 1994

Greig, Denise:
Fragrant Flowers and Foliage, Kenthurst, Australien (Kangaroo Press) 1990

Griffiths, Mark:
Index of Garden Plants, The Royal Horticultural Society, London / Basingstoke (Macmillan) 1994

Hillier Nurseries (Hrsg.):
The Hillier Manual of Trees & Shrubs, London (David & Charles) 6. Aufl. 1992

Lacey, Stephen:
Scent in Your Garden, London (Frances Lincoln) 1991

Lord, Tony (Hrsg.):
The RHS Plant Finder 1997-98. 70,000 Plants & Where To Buy Them, The Royal Horticultural Society, London (Dorling Kindersley), erscheint jährlich

Perry, Frances:
Scent in the Garden, London (Cassell) 1989

Verey, Rosemary:
The Scented Garden, London (Michael Joseph) 3. Aufl. 1995

Allgemeine Nachschlagewerke und Sammelwerke, Deutsch

Brickell, Christopher / Sharman, Fay:
Pflanzenschätze aus alten Gärten, Stuttgart (Ulmer) 1988

Dittrich, Bernd:
Duftpflanzen für Garten, Balkon und Terrasse, München/Wien/ Zürich (BLV) 2. Aufl. 1992

Erhardt, Anne und Walter:
PPP Index, Pflanzeneinkaufsführer für Europa mit CD-ROM, Stuttgart (Ulmer) 3. Aufl. 1997

Fischer-Rizzi, Susanne:
Himmlische Düfte, Aromatherapie. München (Hugendubel) 1991

Kawollek, Wolfgang:
Kübelpflanzen. Südländische Gehölze für die Kultur in Töpfen und Kübeln. Stuttgart (Ulmer) 1995

Lacey, Stephen:
Der duftende Garten, Köln (DuMont) 1992; (Deutsche Ausgabe von „Scent in Your Garden“)

Perry, Frances:
Ein Garten voller Düfte, München/ Wien/Zürich (BLV) 1992 (Deutsche Ausgabe von „Scent in the Garden“)

Stiglmayr, Jakob:
Schöne Duftpflanzen, Stuttgart (Ulmer)1995

Urban, Helga:
Ein weißer Garten. Harmonie und Vielfalt. Stuttgart (Ulmer) 1997

Einzeldarstellungen von Pflanzengattungen

KAMELIEN

Urban, Helga & Klaus:
Schöne Kamelien, Stuttgart (Ulmer) 2. Aufl. 1997

LILIEN

Feldmaier, Carl / McRae, Judith:
Lilien, Stuttgart (Ulmer) 2. Aufl. 1982

NARZISSEN

Erhardt, Walter:
Narzissen: Osterglocken, Jonquillen, Tazetten, Stuttgart (Ulmer) 1993

ROSEN

de l´Aigle, Alma:
Begegnung mit Rosen, Moos/ Bodensee (Frick) 1977

Austin, David:
Alte Rosen & Englische Rosen, Köln (DuMont) 1993; (Deutsche Ausgabe von "Old Roses and English Roses", aus dem Englischen übersetzt von Helga & Klaus Urban)

Beales, Peter:
Klassische Rosen, Köln (DuMont) 1992; (Deutsche Ausgabe von "Classic Roses", aus dem Englischen übersetzt von Helga & Klaus Urban)

Schultheis, Heinrich:
Rosen (Kennen & Pflegen), Stuttgart (Ulmer) 1996

Scarman, John:
Gärtnern mit Alten Rosen, München (Christian) 1997; (Deutsche Ausgabe von "Gardening With Old Roses", aus dem Englischen übersetzt von Helga & Klaus Urban)

Urban, Helga & Klaus:
Rosenlexikon [auf CD-ROM], Troisdorf (CD-ROM Verlag) 1998

STICHWORTVERZEICHNIS

Die mit Stern* gekennzeichneten Seitenzahlen verweisen auf Abbildungen.

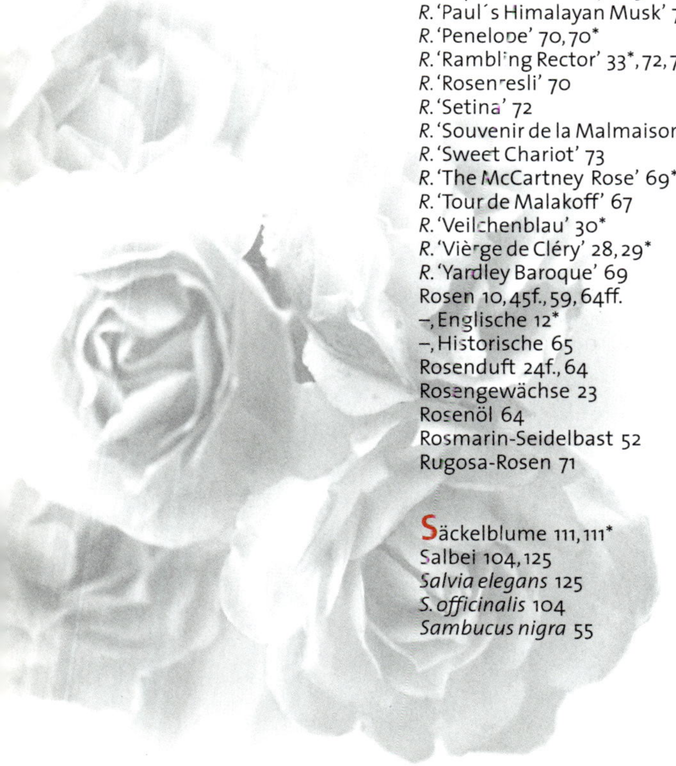

BILDNACHWEIS

Reinhard: 1
Borstell: 2/3, 4, 7o, 8, 10, 12, 18, 19, 20, 21, 22, 24, 25, 26, 30, 31, 32, 33ol, 33oM, 33or, 33lM, 33MM, 33 M, 36, 39, 42, 45o, 46, 48, 60, 66u, 67o, 67u, 69, 73, 73u, 80o, 82, 83, 89, 90o, 92, 98, 101u (s/w), 106u (s/w), 108, 131, 133
Seidl: 33u, 50u (s/w), 91o, 91u, 96u (s/w), 104u
Stein: 34
Hagen: 59u (s/w), 60, 97, 112u, 115o, 125o
Schultheis: 65
Alle anderen Fotos von Helga und Klaus Urban.

IMPRESSUM

Die Deutsche Bibliothek – CIP-Einheitsaufnahme

Urban, Helga: Ein Garten der Düfte : Gestalten mit Duftpflanzen ; die attraktivsten Arten im Portrait / Helga Urban. – München : BLV 1999
ISBN 3-405-15406-5

BLV Verlagsgesellschaft mbH
München Wien Zürich
80797 München

Umschlaggestaltung: Studio Schübel, München
Umschlagfotos: Ursel Borstell

Layout + DTP: Atelier Langenfass, Ismaning
Lektorat: Dr. Thomas Hagen
Herstellung: Hermann Maxant
Reproduktion: Repro Ludwig, Zell a. See
Druck und Bindung: Brepols, Turnhout

Printed in Belgien · ISBN 3-405-15406-5

Mit allen Sinnen genießen

Crabtree & Evelyn/Lesley Bremness
Duft & Sinnlichkeit
Das opulente Kräuterhandbuch, das die anregende Wirkung von Düften, Aromen und Ölen in allen Lebensbereichen zeigt – mit 75 Kochrezepten und 120 Kräuterporträts von A–Z mit Tipps zu Anbau und Verwendung.

Monty Don
Ein Garten für die Sinne
Das anspruchsvolle Gartenbuch mit ausdrucksstarken Bildmotiven und einfühlsamen Texten: den Garten das ganze Jahr bewusst erleben als intensive Erfahrung für alle Sinne – Inspirationen zur Reflexion und zur praktischen Umsetzung im eigenen Garten.

Gerda Nissen
...und füllt mein Herz mit Freude
Erlebnisse und Erfahrungen rund um den Garten mit stimmungsvollen Farbfotos – informative, unterhaltsame und nachdenkliche Reflexionen zu ganz alltäglichen Situationen im Leben eines Hobbygärtners.

Gerda Nissen (Texte)/
Ursel Borstell (Fotos)
Frühling läßt sein blaues Band...
Frühlingserwachen im Garten: Impressionen, Geschichten und Erfahrungen rund um den Garten im Frühling mit meisterhaften Fotos, die den Zauber der schönsten Jahreszeit sichtbar machen.

Robert Markley
Die BLV Rosen-Enzyklopädie
Das einzigartige Standardwerk, das in Inhalt und Ausstattung neue Maßstäbe setzt: das komplette Know-how rund um die Rose mit einer Fülle von Beispielen für die Gartengestaltung.

Im BLV Verlag finden Sie Bücher zu folgenden Themen: Garten und Zimmerpflanzen • Wohnen und Gestalten • Natur • Heimtiere • Jagd • Angeln • Pferde und Reiten • Sport und Fitness • Tauchen • Reise • Wandern, Alpinismus, Abenteuer • Essen und Trinken • Gesundheit und Wohlbefinden

BLV

Wenn Sie ausführliche Informationen wünschen, schreiben Sie bitte an:
BLV Verlagsgesellschaft mbH • Postfach 40 03 20 • 80703 München
Telefon 089/12705-0 • Telefax 089/12705-543